Dr. Joseph
MURPHY

Die Macht des
positiven Denkens

Dr. Joseph

MURPHY

Die Macht des positiven Denkens

Das große Lesebuch

ARISTON

MIX
Papier | Fördert gute Waldnutzung
FSC® C014496

Penguin Random House Verlagsgruppe FSC® N001967

5. Auflage

Ariston Verlag in der Penguin Random House Verlagsgruppe GmbH,
Neumarkter Straße 28, 81673 München
produktsicherheit@penguinrandomhouse.de
(Vorstehende Angaben sind zugleich Pflichtinformationen nach GPSR)

Zusammengestellt von Diane Zilliges
Umschlaggestaltung: Nele Schütz Design, München
unter Verwendung eines Fotos von Shutterstock_Henri Koskinen
Satz: Satzwerk Huber, Germering
Druck: GGP Media GmbH, Pößneck
Printed in Germany

ISBN 978-3-424-20140-6

Inhalt

Vorwort des Verlages

Seine ersten Bücher brachte Dr. Joseph Murphy in dem festen Glauben auf den Weg, dass sie Menschen in der ganzen Welt erreichen werden. Sein Glaube wurde Wirklichkeit. Seit mittlerweile fünf Jahrzehnten erfreuen sich die Werke dieses Wegbereiters des positiven Denkens großer Beliebtheit. Unzähligen Menschen konnten sie auf wunderbare Weise helfen. Wunderbar, aber kein Wunder. Denn, so sagte es Murphy häufig selbst, wenn Menschen den in ihnen selbst liegenden Kräften vertrauen, geschieht nicht das Unmögliche, sondern vielmehr genau das, was nach den universellen Gesetzen des Geistes möglich ist, auch wenn uns das oftmals wie ein Wunder erscheint.

Jeder Satz des bereits 1981 verstorbenen Geistlichen ist auch ein Aufruf an uns heute, diese Gesetze des Geistes, wie er sie formulierte, anzuwenden – für ein erfülltes Leben, unerschütterliche Gesundheit, höchste Erfolge und tiefste Befriedigung im Leben. Die schönsten seiner aufrüttelnden und berührenden Texte haben wir in diesem Buch zusammengestellt. Sie zeugen von tiefem Gottvertrauen und wahrer Liebe zu den Menschen, von der Möglichkeit, auch in scheinbar ausweglosen Situationen den Grundstein für das eigene Glück zu legen.

Die Schatzkammer in Ihrem Inneren

Unermesslicher Reichtum umgibt Sie, sobald Sie das Auge Ihres Geistes nach innen richten und dort unerschöpfliche Energien entdecken. Ihre Seele birgt eine Goldader, deren Erschließung Ihnen alles ermöglichen wird, was Sie von einem glücklichen Leben erwarten. Viele Menschen gleichen Schlafwandlern, weil sie die Existenz dieser Weisheit und Liebe nie entdecken. Aber jeder Mensch kann das erreichen, was er sich ersehnt. Ein Magnet hebt Lasten, die das eigene Gewicht um etwa das Zwölffache übersteigen – entmagnetisiert jedoch bewegt das gleiche Metallstück nicht einmal eine Feder von ihrem Platz. Dieser Vergleich trifft auch auf den Menschen zu. Der von magnetischer Kraft durchströmte Mensch ist voll Zuversicht und Selbstvertrauen. Er weiß, dass er geboren wurde, um erfolgreich zu sein. Der »entmagnetisierte« Mensch dagegen wird von Furcht und Zweifeln gequält. Bietet sich ihm eine günstige Gelegenheit, so sagt er sich: »Das geht ja doch schief. Das kostet mich höchstens mein Vermögen. Ich mache mich nur zur Zielscheibe des Spottes.« Menschen mit dieser Überzeugung werden es nie im Leben zu etwas bringen, weil sie nicht den Mut haben, sich zu verändern, und deshalb hilflos auf der Strecke bleiben. Dieses Buch erschließt Ihnen aber das Geheimnis des Unterbewusstseins und wie ein Magnet werden Sie Glück, Reichtum und Macht anziehen.

Das größte Geheimnis aller Zeiten

Was ist Ihrer Meinung nach das größte Geheimnis aller Zeiten? Die Atomenergie? Die Freisetzung ungeheurer Kräfte durch Kernschmelze? Die Wirkungsweise der Gene und die Evolution in der

Natur? Die Raumfahrt? Nein? Worum handelt es sich also? Wo ist dieses größte aller Geheimnisse zu entdecken? Wie ist es zu entschlüsseln? Wie anzuwenden? Die Antwort auf alle diese Fragen ist ebenso einfach wie überraschend: Das Geheimnis, von dem wir hier sprechen, besteht in nichts anderem als in der ungeheuren Kraft Ihres Unterbewusstseins. Wer hätte hier die Lösung der größten Rätsel gesucht?

Die wunderbare Kraft Ihres Unterbewusstseins

Sobald Sie einmal gelernt haben, die Kraft Ihres Unterbewusstseins zu erschließen, werden Macht, Reichtum, Gesundheit, Glück und Freude in ungeahntem Ausmaß Ihr Leben erfüllen. Diese Kraft müssen Sie nicht erst erwerben – Sie besitzen sie bereits. Sie brauchen nur noch ihre Beschaffenheit und ihre Wirkungsweise zu verstehen, um sie erfolgreich in allen Bereichen und bei allen Problemen Ihres Lebens einsetzen zu können.

Das hierzu nötige Wissen und Verständnis erwerben Sie ganz von selbst bei der Lektüre der hier beschriebenen einfachen Methoden. Alles wird Ihnen in einem neuen Licht erscheinen und Sie werden von innen her die Energien erzeugen, mit deren Hilfe Sie Ihre Hoffnungen und Träume verwirklichen können. Fassen Sie also den festen Entschluss, dass Sie von nun an Ihr Leben reicher, glücklicher und besser gestalten wollen als bisher!

Die tiefsten Schichten Ihres Unterbewusstseins besitzen unendliches Wissen, unvorstellbare Macht und einen unerschöpflichen Vorrat an Möglichkeiten, Anlagen und Talenten in sich, die nur darauf warten, voll entwickelt zu werden und Ausdruck zu finden. Gestehen Sie sich die Existenz dieser seelischen Kräfte ein und sie werden in kürzester Zeit Ihr Leben bestimmen. Die Ihrem Unterbewusstsein eigenen, unendlichen Kenntnisse werden Ihnen überall und jederzeit alles Wissenswerte enthüllen, sofern Sie dafür offen und aufnahmebereit sind. Das Unterbewusstsein ist eine Quelle neuer Gedanken und Ideen – vielleicht schlummert in Ihnen ein Entdecker oder ein Erfinder, vielleicht wartet in

Ihnen ein Schriftsteller auf seine kreative Verwirklichung. Auf jeden Fall aber wird die Weisheit Ihres Unterbewusstseins Ihnen Auskunft über Ihr eigentliches Wesen geben, über Ihre wahren Talente und wie Sie diese vervollkommnen und nutzen können, um den Platz im Leben zu erreichen, der Ihnen zusteht und den Sie – und nur Sie allein – vollkommen ausfüllen können.

Die Kräfte Ihres Unterbewusstseins können Ihnen auch den idealen Lebens- oder Geschäftspartner zuführen. Indem Sie der Stimme Ihres Unterbewusstseins folgen, werden Sie zuverlässige Kunden finden und die finanzielle Unabhängigkeit gewinnen, die es Ihnen erlaubt, das zu tun und zu werden, wovon Sie immer träumten.

Sie haben ein Recht darauf, diese innere Welt Ihrer Gedanken und Gefühle, diese riesigen Schätze an Macht, Einsicht, Liebe und Schönheit zu entdecken. Diese Kräfte sind zwar unsichtbar, doch besitzen sie einen ungeheuren Einfluss. Ihr eigenes Unterbewusstsein bietet die Lösung für jedes Problem und verfügt über die Ursache jeder Wirkung. Da Sie jetzt diese verborgenen Kräfte zu nutzen lernen, wird Ihnen bald das nötige Wissen und die Macht zur Verfügung stehen, um über Ihr Leben zu bestimmen und in Sicherheit, Glück und Überfluss zu leben.

Ich habe selbst gesehen, wie die Macht des Unterbewusstseins Kranken und Behinderten wieder völlige Gesundheit und Kraft schenkte, sodass sie von Neuem ihr Leben genießen und Glück und Erfolg ernten konnten. Ihr Unterbewusstsein besitzt die wunderbare Kraft, die Körper und Seele wieder genesen lässt. Es zerreißt die Fesseln, die Ihren Geist lähmen, und befreit Sie von materiellen und physischen Beschränkungen.

Die Notwendigkeit einer sicheren Grundlage

Ohne sichere Grundlage und die Kenntnis allgemeiner Prinzipien sind auf keinem Gebiet menschlichen Schaffens echte Fortschritte zu erzielen. Deshalb müssen Sie zunächst lernen, Ihr Unterbewusstsein als »Instrument« richtig zu handhaben. Seine Kräfte werden mit derselben Sicherheit und in dem Umfang wirksam werden, in dem Sie die geltenden Gesetze verstehen und für ganz bestimmte Ziele einzusetzen wissen.

Als früherer Chemiker finde ich einen Vergleich aus den Naturwissenschaften hilfreich: Wasserstoff und Sauerstoff verbinden sich im Verhältnis von 2:1 zu Wasser. Sicher ist Ihnen auch bekannt, dass ein Atom Sauerstoff zusammen mit einem Atom Kohlenstoff Kohlenmonoxid ergibt, also ein sehr giftiges Gas. Fügen Sie jedoch ein weiteres Sauerstoffatom hinzu, so wird daraus das viel harmlosere Kohlendioxid. Diese beiden Beispiele könnte man noch durch viele andere ergänzen.

Warum sollten wir annehmen, die Grundgesetze der Chemie, Physik und Mathematik unterschieden sich in irgendeiner Weise von jenen des Unterbewusstseins. Denken Sie nur an den Lehrsatz: »Der Wasserspiegel sucht immer die horizontale Lage.« Dieses Naturgesetz gilt uneingeschränkt für alles Wasser, wo es sich auch befindet. Oder ein anderes Beispiel: »Erhitzte Stoffe dehnen sich aus.« Auch dieser Grundsatz gilt uneingeschränkt, überall und zu jeder Zeit. Erhitzt man ein Stück Stahl, so wird es sich ausdehnen, gleichgültig, ob der Versuch in China, England oder Indien vorgenommen wird. Bei der Wärmeausdehnung fester Stoffe handelt es sich eben um ein allgemeingültiges Naturgesetz.

Ein ebenso universelles Gesetz ist es aber auch, dass jeder Eindruck, der auf Ihr Unterbewusstsein wirkt, in Zeit und Raum Ausdruck findet als Umweltbedingung, Erfahrung und Ereignis.

Ihr Gebet wird erhört, weil es sich bei Ihrem Unterbewusstsein um ein universelles Prinzip handelt, wobei »Prinzip« den Grund und die Art einer bestimmten Funktion bedeutet. So ist es zum Beispiel das Prinzip der Elektrizität, dass sie vom höheren zum niedrigeren Kraftfeld strömt. Wenn Sie elektrischen Strom nutzen, so bleibt dies ohne Einfluss auf das grundlegende Prinzip – wohl aber ermöglicht dieses Eingehen auf die Natur und ihre Nutzung fantastische Entdeckungen und Erfindungen, die der ganzen Menschheit zugutekommen.

Auch bei Ihrem Unterbewusstsein handelt es sich um ein universelles Prinzip; es funktioniert nach dem Gesetz des Glaubens. Sie müssen wissen, was Glaube ist, wie er wirkt und was er bewirkt. Die Bibel drückt es in einfachen, klaren und schönen Worten aus: *Wahrlich, ich sage euch: Wer zu diesem Berg sagt: »Heb dich empor und stürze dich ins Meer!«, und wenn er nicht zweifelt in seinem Herzen, sondern glaubt, dass alles geschieht, was er sagt, dem wird es geschehen* (Markus 11, 23).

Das Gesetz des menschlichen Geistes ist das Gesetz des Glaubens. Das bedeutet, an die Funktionsweise des Geistes zu glauben und auch an den Glauben selbst. Was Sie glauben, ist nichts anderes, als was Sie denken – darin liegt das Geheimnis.

Was immer Sie erleben und tun, alle Ereignisse und Umstände Ihrer Existenz sind Reaktionen des Unterbewusstseins auf Ihre Gedanken.

Nicht der Inhalt Ihres Glaubens also, sondern das bloße Vorhandensein dieses Glaubens in Ihrem Geist ist es, was diese Wirkungen hervorruft. Befreien Sie sich von falschen Überzeugungen und Meinungen, von Aberglauben und den grundlosen Ängsten, die die Menschen quälen. Beginnen Sie stattdessen an die unveränderbaren Wirklichkeiten und Wahrheiten des Lebens zu glauben. Dann wird Sie Ihr Weg voran, nach oben und zu Gott führen.

Jeder Mensch, der dieses Buch liest und die Prinzipien des Unterbewusstseins anwendet, wird für sich und andere wissenschaftlich fundierte und wirksame Gebete formulieren können. Auch Ihre eigenen Gebete werden nach dem Gesetz von Ursache und Wirkung, Aktion und Reaktion verwirklicht werden. Der Gedanke ist der Beginn der Tat. Und das Ereignis ist nichts anderes als die Reaktion Ihres Unterbewusstseins auf die Art Ihres Gedankens. Vertrauen Sie Ihren Vorstellungen von Harmonie, Gesundheit, Glück und Erfolg – und Ihr Leben verändert sich von Grund auf.

Die Dualität des Geistes

Zwar stellt Ihr Geist eine Einheit dar, aber er erfüllt, wie heute den meisten Menschen bekannt ist, zwei völlig verschiedene Funktionen. Darum weist er zwei völlig unterschiedliche Bereiche mit eigenen, unverwechselbaren Kräften auf. Die Existenz dieser beiden getrennten Bereiche findet in vielen gängigen und wissenschaftlichen Bezeichnungen Ausdruck. So unterscheidet man zwischen dem Bewusstsein und dem Unterbewusstsein, dem objektiven und dem subjektiven Geist, rationaler und gefühlsbetonter Funktionsebene, dem wachen und dem schlafenden Geist, dem Oberflächen-Selbst und dem Tiefen-Selbst, dem willkürlichen und dem unwillkürlichen Geist und vielem anderen mehr. In dem vorliegenden Werk haben wir uns für die Verwendung der Begriffe »Bewusstsein« und »Unterbewusstsein« entschieden.

Das Bewusstsein und das Unterbewusstsein

Die unterschiedliche Funktion dieser beiden Bewusstseinsbereiche wird am deutlichsten, wenn wir den menschlichen Geist mit einem Garten vergleichen. Sie selbst sind der Gärtner und säen die Keime Ihrer Gedanken in den fruchtbaren Boden Ihres Unterbewusstseins. Die Art und Qualität Ihres Samens hängt von Ihren Denkgewohnheiten ab; denn was immer Sie Ihrem Unterbewusstsein einpflanzen, wird wachsen und entweder in Ihrem Körper oder in Ihrer Umwelt Gestalt annehmen.

Sie sollten deshalb sofort beginnen, Ihrem Unterbewusstsein Bilder des Glücks, der Zufriedenheit und des Wohlstands anzubieten. Durchdenken Sie dies in Ruhe und stellen Sie sich alles mit Ihrem bewussten Verstand als bereits verwirklicht vor. Senken Sie diese Gedanken gleichsam als Samen unablässig in den Nährboden Ihres Unterbewusstseins und Sie werden das fantastische Resultat erhalten. Das Unterbewusstsein lässt sich mit einem fruchtbaren Humusboden vergleichen, in dem alle Samen, ob gute oder schlechte, kräftig wachsen. Erntet Ihr Trauben vom Dornbusch oder Feigen von Disteln? Jeder Gedanke ist eine Ursache und jeder innere oder äußere Umstand eine Wirkung. Um Ihr Leben so zu beeinflussen, wie Sie es sich wünschen, müssen Sie deshalb uneingeschränkt über Ihre Gedanken herrschen können. Sobald Sie richtig denken und die Wahrheit begreifen gelernt haben – und wenn die in Ihrem Unterbewusstsein verankerten Gedanken positiv, harmonisch und glücklich sind – wird die magische Kraft Ihres Unterbewusstseins zur Geltung kommen und angenehme, erfolgreiche Lebensbedingungen schaffen. Alles wird sich zum Besten verändern. Sobald Sie Ihre Gedanken unter Kontrolle gebracht haben, können Sie die Kräfte Ihres Unterbewusstseins zur Lösung jedes Problems und aller Schwierigkeiten einsetzen. Sie werden sich mit der unvorstellbar großen Kraft und dem wirksamen Gesetz verbünden, das den Kosmos regiert.

In welchem Teil der Welt Sie sich auch befinden, blicken Sie um sich und Sie werden feststellen, dass die meisten Menschen ein Leben führen, das auf Oberflächlichkeiten beschränkt ist. Nur wenige widmen sich den seelischen und geistigen Vorgängen in ihrem Inneren. Denken Sie immer daran, dass es Ihr Innenleben ist – also Ihre Gedanken, Gefühle und Vorstellungen –, das die äußere Welt kreiert. Genau deshalb ist das Unterbewusstsein die einzige schöpferische Macht und was immer in Ihrer Welt sinnlich erfahrbar zum Ausdruck kommt, wurde – bewusst oder unbewusst – durch die Energie Ihres Geistes und insbesondere des Unterbewusstseins geschaffen.

Das Verstehen der Wechselwirkungen zwischen Bewusstsein und Unterbewusstsein wird es Ihnen deshalb ermöglichen, Ihr ganzes Leben von Grund auf zu verändern. Um die äußeren Lebensumstände zu beeinflussen, müssen Sie zunächst auf ihre Ursachen einwirken. Die meisten Menschen versuchen, äußere Umstände mit äußeren Mitteln zu verändern. Um aber Ärger, Unsicherheit, Entbehrungen und alles andere, was Ihr Lebensgefühl beeinträchtigt, aus der Welt zu schaffen, müssen Sie das Problem an der Wurzel packen, das heißt: Ihr bewusstes Denken völlig umstellen und in Ihrer Gedanken- und Vorstellungswelt eine völlig neue Ordnung begründen.

Ihr Unterbewusstsein reagiert mit der Empfindlichkeit eines Seismografen auf jeden Ihrer Gedanken. Das bedeutet, dass die in Ihrem Unterbewusstsein angesiedelte Weisheit, Lebenskraft und Energie durch Ihren bewussten Willen geprägt werden und feste Form erhalten. Sie sind von einem regelrechten Meer unschätzbarer Reichtümer umgeben. Die praktische Anwendung der in diesem Buch vorgestellten Prinzipien des menschlichen Geistes wird Ihr ganzes Leben verwandeln: Luxus statt Mangel, Einsicht und Wissen statt Unsicherheit und Aberglauben, Balance statt schmerzvoller Unruhe. Sie werden Freude statt Leid, Licht statt Dunkelheit, Einigkeit statt Streit, Zuversicht und Selbstvertrauen statt Furcht und Zweifel, Erfolg statt Misserfolg und die Befreiung von der Diktatur des Durchschnittlichen erleben. Vom geistigen, seelischen und materiellen Blickwinkel aus gesehen gibt es kein größeres Glück. Die meisten großen Wissenschaftler, Künstler, Dichter, Sänger, Schauspieler, Schriftsteller und Erfinder verstehen die Arbeits- und Wirkungsweise des menschlichen Bewusstseins und Unterbewusstseins.

Einmal bekam der weltberühmte Tenor Enrico Caruso plötzlich Lampenfieber. Er klagte, dass ihm die Angst buchstäblich die Kehle zuschnüre. Sein Gesicht war schweißbedeckt. Er schämte sich zutiefst vor den Menschen um ihn herum, doch der Gedanke, in wenigen Minuten auf die Bühne treten zu müssen, ließ ihn regelrecht zittern. »Ich mache mich zum Gespött«, dachte er, »ich kann nicht singen.« Plötzlich aber raffte er sich auf und rief mit lauter Stimme: »Mein kleines Ich will das große Ich in mir ersticken!« Darauf sprach er das, was er das »kleine Ich« nannte, unmittelbar an: »Geh weg; das große Ich will durch mich singen!« (Mit dem »großen Ich« meinte er die jedem Menschen innewohnende Macht und Weisheit des Unterbewusstseins.) »Das große Ich will singen!« – und sein Unterbewusstsein reagierte, indem es die inneren Schleusen öffnete. Als sein Stichwort fiel, betrat er die Bühne, und der Glanz seiner Stimme schlug seine Zuhörer wie gewohnt in Bann.

Diese bekannte Anekdote lässt keinen Zweifel darüber, dass Caruso von der Existenz der beiden Geistesschichten wusste, nämlich dem bewussten, verstandesmäßigen Bereich einerseits und dem des Unterbewusstseins andererseits. Auch Ihr Unterbewusstsein reagiert auf Ihre Denkweise. Ist Ihr Bewusstsein (das »kleine Ich«) ängstlich und besorgt, dann löst dies in Ihrem Unterbewusstsein (dem »großen Ich«) einen negativen Gefühlszustand aus, der sich wiederum auf Ihr Bewusstsein – in Form von bösen Ahnungen, Verzweiflung und Panik – überträgt. Falls Sie sich also einmal in einer ähnlichen Lage befinden sollten, dann versuchen Sie, die in Ihrem Unterbewusstsein aufflackernden Negativtendenzen entschieden und mit Ihrer vollen Autorität etwa wie folgt anzusprechen: »Seid still, seid ruhig! Ich bin hier der Chef (die Chefin), und ihr habt meinem Befehl zu folgen. Ihr habt hier nichts zu suchen, weg mit euch!«

Es ist sehr interessant und faszinierend zu beobachten, wie ein entschiedenes und überzeugtes Ansprechen des Unterbewusstseins das gestörte seelische Gleichgewicht nahezu schlagartig wiederherstellt. Gerade weil das Unterbewusstsein den Geboten des Bewusstseins unterworfen ist, wird es als »Unterbewusstsein« oder »subjektives Bewusstsein« bezeichnet.

Die wichtigsten Unterschiede in Funktion und Wirkungsweise

Der folgende Vergleich stellt die Hauptunterschiede wohl am deutlichsten dar: Das Bewusstsein spielt etwa die gleiche Rolle wie der Steuermann oder Kapitän auf der Brücke seines Schiffes.

Er bestimmt den Kurs und erteilt den Männern im Maschinenraum die nötigen Befehle. Diese wiederum warten die Turbinen und bedienen ihre Instrumente und Maschinen. Die Besatzung in den Tiefen des Schiffes fragt nicht, wo es hingeht – sie gehorcht ganz einfach den Befehlen. Könnte der Mensch auf der Brücke die Navigationsinstrumente nicht bedienen und träfe er falsche Anordnungen, so würde die Mannschaft blind ins Verderben stürzen. Die Leute im Maschinenraum gehorchen aber dem Kapitän, weil er das Kommando hat und weil seinen Befehlen Folge zu leisten ist. Hier gibt es kein langes Hin und Her – der Matrose hat die Befehle einfach auszuführen.

Der Kapitän ist Herr seines Schiffes und alles geschieht nach seinem Willen. Im übertragenen Sinn spielt Ihr Bewusstsein die Rolle des Kapitäns, der befiehlt, während Ihr Körper und alle Fragen, die Sie betreffen, mit dem Schiff gleichzusetzen sind.

Ihr Unterbewusstsein führt alle Befehle aus, die ihm Ihr Bewusstsein in Form von Gedanken, Urteilen und Überzeugungen mitteilt.

Falls Sie Ihren Freunden erzählen: »Das kann ich mir nicht leisten«, dann nimmt Sie Ihr Unterbewusstsein beim Wort und sorgt dafür, dass Sie sich das Ersehnte wirklich nicht kaufen können. Solange Sie anderen und sich selbst immer von Neuem einprägen: »Ich kann mir das neue Auto, die Amerikareise, das Haus, den schönen Mantel, die teure Uhr und anderes nicht leisten«, können Sie sicher sein, dass Ihr Unterbewusstsein dies als Befehl auffasst und Sie Ihr Leben lang an der Erfüllung dieser Wünsche hindern wird.

Eine junge Frau, Studentin an der Universität von Südkalifornien, erzählte mir einmal: »Ich hatte oft nicht genug Geld, um mir etwas zu kaufen, das ich mir sehr wünschte. Jetzt aber weiß ich, wo ich mir die nötigen finanziellen Mittel und was ich sonst noch brauche beschaffen kann – nämlich aus der ungeheuren Kraft meines Inneren.«

Die Wirkungsweise des Unterbewusstseins möchte ich noch mit einem weiteren Beispiel erklären. Wenn Sie sagen: »Ich vertrage keine Pilze«, und Ihnen tatsächlich Soßen oder Salate angeboten werden, die unmerklich für Sie Pilze enthalten, so wird ganz sicher eine Magenverstimmung eintreten, weil sich Ihr Unterbewusstsein sagt: »Der Chef (also Ihr Bewusstsein) mag keine Pilze.« Reaktionen dieser Art werfen ein interessantes Licht auf die unterschiedlichen Funktionen von Bewusstsein und Unterbewusstsein.

Sagt jemand: »Wenn ich noch spätabends Kaffee trinke, wache ich todsicher um drei Uhr morgens auf«, so wird Kaffeegenuss zu vorgerückter Stunde zuverlässig diese Wirkung hervorrufen. Die Stimme des Unterbewusstseins wird nämlich dann dem Körper zuflüstern: »Der Chef will, dass du heute um drei Uhr morgens aufwachst.«

Ihr Unterbewusstsein ist 24 Stunden am Tag rastlos um Ihr Wohlergehen bemüht und versorgt Sie zuverlässig mit den Ergebnissen Ihrer Denkgewohnheiten.

Neues Glück durch wirksame Gebete

Vor einiger Zeit schrieb mir eine Frau folgenden Brief: »Ich bin 75 Jahre alt, Witwe und beziehe eine Pension. Meine Kinder sind längst erwachsen und selbstständig. Ich lebte völlig zurückgezogen. Eines Tages besuchte ich einen Ihrer Vorträge über die Macht des Unterbewusstseins, in dem Sie erklärten, dass sich dem Unterbewusstsein durch häufige Wiederholung, Glauben und Vertrauen bestimmte Ideen einprägen lassen.

Darum begann ich, mit fester Überzeugung mehrmals am Tage laut zu mir zu sagen: ›Es gibt einen Menschen, der mich braucht. Ich bin glücklich verheiratet mit einem gütigen, liebevollen und geistig niveauvollen Mann. Mein Leben hat einen Sinn!‹

Zwei Wochen lang sprach ich diesen Satz immer wieder laut aus, bis ich eines Tages in einer Apotheke einem Pharmazeuten begegnete, der sich bereits aus dem Geschäftsleben zurückgezogen hatte. Er machte auf mich den Eindruck eines gütigen, verständnisvollen und sehr gläubigen Menschen. Er entsprach in allem dem Mann, um den ich gebetet hatte. Kaum eine Woche später machte er mir einen Heiratsantrag. Und im Augenblick befinden wir uns auf unserer Hochzeitsreise nach Europa. Ich weiß, dass die Kraft meines Unterbewusstseins uns beide mit Gottes Segen zusammenführte.«

Auch diese Frau hatte die Energie ihrer Psyche entdeckt. Sie war überzeugt, dass das Gebet eine Wirklichkeit schafft, und diese Gewissheit teilte sich ihrem Unterbewusstsein mit, das Sie ja bereits als das eigentliche schöpferische Medium kennengelernt haben. Sobald es ihr gelang, ihrem Unterbewusstsein das Wunschbild ihres zukünftigen Partners zu vermitteln, verwirklichte dieses den Inhalt ihres Gebetes. Die tiefen Schichten ihres Unterbewusstseins führten die beiden Menschen zusammen.

Es gibt keinen Zweifel: *Im Übrigen, Brüder, was wahr ist, was ehrbar, was gerecht, was rein, was liebenswert, was ansprechend ist, was es an Tugenden und löblichen Dingen gibt, darauf seid bedacht!* (Philipper 4, 8).

Zusammenfassung

1. Ihr Inneres enthält eine unerschöpfliche Kraft. Blicken Sie nach innen und Sie finden die Erfüllung Ihrer Wünsche!
2. Das Geheimnis erfolgreicher Menschen besteht in ihrer Fähigkeit, sich mit ihrem Unterbewusstsein zu verständigen und seine Energien freizusetzen. Das Gleiche können Sie auch!
3. Ihr Unterbewusstsein kennt die Lösung aller Probleme. Wenn Sie ihm vor dem Schlafengehen suggerieren: »Ich will um sechs Uhr aufstehen«, dann wird es Sie pünktlich aufwecken.
4. Ihr Unterbewusstsein hat Ihren Körper geformt und kann Sie auch gesund machen. Schlafen Sie jede Nacht mit der Vorstellung ein, dass Sie sich völliger Gesundheit erfreuen, und der treueste aller Dienstleister, Ihr Unterbewusstsein, wird Ihrem Befehl gehorchen.
5. Jeder Gedanke verursacht etwas – ist Ursache. Und jeder Zustand ist durch etwas bewirkt worden – ist also Wirkung.
6. Was immer Sie verwirklichen wollen – beispielsweise durch einen Vortrag zu überzeugen oder ein Buch zu schreiben –, prägen Sie Ihre Ziele eindringlich und fest überzeugt dem Unterbewusstsein ein, und es wird entsprechend reagieren.
7. Ihre Lage gleicht der eines Kapitäns am Steuer seines Schiffes. Er muss die richtigen Kommandos geben. Und auch Sie müssen Ihrem Unterbewusstsein, das Ihr gesamtes Leben beeinflusst, in Form von Gedanken die richtigen Befehle erteilen.
8. Sagen Sie niemals: »Das kann ich mir nicht leisten«, oder: »Das kann ich nicht.« Ihr Unterbewusstsein nimmt Sie beim Wort und sorgt dafür, dass es Ihnen wirklich an den nötigen Mitteln oder Fähigkeiten fehlt. Stellen Sie stattdessen voll Selbstvertrauen fest: »Die Macht meines Unterbewusstseins eröffnet mir alle Möglichkeiten.«
9. Das Gesetz des Lebens und das Gesetz des Glaubens sind ein und dasselbe. Glauben heißt denken, in Ihrem Geist denken. Glauben Sie – das heißt, denken Sie – an nichts, was Sie schädigen oder verletzen könnte! Glauben Sie an die heilende, stärkende und Glück bringende Macht Ihres Unterbewusstseins. Was immer Sie fest glauben, wird sich an Ihnen und für Sie erfüllen!
10. Verändern Sie Ihre Denkgewohnheiten und Sie beeinflussen Ihr Schicksal!

Die universellen Gesetze des Geistes

Ihr Unterbewusstsein verfügt über eine sehr große Macht. Es inspiriert Sie, leitet Sie und ruft Ihnen alle in den Tiefen Ihres Gedächtnisses bewahrten Namen, Tatsachen und Szenen ins Bewusstsein. Es steuert Herzschlag, Blutkreislauf und den gesamten Verdauungs- und Ausscheidungsprozess. Wenn Sie ein Stück Brot essen, so verwandelt Ihr Unterbewusstsein es in organisches Gewebe, Muskeln, Knochen und Blut. Ihr Unterbewusstsein kontrolliert alle Lebensvorgänge und -funktionen Ihres Organismus und kennt die Lösung aller Probleme.

Ihr Unterbewusstsein macht keine Pausen. Es ist immer aktiv und bereit. Sie können sich selbst von der wunderbaren Macht Ihres Unterbewusstseins überzeugen, indem Sie ihm unmittelbar vor dem Einschlafen eine ganz bestimmte Aufgabe stellen. Sie werden sehen, dass dieser Entschluss innere Kräfte freisetzt, die das gewünschte Ergebnis bringen. Hier liegt die Quelle von Macht und Wissen, die Ihnen Zugang zu ebenjener Energie schafft, die die Welt bewegt.

Das Unterbewusstsein ist die Quelle Ihrer Ideale, Ideen und Ziele. Durch diesen subjektiven Geist erkannte Shakespeare Zusammenhänge, die dem Durchschnittsmenschen seiner Zeit verborgen blieben. Ohne Zweifel war es die Reaktion seines Unterbewusstseins, die den griechischen Bildhauer Pheidias inspirierte, seinen Vorstellungen von Schönheit, Ordnung, Harmonie und Ebenmaß in Marmor und Bronze gültige Gestalt zu verleihen. Die gleiche Kraft war es, die Raffael beflügelte, seine Madonnen zu malen, und die Beethoven zur Komposition seiner Symphonien befähigte.

Während einer Vorlesungsreihe an der Yoga Forest University in Rishikesh (Indien) hatte ich Gelegenheit, mich mit einem Chirurgen aus Bombay zu unterhalten. Er erzählte mir von Dr. James Esdaille, einem schottischen Chirurgen, der in Bengalen praktiziert hatte, noch ehe die modernen Narkosemittel entdeckt worden waren. Zwischen 1843 und 1846 führte Dr. Esdaille an die 400 komplizierte Eingriffe durch, darunter Amputationen, Krebsoperationen und operative Behandlung von Augen-, Ohren- und Kehlkopfleiden. Alle diese Eingriffe wurden ausschließlich unter Hypnose vorgenommen. Der indische Arzt in Rishikesh berichtete, dass die postoperative Sterblichkeitsquote der von Dr. Esdaille behandelten Patienten mit etwa zwei bis drei Prozent als äußerst niedrig betrachtet werden muss. Die chirurgischen Eingriffe waren völlig schmerzlos und keiner der Patienten starb auf dem Operationstisch.

Dr. Esdaille hypnotisierte die Kranken und suggerierte ihrem Unterbewusstsein, dass sie keine Schmerzen haben würden und dass sich keine Infektion oder Sepsis entwickeln könne. Das ist umso bemerkenswerter, da Dr. Esdaille praktizierte, bevor Louis Pasteur, Joseph Lister und andere Forscher die bakterielle Ursache einer Reihe von Erkrankungen bewiesen und die mangelhafte Sterilisierung der Instrumente und Operationssäle für die gefährlichen Infektionen verantwortlich machten.

Der indische Chirurg führte die geringe Sterblichkeitsquote und die äußerst geringe Anzahl von Infektionen ausschließlich auf die suggestive Wirkung von Dr. Esdailles hypnotischer Behandlung zurück. Der Organismus der Patienten reagierte in voller Übereinstimmung mit den ihrem Unterbewusstsein eingeprägten Suggestionen.

Ich freute mich sehr zu hören, dass schon vor mehr als 120 Jahren ein Chirurg die fantastischen Kräfte des Unterbewusstseins entdeckt hatte! Empfinden Sie nicht auch Ehrfurcht und Glück bei dem Gedanken an die beinah unglaublichen Kräfte Ihres subjektiven Geistes? Denken Sie nur an die Fähigkeit metaphysischer Wahrnehmungen, wie zum Beispiel Hellsehen und Hellhören, die Unabhängigkeit von Zeit und Raum, seine Macht, von allen Schmerzen zu befreien, und seine Fähigkeit, eine Lösung für alle Ihre Probleme zu finden! Diese und viele andere Tatsachen beweisen Ihnen die Existenz einer seelischen Macht und eines Wissens, das jede rationale Intelligenz übertrifft. Die Größe dieser Kräfte und die Größe der von ihnen bewirkten Wunder müssen jedes Herz berühren und mit Vertrauen in die einzigartige Macht des Unterbewusstseins erfüllen.

Ihr Unterbewusstsein ist das Buch Ihres Lebens

Welche Gedanken, Überzeugungen, Meinungen, Theorien und Dogmen Sie auch Ihrem Unterbewusstsein tief und dauerhaft einprägen – sie werden sich alle verwirklichen und als äußere Situation, Zustand oder Ereignis in Ihrem Leben Form annehmen. Jeder seelische Eindruck wird früher oder später zum realen Ausdruck. Ihr Leben besitzt zwei Seiten, die bewusste und die unterbewusste, die sichtbare und die unsichtbare, die Welt der Gedanken und die ihrer materiellen Ausprägung.

Jeder Gedanke wird von Ihrem Gehirn aufgenommen, das ja das Organ Ihres bewusst denkenden Geistes ist. Sobald Ihr objektiver, das heißt bewusster Geist den betreffenden Gedanken annimmt, wird er zum Solarplexus (dem Nervengeflecht im Oberbauch) weitergeleitet, das auch als das »Gehirn des Unterbewusstseins« bezeichnet wird. Dort entfalten Ihre Gedanken und Vorstellungen ihre reale Wirksamkeit und zeigen sich in Ihren Erlebnissen.

Ihr Unterbewusstsein kann keine logischen Einwendungen machen. Es führt ohne Zögern aus, was Sie ihm befehlen, und nimmt die Urteile und Schlussfolgerungen Ihres Bewusstseins uneingeschränkt als Tatsachen hin. So wird jeder Gedanke zum sichtbaren Schriftzug im Buch Ihres Lebens. Der berühmte amerikanische Schriftsteller und Philosoph Ralph Waldo Emerson sagte: »Der Mensch ist das, was er den ganzen Tag über denkt«, und er fasste damit eine bereits in der Bibel verankerte Erkenntnis in etwas andere Worte.

Jeder seelische Eindruck nimmt materielle Gestalt an

William James, der Begründer der amerikanischen Psychologie, erklärte, das Unterbewusstsein beinhalte die Kräfte, die die Welt bewegen. Ihr Unterbewusstsein besitzt ein umfassendes Wissen. Seine unerschöpflichen Energien fließen aus tiefen Quellen – nach dem Gesetz des Lebens. Welchen Gedanken Sie Ihrem Unterbewusstsein auch einprägen mögen, es setzt alles daran, um ihn zu verwirklichen. Deshalb müssen Sie sehr vorsichtig sein und auf positive und konstruktive Gedanken achten.

Der Grund für Unordnung und Schmerzen liegt meistens in dem mangelnden Verständnis der Menschen für die Wechselbeziehungen zwischen Bewusstsein und Unterbewusstsein. Wenn und solange diese beiden Prinzipien zusammenwirken, ist das Ergebnis Gesundheit, Glück, Friede und Freude. Krankheit und Ärger können vor der gemeinsamen Kraft dieser beiden geistigen Bereiche nicht bestehen.

Als das Grab des Hermes geöffnet wurde, erwartete man, darin das größte Geheimnis aller Zeiten zu finden. Was man fand, waren schließlich die Worte: *Wie drinnen, so draußen; wie oben, so unten.*

Das bedeutet, dass sich jede unterbewusste Vorstellung in Raum und Zeit widerspiegelt. Moses, Jesaja, Jesus, Buddha, Zarathustra, Laotse und alle anderen Propheten verkündeten die gleiche Wahrheit. Was immer Sie unterbewusst als wahr definieren, nimmt feste Gestalt an als Lebenssituation, Zustand oder Ereignis. Psychische und physische Bewegung bedingen sich gegenseitig und schaffen ihr eigenes Gleichgewicht. *Wie im Himmel* (in Ihrem eigenen Geist), *so auf Erden* (also in Ihrem Körper und in Ihrer Umwelt). Dies ist das große Gesetz des Lebens.

Das Gesetz von Aktion und Reaktion, Ruhe und Bewegung, gilt überall in der Natur. Die beiden gegensätzlichen Kräfte müssen sich ausgleichen – dann erst herrschen Harmonie und Gleichgewicht. Rhythmisch und harmonisch sollen Sie vom Prinzip des Lebens erfüllt sein. Input und Output müssen gleich groß sein. Eindruck und Ausdruck müssen sich entsprechen. Das Gefühl der Enttäuschung ist nur die Folge unerfüllter Wünsche.

Destruktive Gedanken werden negative Gefühle verursachen, die dann nach Ausdruck und Verwirklichung drängen. Aufgrund ihrer negativen Art nehmen sie häufig die Gestalt von Magengeschwüren, Herzleiden sowie nervöser Furcht- und Angstzustände an. Was denken und fühlen Sie im Augenblick in Bezug auf sich selbst? Wofür halten Sie sich? Jeder Teil Ihres Wesens und Seins spiegelt Ihre Selbstvorstellung zuverlässig wider. Ihre Lebenskraft, Ihr Körper, Ihre finanziellen Verhältnisse, Ihre Freunde und Ihre gesellschaftliche Stellung spiegeln bis ins Detail Ihre Selbsteinschätzung wider. Es handelt sich um die Auswirkung des schon oft zitierten Prinzips: Was immer dem Unterbewusstsein eingeprägt wird, findet Ausdruck in allen Phasen und Bereichen Ihres Lebens.

Jeder negative Gedanke schadet uns. Wie oft haben Sie sich schon selbst durch Zorn, Furcht, Eifersucht und Rache verletzt? Das sind die Gifte, die Ihr Unterbewusstsein verseuchen. Als neugeborenes Kind waren Sie frei von diesen negativen Einstellungen. Versorgen Sie Ihr Unterbewusstsein mit positiven Gedanken und alle negativen Denkmuster und selbstzerstörerischen Vorstellungen der Vergangenheit werden spurlos verschwinden.

Das Unterbewusstsein heilt eine bösartige Hauterkrankung

Eine am eigenen Körper erlebte Heilung überzeugt wohl am besten von den wunderbaren Kräften des Unterbewusstseins. Vor mehr als 40 Jahren befreiten mich meine Gebete von einer bösartigen Hauterkrankung. Die ärztliche Behandlung konnte ihre Ausbreitung nicht eindämmen und mein Zustand wurde von Tag zu Tag ernster.

Ein Geistlicher, der viel über Psychologie wusste, erklärte mir die tiefere Bedeutung des 139. Psalms, der lautet: *Deine Augen sahen mich, als ich noch unfertig war, und in deinem Buch waren alle meine Teile eingetragen* (Psalm 139, 16). Er erklärte mir, dass der Ausdruck Buch das Unterbewusstsein bedeutet, das alle Organe aus einer rein geistigen Zelle formt und gestaltet. Und was das

Unterbewusstsein in Übereinstimmung mit einem ihm eingeprägten Vorbild geschaffen hat, kann es auch nach demselben Muster wiederherstellen und heilen.

Dann zeigte mir der Geistliche seine Uhr und sagte: »Auch diese Uhr wurde geschaffen; ehe sie aber materielle Gestalt annahm, musste der Uhrenhersteller sie sich genau vorstellen. Und wer eine Uhr plant und schafft, kann sie auch besser als jeder andere reparieren.« Er zeigte mir, dass das Unterbewusstsein, das meinen Körper erschaffen habe, mit dem Uhrmacher verglichen werden könne, da es wie er alle lebenswichtigen Vorgänge und Funktionen wiederherstellen und heilen könne. Dazu sei es nur nötig, diesem schöpferischen subjektiven Geist die Vorstellung völliger Gesundheit einzuprägen, die Wirkungskraft dieser Gedanken würde dann den entsprechenden Heilungsprozess herbeiführen.

Ich formulierte also das folgende, sehr einfache Gebet: »Mein Körper wurde von dem großen Wissen meines Unterbewusstseins geschaffen, das mich auch heilen kann. Seine Weisheit formte meine Organe, Gewebe, Muskeln und Knochen. Dieselbe große und heilende Kraft in meinem Inneren ist nun dabei, jede Zelle, jedes Atom meines Organismus zu verwandeln und mich schnellstens wieder gesund zu machen. Ich bin dafür dankbar, denn ich weiß, dass ich auf dem Weg zur Besserung bin. Die Werke meiner schöpferischen Weisheit sind wunderbar.«

Zwei- oder dreimal pro Tag sprach ich dieses kurze Gebet. Nach etwa drei Monaten war meine Haut wieder völlig heil und gesund.

Wie Sie sehen, habe ich nichts anderes getan, als meinem Unterbewusstsein die Idee der Gesundung, Schönheit und Vollkommenheit einzugeben, um damit die negativen Vorstellungen und Denkmuster zu löschen, die sich dort eingeprägt hatten und der eigentliche Grund der Krankheit gewesen waren. Es gibt keine körperliche Erscheinung, die nicht zuerst geistige Idee gewesen ist, und indem Sie Ihren Geist unaufhörlich mit positiven Gedanken füllen, verändern Sie gleichzeitig auch Ihren Körper. Das ist der Grund, die Ursache und Quelle aller Heilungen. *Wunderbar sind deine Werke, und meine Seele erkennt das sehr wohl* (Psalm 139, 14).

Wie das Unterbewusstsein alle Körpervorgänge steuert

Ob Sie nun hellwach sind oder tief schlafen – Ihr Unterbewusstsein steuert pausenlos und völlig unabhängig von Ihrem Bewusstsein alle lebenswichtigen Funktionen Ihres Organismus. So schlägt zum Beispiel auch während des Schlafs Ihr Herz rhythmisch weiter, Ihre Lunge kommt nicht zur Ruhe, sondern versorgt – genau wie im Wachzustand – Ihr Blut mit frischem Sauerstoff. Ihr Unterbewusstsein kontrolliert den Verdauungsprozess und die Drüsensekretionen sowie alle anderen Vorgänge in Ihrem Körper. Die Haare wachsen weiter, ob Sie schlafen oder wach sind. Naturwissenschaftler haben festgestellt, dass die Haut während des Schlafs viel mehr Schweiß absondert als während des Wachzustands. Ihre Augen, Ohren und anderen Sinne sind auch während des Schlafs voll einsatzfähig. Viele der größten Forscher fanden buchstäblich im Schlaf die Antwort auf verwickelte Probleme – die Lösung erschien ihnen im Traum.

Oft stört Ihr Bewusstsein durch Sorgen, Ängste und Zweifel den normalen Rhythmus des Herzens und der Lungen sowie die normale Funktion des Magen-Darm-Trakts. Negative Ideen erschüttern die reibungslose Funktionsweise Ihres Unterbewusstseins. Ist man seelisch aufgewühlt, ist es am besten, alles Belastende abzuschütteln, sich zu entspannen und die Gedanken zu beruhigen. Sprechen Sie zu Ihrem Unterbewusstsein und bitten Sie es, die gesunde Ausgeglichenheit und Ordnung wiederherzustellen. Sie werden bald bemerken, dass sich die körperlichen Funktionen wieder normalisieren. Allerdings wird Ihr Unterbewusstsein Ihrer Bitte nur dann folgen, wenn Sie es selbstsicher und überzeugt ansprechen.

Ihr Unterbewusstsein setzt alles daran, Ihr Leben zu schützen und Ihre Gesundheit wiederherzustellen. Sein instinktives Bemühen, alles Lebendige zu bewahren, sehen Sie zum Beispiel daran, dass es die Quelle für die Liebe zu Ihren Kindern ist. Wenn Sie verdorbene Lebensmittel essen, sorgt das Unterbewusstsein dafür, dass alles Ungenießbare Ihren Körper wieder verlässt. Sollten Sie aus Versehen Gift nehmen, so würden die unterbewussten Energien sofort bewirken, dass es neutralisiert wird. Wenn Sie sich der heilenden Kraft des Unterbewusstseins ganz überlassen, werden Sie bald vollkommen gesund sein.

Wie Sie die Kräfte des Unterbewusstseins nutzen können

Unser Unterbewusstsein ist völlig unabhängig von jedem bewussten Antrieb Tag und Nacht ununterbrochen tätig. Es baut Ihren Körper auf und erhält ihn, ohne dass Sie diesen lautlosen Vorgang wahrnehmen. Das ist auch nicht nötig, denn Sie haben es ja auf bewusster Ebene nicht mit dem Unterbewusstsein, sondern mit Ihrem Bewusstsein zu tun. Ihr Bewusstsein müssen Sie also zunächst davon überzeugen, dass Sie ausschließlich das Beste erwartet, wenn Sie Ihre Gedanken nur noch auf das Positive, Schöne und Gute richten. Stellen Sie Ihr bewusstes Denken auf eine ausschließlich positive Grundlage, in der festen Überzeugung, dass Ihr Unterbewusstsein ununterbrochen damit beschäftigt ist, Ihre Gedanken zu verwirklichen.

Wie ein Rohr dem durchfließenden Wasserstrahl die Form verleiht, so gibt auch Ihr Denkmuster Ihrem Leben die Richtung vor. Sagen Sie sich deshalb aus voller Überzeugung: »Die große Kraft meines Unterbewusstseins durchströmt mein ganzes Leben; sie wird sichtbar als Harmonie, Gesundheit, Glück und materieller Überfluss!« Betrachten Sie Ihr Unterbewusstsein als einen zutiefst klugen und liebevollen Freund, der Sie immer und überall begleitet und Ihnen das Allerbeste wünscht. Glauben Sie ganz fest daran, dass seine Kräfte Ihnen helfen und nur Positives bringen. Das werden Sie erfahren. *Jedem Menschen geschieht nach seinem Glauben* (Matthäus 9, 29).

Wie die Kraft des Unterbewusstseins verkümmerte Sehnerven wiederherstellen kann

Die medizinischen Archive des Gesundheitsamtes von Lourdes berichten von dem sorgfältig geprüften und in Fachkreisen sehr bekannten Fall von Frau Bire, die an einer Atrophie (Verkümmerung) der Sehnerven litt. Sie machte eine Wallfahrt nach Lourdes, wo – ihrer eigenen Darstellung nach – eine Wunderheilung eintrat. Ruth Cranston, eine junge Protestantin, reiste im Auftrag des McCall-Magazins in die berühmte südfranzösische Stadt, um den Geschehnissen auf den Grund zu gehen. Im November 1955 berichtete sie über Frau Bire: »Unglaublicherweise wurde ihr in Lourdes das Augenlicht wiedergeschenkt, obwohl – wie mehrere Ärzte nach wiederholten Untersuchungen bezeugten – die Sehnerven nach wie vor unbrauchbar waren. Als der Fall etwa einen Monat später von Neuem überprüft wurde, erwies es sich, dass der Sehmechanismus mittlerweile regeneriert war. Im Licht der medizinischen Wissenschaft hatte Frau Bire zunächst aber tatsächlich mit ›toten Augen‹ gesehen.«

Auch ich habe Lourdes mehrere Male besucht und wurde selbst Zeuge einiger ähnlicher Heilungen. Wie wir im nächsten Kapitel noch näher sehen werden, ist die Echtheit solcher Ereignisse an vielen christlichen und nichtchristlichen Wallfahrtsstätten in der ganzen Welt nicht zu bezweifeln.

In dem erwähnten Fall von Frau Bire ist die Heilung nicht auf die Wirkung des heiligen Wassers zurückzuführen, sondern vielmehr auf eine durch ihren festen Glauben bedingte Reaktion des Unterbewusstseins, dessen heilende Kraft in Übereinstimmung mit dem Inhalt ihrer Gedanken wirkte. Der Glaube ist ein bestimmter Gedanke oder Zustand, der vom Bewusstsein – und damit auch vom Unterbewusstsein – als wahr angenommen wird. Und diese feste Überzeugung verwirklicht sich so bald wie möglich von selbst. Zweifellos hatte Frau Bire die Wallfahrt mit der Erwartung und dem festen Vertrauen auf eine Heilung unternommen. Ihr Unterbewusstsein reagierte entsprechend und setzte seine Energien ein, denn dieser subjektive Geist, der das Auge geschaffen hat, kann auch einen verkümmerten Sehnerv wieder reparieren. Was das Unterbewusstsein einmal kreierte, kann es auch wieder schaffen. Und, wie gesagt: *Jedem Menschen geschieht nach seinem Glauben.*

Wie man dem Unterbewusstsein die Vorstellung völliger Gesundheit vermittelt

Ein protestantischer Geistlicher aus Johannesburg in Südafrika erklärte mir einmal die Methode, mit der er seinem Unterbewusstsein die Vorstellung völliger Gesundheit vermittelte. Er litt an Lungenkrebs. Das Folgende ist ein wörtliches Zitat aus seinen handschriftlichen Aufzeichnungen: »Mehrere Male am Tag sorgte ich für völlige geistige und körperliche Entspannung. Zunächst sprach ich meinen Körper mit folgenden Worten an: ›Meine Füße sind entspannt, meine Knöchel sind entspannt, meine Beine sind entspannt, meine Bauchmuskeln sind entspannt, Herz und Lunge sind entspannt, mein Kopf ist entspannt, ich bin völlig entspannt.‹ Nach etwa fünf Minuten fiel ich dann meist in eine Art Halbschlaf, in dem ich mir diese Wahrheit vor Augen hielt: ›Die Vollkommenheit Gottes findet nun Ausdruck durch meinen Körper. Die Vorstellung völliger Gesundheit füllt jetzt mein Unterbewusstsein. Gott schuf mich nach einem vollkommenen Bild und mein Unterbewusstsein schafft nun meinen Körper von Neuem – in völliger Übereinstimmung mit dem vollkommenen Bild im Sinne Gottes.‹« Mit dieser einfachen Methode gelang es dem Geistlichen, seinem Unterbewusstsein die Vorstellung völliger Gesundheit einzuprägen und eine aufsehenerregende Heilung herbeizuführen.

Auch durch den gezielten Einsatz der Fantasie lässt sich die Idee völliger Gesundheit dem Unterbewusstsein sehr effektiv vermitteln. Ich riet einem an funktioneller Lähmung leidenden Mann, er solle sich so realistisch wie möglich vorstellen, dass er im Büro hin und her gehe, sich an seinen Schreibtisch setze, den Telefonhörer abnehme, kurz alles tue, was er als gesunder Mensch zu tun gewohnt war. Ich erklärte ihm, der Gedanke völliger Gesundheit und die damit verbundenen Vorstellungen würden sich seinem Unterbewusstsein einprägen und von ihm als Tatsache akzeptiert werden.

Er lebte sich in diese Rolle ein und versetzte sich im Geist in sein Büro. Damit schuf er völlig bewusst die Grundlage für eine eindeutig bestimmte Reaktion seines Unterbewusstseins. Er benutzte es sozusagen als Film, den er mit den gewünschten Bildern belichtete. Nach mehreren Wochen intensiven geistigen Trainings, seinem Unterbewusstsein die gewünschten Vorstellungen einzuprägen, war der Augenblick gekommen, die Ergebnisse dieser Behandlung zu erproben. Wie vereinbart, ließen ihn seine Frau und die Pflegekraft allein, und kurze Zeit darauf läutete das Telefon. Obwohl es rund vier Meter von seinem Rollstuhl entfernt war, gelang es dem Mann, aufzustehen und den Anruf entgegenzunehmen. Von diesem Moment an war er geheilt: Sein Unterbewusstsein hatte auf die innere Vorstellung reagiert und seine Gesundheit wiederhergestellt.

Bei dem Patienten lag eine Blockierung des Bewegungszentrums vor. Er sagte, er könne deshalb nicht gehen, weil die vom Gehirn ausgehenden Bewegungsimpulse seine Beine nicht erreichten. Sobald er sich aber auf die eigenen Heilkräfte konzentrierte, veranlassten sie die gewünschte Reaktion und stellten seine Bewegungsfähigkeit wieder her. *Und alles, was ihr im Gebet erbittet, werdet ihr erhalten, wenn ihr glaubt* (Matthäus 21, 22).

Zusammenfassung

1. Ihr Unterbewusstsein steuert alle lebenswichtigen Vorgänge Ihres Organismus und kennt die Antwort auf alle Fragen.
2. Erteilen Sie Ihrem Unterbewusstsein vor dem Einschlafen einen bestimmten Befehl und Sie können sich von seiner Wirkungskraft überzeugen.
3. Was immer Sie Ihrem Unterbewusstsein einprogrammieren, erscheint schließlich in Ihrem Leben als Situation, Zustand oder Ereignis. Deshalb sollten Sie Gedanken und Vorstellungen Ihres bewussten Denkens sorgfältig auf ihre negativen und positiven Inhalte hin überprüfen.
4. Bei der Wechselbeziehung von Aktion und Reaktion handelt es sich um ein allgemeingültiges Gesetz. Die Wirkung geht von Ihrem Gedanken aus und die Gegenwirkung besteht in der selbsttätigen Reaktion Ihres Unterbewusstseins darauf. Hüten Sie sich also vor negativen Gedanken!
5. Enttäuschung und Frustration sind die Folge unerfüllter Wünsche. Falls Ihre Gedanken immer nur die Schwierigkeiten einer Sache umkreisen, wird Ihr Unterbewusstsein entsprechend reagieren. Auf diese Weise zerstören Sie nur Ihr eigenes Glück.
6. Um die Kraft Ihres Unterbewusstseins erfahren zu können, müssen Sie sich mit voller Überzeugung sagen: »Ich glaube fest, dass die unbewusste Macht, die mir diesen Wunsch eingab, bereits im Begriff ist, ihn durch mich zu verwirklichen.« Diese Zauberformel löst alle Schwierigkeiten.
7. Durch Sorgen, Ängste und Befürchtungen können Sie den normalen Rhythmus Ihres Herzens, Ihrer Lunge und anderer Organe stören. Füllen Sie Ihr Unterbewusstsein mit harmonischen, gesunden und positiven Gedanken und alle Funktionen Ihres Organismus werden sich bald wieder normalisieren!
8. Gewöhnen Sie Ihr Bewusstsein daran, stets nur das Beste für Sie zu erwarten, und Ihr Unterbewusstes wird diese Vorstellung zuverlässig verwirklichen!
9. Schaffen Sie in Ihrer Fantasie das lebendige Bild des gewünschten Erfolgs und freuen Sie sich darüber; denn Ihre Gefühle und Vorstellungen werden vom Unterbewusstsein als Tatsache hingenommen und verwirklicht.

Ihr mächtigster »Freund« ist Ihr Unterbewusstsein

Es liegt in Ihrem urpersönlichen Vermögen, die unendliche geistige Kraft kosmischer Dimension, die unser gesamtes Universum erschaffen hat, zum Ausdruck zu bringen. Sie haben Anteil an ihr: Gott wohnt Ihnen inne. Das ist das Göttliche im Menschen.

Ihr mächtigster »Freund« ist Ihr Unterbewusstsein. Ihr Unterbewusstsein steht Ihnen jederzeit und sozusagen auf Abruf zur Verfügung; es gehorcht Ihren Entscheidungen und Überzeugungen, ist Ihr gehorsamer Diener und wartet nur darauf, von Ihnen bewusst eingesetzt zu werden. Es wacht während Ihres Schlafs über Sie und kontrolliert die für Sie lebenswichtigen Prozesse Ihres Körpers. Es schläft nie, es verleiht vielmehr ständig den von Ihnen eingeprägten Denk- und Vorstellungsinhalten in Ihrem Leben Gestalt und bringt sie als Erfahrungen und Ereignisse zur Geltung. Wenn Sie erst einmal verstehen, Ihr Unterbewusstsein durch bewusstes Denken und Glauben zu steuern, werden Sie feststellen, dass es Ihren kranken Körper zu heilen vermag, dass es Ihre leere Brieftasche zu füllen und Ihre gestörten menschlichen Beziehungen harmonisch zu gestalten vermag.

Eine Mutter rettete ihren sterbenden Sohn

Aus dem nachstehend abgedruckten Brief von Mrs. Hilda Hatcher lässt sich die tiefe Überzeugung einer Mutter ablesen, dass ihr Gebet erhört wurde. Diese Frau wusste, dass die unendliche Kraft kosmischer Dimension, die ihren Sohn heilen konnte, Gott ist, und außerdem wusste sie, dass einem jeden Menschen nach seinem Glauben geschieht: »Sehr geehrter Herr Dr. Murphy, es steht Ihnen frei, meinen Brief teilweise oder ganz zu benutzen, wann immer Sie es für angebracht halten. Vor einigen Jahren erkrankte mein jüngster Sohn Charles an Kinderlähmung. Er wurde von den Ärzten aufgegeben. Ich weigerte mich, das Urteil anzunehmen, denn ich wusste, dass die Heilkraft Gottes meinen Jungen heilen würde, und ich blieb überzeugt, dass Charles am Leben bleiben würde. Ich wusste, dass meine Überzeugung, wenn ich sie voll Glauben bekräftigte, früher oder später in mein Unterbewusstsein sinken und das in meinen Gebeten vorgestellte Wunder geschehen würde.

Der Arzt sagte mir nach siebzehn Tagen, es gäbe keine Hoffnung mehr, und falls Charles doch durchkäme, müsse er für den Rest seines Lebens im Rollstuhl sitzen und mit einem geschädigten Gehirn sein Dasein fristen. Diese Diagnose lehnte ich zutiefst ab und vergegenwärtigte mir täglich in meinen inbrünstigen Gebeten: ›Ich weiß, dass Charles lebendig ist mit dem Leben Gottes.‹

Er wurde mit einer eisernen Lunge künstlich beatmet. Ich betete mit den Worten des 91. und des 23. Psalms und fügte stets an: ›Charles ist lebendig mit dem Leben Gottes.‹

Eines Nachts sank ich beim Beten in einen Zustand der Halbtrance und ›sah‹ meinen Sohn hinterm Haus herumtollen, voll Leben und jugendlichem Elan. Er war es wirklich, oder es kam mir wenigstens so vor. Am nächsten Tag sagte der Arzt zu mir: ›Frau Hatcher, heute Nacht ist Ihr Sohn – ganz unerklärlicherweise – aus dem Koma erwacht, sein Fieber ist weg und er fragt nach Ihnen.‹

Charles wurde in die Kinderklinik verlegt. Dort wurde er täglich behandelt und man zeigte mir, wie ich daheim für ihn sorgen sollte. Sechs Wochen später kam er nach Hause.

Ein Jahr später, als ich in der Küche arbeitete, hörte ich hinterm Haus die Stimmen von Jungen, die umhertollten und lachten. Charles war unter ihnen, genau wie ich ihn ein Jahr zuvor in meiner Vision gesehen hatte. Er sprühte vor Leben und war lebendig mit dem Leben Gottes. Ich weiß, dass uns nach unserem Glauben geschieht. Seien Sie gesegnet. Hilda Hatcher, Los Angeles.«

Der Brief ist etwas gekürzt wiedergegeben, enthält aber alle wesentlichen Punkte. Er veranschaulicht den Glauben einer Mutter, die ihrer Überzeugung beharrlich treu blieb. Sie prägte mit dieser Überzeugung ihr Unterbewusstsein, das alles in Bewegung setzte, bis ihr Sohn geheilt war. In der Bibel heißt es: *Gehe hin; dir geschehe, wie du geglaubt hast* (Matthäus 8, 31).

Wie ein Lehrer seine Gefühle der Feindseligkeit überwand

Ihr Unterbewusstsein als eine Art Ventil der kosmischen Kraft steht für Sie bereit und wartet darauf, von Ihnen genutzt zu werden – in ähnlicher Weise, wie der Wasserhahn in Ihrer Küche stets bereit ist, Ihnen Wasser zu spenden. Der folgende Brief eines Lehrers aus Kalifornien zeigt Ihnen, wie Sie jedes Hindernis in den zwischenmenschlichen Beziehungen zu überwinden vermögen, wenn Sie es nur fest genug wünschen, wenn Sie glauben, dass Sie es können, und wenn Sie die Ihnen innewohnende kosmische Kraft weise und konstruktiv nutzen.

»Sehr geehrter Herr Dr. Murphy! Manchmal ist es schwer, Gott in den Menschen zu sehen, mit denen wir beruflich zusammenkommen. Genau dieses Gefühl hatte ich vor mehreren Jahren als neugewählter Schulinspektor in einer College-Stadt des Mittelwestens. Ein Mitglied der dortigen Schulaufsichtsbehörde war ein regelrechter »Nagel zu meinem Sarg«. Ich kam alle zwei Wochen mit fünf Mitgliedern der Aufsichtsbehörde zusammen und von Zeit zu Zeit, wenn er es wünschte, traf ich den Bezirksinspektor und andere Schulvorsteher.

Kurz nachdem ich den Posten angetreten hatte, entwickelte sich zwischen mir und dem besagten Aufsichtsbehördenmitglied ein Gefühl tiefer Animosität, ich glaube, vor allem wegen meiner unnachgiebigen fachlichen Einstellung. Da ich entsprechend den Vorschlägen des Bezirksinspektors und den Bestimmungen der Schulgesetze unseres Staates handelte, aber nicht gemäß den persönlichen Anweisungen, die mir dieser Mann der Aufsichtsbehörde von Zeit zu Zeit gab, wurde die Feindseligkeit immer tiefer. Er hatte mich wirklich »auf dem Kieker«.

Da dieser Herr zwei andere Mitglieder der Aufsichtsbehörde beeinflussen und ihre Stimmen hinter sich bringen konnte, stand mein berufliches Ansehen auf dem Spiel. Es hätte durchaus passieren können, dass man mich feuerte, und ein entlassener Lehrer wählt meist gezwungenermaßen einen anderen Beruf. Mir waren schon mehrere solche Leute begegnet, die dann, zum Beispiel, Schulbücher an die Schulbehörden verkauften. Ich fühlte mich wie ein Mensch, der den Tiger am Schwanz gepackt hatte. Ich konnte nicht so weitermachen und auch nicht loslassen. Es musste etwas geschehen.

Da ich starke religiöse Neigungen habe (ich war auch Mitglied der Kirchenaufsichtsbehörde und Inspektor der Sonntagsschule), betete ich im Zusammenhang mit diesem Posten viel. Offen gesagt, ich sah damals auch in mir selber manches nicht sehr Gutes.

Schließlich sagte ich mir, es müsse in dem Mann doch etwas Gutes sein. Ich stellte fest, dass er seine Kinder zutiefst liebte – ganz entschieden eine gottgefällige Einstellung. Da ich selbst Kinder habe, ging ich von diesem Gesichtspunkt aus. Ich suchte ihn hin und wieder in seinem Büro auf und fragte ihn um Rat. Es war ein langwieriger Prozess. Doch im Laufe mehrerer Monate entwickelten wir immer größere Achtung füreinander.

Als die Zeit kam, da mein Vertrag erneuert werden sollte, bot man mir eine großzügige Gehaltserhöhung an, um mich zum Bleiben zu bewegen: Der Bezirksinspektor hatte eine für mich schmeichelhafte Empfehlung geschrieben. Ich dankte den Mitgliedern der Aufsichtsbehörde für das Angebot, lehnte es jedoch ab und zog vor, nach Kalifornien zu gehen. Wir lösten unsere Beziehung in größter Freundlichkeit auf. Hochachtungsvoll, William H. Thrall, San Gabriel, Kalifornien.»

Dies ist eine gediegene »Betriebsanleitung«, aus der hervorgeht, wie wirksam innere Weisheit und Freundlichkeit bei der Auflösung von Feindseligkeit, Bitterkeit und Hass sind.

Sein »kosmischer Partner« bewahrte ihn vor finanziellem Verlust

Während ich an diesem Kapitel arbeitete, suchte mich ein Mann auf. Er sagte: »Ich habe Ihr Buch *Die Macht Ihres Unterbewusstseins* gelesen und war tief beeindruckt. Ich weiß, dass mein Unterbewusstsein von derselben Dimension ist wie die unendliche Weisheit und die unendliche Kraft Gottes. Mir ist klar, dass es an Gottes kosmischer Weisheit teilhat, die alles weiß.

Ich bin gerade dabei, eine geschäftliche Transaktion zu erwägen, und äußerlich scheint alles in Ordnung zu sein. Aber gestern Abend legte ich mich schlafen und bat, wie Sie es in Ihrem Buch vorschlagen, mein Unterbewusstsein, mir die Antwort so zu enthüllen, dass ich sie am Morgen erkennen würde. Heute früh wachte ich auf, und ich habe das Gefühl, dass an der ganzen Geschichte etwas faul ist. Ich kann auf nichts Definitives hinweisen, aber aus meinem tieferen Ich kommt ständig eine Eingebung, die ›Nein!‹ sagt.«

Der Mann fragte mich, was ich von der Sache halte. Ich antwortete, dieses Nein erfließe zweifellos seinem Unterbewusstsein, das ihn wohl vor einer finanziellen Fehlinvestition zu bewahren versuche, zumal seine Gesamteinlage bei dem ihm vorgeschlagenen Projekt eine Viertelmillion Dollar betragen sollte. Mein Rat an ihn lautete, nichts zu investieren, vielmehr das ganze Projekt fallenzulassen – was er auch tat.

Ich ließ bei der Niederschrift des vorliegenden Kapitels Platz frei für seinen Bericht über den Ausgang der Sache. Vor Kurzem nun rief er mich an und erzählte, bei weiteren Nachforschungen der von ihm beauftragten Privatdetektive sei herausgekommen, dass die sogenannten Geschäftspartner professionelle »Bauernfänger« waren: Ihre perfide Strategie bestand daraus, alles so zu arrangieren, dass es an der Oberfläche glänzend aussah, in Wirklichkeit aber sei das ihm vorgeschlagene Projekt ein riesiger Schwindel gewesen. Das intensive Wissen seines Unterbewusstseins hatte den Mann rechtzeitig vorgewarnt und ihm eine Viertelmillion Dollar gespart.

Auch Sie sollten lernen, bei allen Ihren Unternehmungen an göttliches rechtes Tun zu glauben und die bisweilen völlig überraschenden Antworten Ihres Unterbewusstseins zu erwarten. Es ist sozusagen Ihr »kosmischer Partner«. Oft sagen mir Menschen nach meinen öffentlichen Vorträgen: »Ich habe heute die gesuchte Antwort erhalten.« Und warum erhielten sie Antwort? Weil sie darum baten und glaubten, dass ihr Unterbewusstsein ihnen eine Antwort oder Lösung eingeben würde.

Er sah das Flugzeugunglück in einem Traum

Der Mensch träumt nicht bewusst. Wenn Sie träumen, schläft Ihr Wachbewusstsein, aber es ist kreativ mit Ihrem Unterbewusstsein verbunden. Ihr Unterbewusstsein dramatisiert im Traumgeschehen seinen Inhalt und kann sowohl erkennbare symbolische Bilder als auch scheinbar oder wirklich ungereimte Situationen im Traum präsentieren.

Träume sind gewissermaßen die Fernsehserien der tieferen Schichten Ihres Geistes. Es gibt verschiedene Arten von Träumen, darunter vorausschauende, sogenannte prägkognitive Träume, in denen Sie ein Ereignis sehen, bevor es objektiv stattgefunden hat, ein Ereignis, das Sie selbst oder andere Menschen betreffen kann. Der Traum kann Ihnen die Erfüllung Ihres Wunsches offenbaren oder Sie auch warnen, damit Sie einem drohenden Unheil aus dem Weg gehen.

Mit dem nachstehenden Brief soll veranschaulicht werden, wie Ihr Unterbewusstsein – Ihr, wie ich sagte, gleichsam kosmischer Partner – Sie zu schützen sucht:

»Sehr geehrter Herr Dr. Murphy! Ich habe Ihr Buch *Die unendliche Quelle Ihrer Kraft* gelesen und ich halte es für das Beste, was ich in dieser Richtung gelesen habe. Es ist einfach faszinierend.

Ich würde Ihnen gern erzählen, wie mir eine Warnung, die mir mein Unterbewusstsein eingab, das Leben gerettet hat. Vor ein paar Monaten sollte ich eine Flugreise antreten und in der Nacht vor dem Abflug las ich im Traum Schlagzeilen einer Zeitung über ein Flugzeugunglück, bei dem alle Passagiere umgekommen waren.

Ich wachte schlagartig auf, zitternd und mit einem sicheren Gefühl der Vorahnung. Ich bemerkte, dass meine Frau mich starr anschaute, dann fragte sie: ›Hattest du denselben Traum wie ich?‹ Und sie erzählte mir denselben Traum – genau was auch ich gesehen hatte, in allen Einzelheiten! Ich strich die Reise und das Flugzeug stürzte ab; alle Fluggäste fanden den Tod, genau wie ich es im Traum gesehen hatte.

Wirklich, es stimmt, was Sie in einem anderen Ihrer Bücher zitieren, nämlich in *Die Macht Ihres Unterbewusstseins*: *… dem will ich mich kundmachen in einem Gesicht oder will mit ihm reden in einem Traum* (4. Mose 12, 6).«

Ihr Unterbewusstsein ist tatsächlich der geistige Humusboden sowohl für hellseherische Gesichte als auch wichtige Traumerfahrungen.

Der Instinkt und das kollektive Unbewusste

Sogar Tiere verfügen über eine Intelligenz, die uns Menschen in Verblüffung setzt. Jedes Insekt hat seinen Instinkt, sich zu schützen und Gefahren auszuweichen, einen Instinkt, der es veranlasst, sich zu vermehren und seine Art zu erhalten.

Die gesamte Natur ist vom Geistigen her konzipiert und von diesem unendlichen Geistigen durchdrungen. So gibt es beispielsweise das Geistige in jedem Atom: Zwei Wasserstoffatome und ein Sauerstoffatom sind nötig, um ein Wassermolekül zu schaffen. In allen Formen der Natur sind Leben und das ihm zugrunde liegende Geistige vorhanden. Dieses Geistige wirkt instinktiv, automatisch, mechanisch und mathematisch, entsprechend der Natur des Lebewesens oder Gegenstandes unserer Dingwelt, durch die es wirkt.

Der Mensch hatte im Laufe seiner jahrtausendealten Geschichte, bevor er sich seiner selbst bewusst wurde, zahllose Erlebnisse, die auf den »Erinnerungstafeln« unseres Unterbewusstseins gespeichert und aufgezeichnet sind und die uns als Instinkt antreiben. So würden Sie zum Beispiel, auch wenn Sie nie eine giftige Kobra gesehen hätten und im Dschungel auf eine stießen, instinktiv sofort zurückweichen, weil die von tausenden Menschen überlieferte Erinnerungen an ihre todbringenden Giftzähne auch in Ihrem Unterbewusstsein gespeichert ist.

Die Erfahrungen des Menschen, dazu seine Überzeugungen, Meinungen, Ansichten und insbesondere seine Ängste werden als »Erfahrungen der Menschheit« bezeichnet. In diesem Erfahrungsgut, das der berühmte Psychoanalytiker C. G. Jung als das kollektive Unbewusste bezeichnet hat, und den daraus abgeleiteten Überzeugungen findet sich vieles, das überaus negativ ist, aber auch einiges Gutes.

Gewohnheiten prägen Ihr Unterbewusstsein

Jeder Mensch kann beschließen, dass er sich gegen die sogenannten Glaubensüberzeugungen der Menschheit abschirmt und sich von den Erfahrungen des Geistes der Masse befreit.

Gewohnheiten werden gebildet, indem der Mensch bestimmte Gedanken oder Erfahrungen immer von Neuem wiederholt, bis er sie seinem Unterbewusstsein dauerhaft eingeprägt hat; sie werden vom menschlichen Unterbewusstsein gespeichert und drängen, gleichsam von selbst, gleichsam abgelöst vom bewussten Wollen, zur Verwirklichung. Dies bezeichnet man manchmal als »zweite Natur« des Menschen, womit einfach das Prinzip der Aktion und Reaktion gemeint ist, das in der ganzen Natur universell herrscht. Ihr Denken ist die Aktion und die Folgerungen Ihres Unterbewusstseins gemäß dem Inhalt Ihres Denkens sind die Reaktion. Ihr Unterbewusstsein ist der gehorsame Diener, der gewohnheitsmäßig handelt.

Sie lernen und trainieren Ihre Erfahrung, beispielsweise Auto fahren, Maschine schreiben, Klavier spielen oder einfach gehen und sprechen. Nachdem Sie das Autofahren gelernt und geübt haben, konditionieren Sie nach und nach Ihr Unterbewusstsein, sodass Ihr gehorsamer Diener, wenn Sie ins Auto gestiegen sind und wissen, wohin Sie fahren wollen, in Aktion tritt und Sie hinfährt. Eine geübte Pianistin kann blind wunderbare Musikstücke spielen. Ihr Unterbewusstsein – und nicht ihr Bewusstsein – setzt das Spiel in Gang. Genauso können Sie vielleicht sehr rasch Briefe tippen, abstrakt denken und verständlich sprechen, ohne Finger, Hirn oder Zunge absichtlich zu lenken.

Ihr Unterbewusstsein ist eine Art unsichtbare Bühne geistigen Geschehens, auf der der unendliche Geist kosmischer Dimension, der allen Menschen innewohnt, zum Ausdruck kommt. Mit seiner Hilfe wird Ihnen Wissen enthüllt, das scheinbar unzugänglich ist, werden Konflikte und Probleme gelöst, die scheinbar unlösbar sind.

Sie erhielten sofort die erbetene Führung

Ein Hörer meiner täglichen Rundfunksendung schrieb mir:

»Sehr geehrter Herr Dr. Murphy! Meine Frau und ich hatten eine schwerwiegende Entscheidung zu treffen. Wir standen vor einem Problem, das uns vollkommen durcheinanderbrachte. Von drei verschiedenen Rechtsanwälten bekamen wir widersprüchliche Ratschläge, und der Rat, den wir von einem Psychologen erhielten, war gänzlich unbefriedigend. Wir waren enttäuscht.

Da sagte meine Frau: ›Lass uns um Führung bitten.‹ Ich wurde plötzlich von dem starken Drang erfasst, das Radio anzuschalten. Ich hörte Sie über göttliche Führung sprechen. Wir lauschten stumm der viertelstündigen Sendung. Sie beendeten sie mit den Worten: ›Gott als Inbegriff des unendlichen Geistes führt und leitet Sie auf allen Ihren Wegen und offenbart Ihnen die Antwort, die aus Ihrem Unterbewusstsein in Ihr Bewusstsein treten wird, und es ist Ihnen unmöglich, sie zu übersehen. Der unendliche Geist kosmischer Dimension kennt jede Antwort, und weil er sie kennt, kennen Sie sie. Glauben Sie, dass Ihnen Antwort gegeben wird, wie Sie glauben, dass morgen früh die Sonne aufgeht. Alle Kraft sei mit Ihnen!‹

Ich möchte Ihnen mitteilen, dass die Antwort für unser Problem aus heiterem Himmel kam und sich als perfekte Lösung erwies. Spontan stieg in meiner Frau die Idee hoch, einen alten Freund aufzusuchen, dieser beriet uns, er gab uns die entscheidende Antwort und unser Problem war gelöst. Wahrlich, es gibt ein Prinzip göttlicher Führung, von dem Sie in Ihrer Sendung so schön gesprochen haben. Hochachtungsvoll J. H.«

Der Brief dieses Mannes zeigt, wie Sie Antwort erhalten können. Vielleicht drängt Ihr Unterbewusstsein Sie einfach, ein Buch aufzuschlagen oder im richtigen Moment das Radio anzuschalten, und Sie finden die Antwort. Die gesuchte Antwort oder Lösung kann Ihnen auf tausenderlei Arten zuteilwerden. Ihr Unterbewusstsein ist dabei Ihr stummer Diener. Seine Winke, Eingebungen, Antriebe und Wünsche sind stets aufs Leben ausgerichtet.

Zusammenfassung

1. Sie sind fähig, die Ihnen innewohnende kosmische Kraft Gottes, von der unser Universum erschaffen wurde, in Ihrem Leben zum Ausdruck zu bringen. Wenn Sie lieben, bringen Sie das Göttliche in Ihnen zum Ausdruck. Ihr Unterbewusstsein ist Ihr mächtigster »Freund«. Es gehorcht Ihren Verfügungen und Überzeugungen.
2. Ihr Unterbewusstsein reagiert auf die Inhalte Ihres Denkens und Glaubens. Eine Mutter glaubte aus ganzem Herzen, dass ihr an die eiserne Lunge angeschlossener Sohn am Leben bleiben würde. Das Gebet der Frau wurde erhört und die Leute sprachen von einem Wunder.
3. Ist Ihre Beziehung zu einem Mitmenschen angespannt, sollten Sie gegenüber diesem Menschen Harmonie, Frieden und Freundlichkeit ausstrahlen, denn damit aktivieren Sie die Weisheit Ihres Unterbewusstseins, das eine harmonische Beziehung herstellen wird.
4. Wenn Sie um Führung bitten, reagiert Ihr Unterbewusstsein oft, indem es in Ihnen das Gefühl weckt, an einer bestimmten Situation oder einem Projekt stimme etwas nicht; es ist eine Art inneres, stummes Wissen, das Ihnen rät: »Hände weg davon.« Beachten Sie einen solchen Wink!
5. Ihr Unterbewusstsein kann Sie in einem Traum vor drohender Gefahr warnen und Sie befähigen, ein drohendes Unheil zu vermeiden. Darum sagt ja in der Bibel der Herr: *... dem will ich mich kundmachen in einem Gesicht oder will mit ihm reden in einem Traum* (4. Mose 12, 6).
6. In allen Formen der Natur ist Leben, Geist und Kraft. Dieses Geistige wirkt instinktiv, automatisch, mechanisch und mathematisch in allen Formen der Natur, in den Dingen und Lebewesen, auch in den Tieren. Der Mensch kann sein Leben steuern, da er die Inhalte seines Denkens und seiner Vorstellungskraft auswählen kann.
7. Erinnerung und Erfahrung der ganzen Menschheit seit Anbeginn der Zeit sind unauslöschbar in die »Erinnerungstafeln« Ihres Unterbewusstseins eingraviert. Dieses Erfahrungsgut und die daraus abgeleiteten Überzeugungen, Meinungen, Ansichten und insbesondere Ängste der Menschheit kann man als »Geist der Masse« bezeichnen.
8. Gewohnheiten erzeugt man, indem man bestimmte Gedanken oder Erfahrungen so lange wiederholt, bis sich diese dem Unterbewusstsein einprägen; in gleichsam automatischer Reaktion ver-

wirklicht das Unterbewusstsein die Inhalte dieser Denk- und Gefühlsgewohnheiten. Dies gilt für gute Angewohnheiten wie auch für schlechte. Ihr Denken ist die Aktion und Ihr Unterbewusstsein reagiert gemäß der Natur Ihres Denkens.

9. Die Antwort auf Ihre Frage oder Ihr Problem kann Ihnen auf verschiedenste Arten zuteilwerden. Ihr Unterbewusstsein, der »kosmische Partner«, kann Sie zum Beispiel zu einem Buch führen, in dem die Antwort steht, oder Sie veranlassen, am Radioknopf zu drehen, sodass Sie eine Sendung hören, die Ihr Problem plötzlich in einem neuen Licht erscheinen lässt und löst. Glauben Sie ebenso fest, dass Ihnen Antwort zuteilwird, wie Sie glauben, dass morgen früh die Sonne aufgeht; dann geschieht Ihnen gemäß Ihrem Glauben, der ein Gedanke in Ihrem Geist ist.

Gottes Wille und Ihr Wille

Ein Mann sagte einmal zu mir, er könnte glücklich, fröhlich und erfolgreich sein, wenn Gott ihn nur in Ruhe lassen wolle. Dieser Mann glaubte allen Ernstes, Gott sei schuld daran, dass er selbst leide. Irgendwie schien er davon überzeugt zu sein, er könnte das Universum besser ordnen als Gott. Er sagte zu mir: »Ich hasse Gott für all die Fehlschläge, die Schwierigkeiten und Tragödien, die er über mich gebracht hat.«

Ich erklärte diesem Mann, dass Gott nichts mit dem Elend, dem Leid und den Tragödien des Lebens zu tun habe: Die Krankheiten, Leiden und Fehlschläge des Menschen werden immer von seinem eigenen negativen, fehlgerichteten Denken verursacht. Gemäß dem natürlichen Gesetz von Ursache und Wirkung straft sich der Mensch selbst. Ich erklärte diesem Skeptiker auch, dass es eine Gotteslästerung sei zu sagen, Gott sende dem Menschen Krankheit und Leid. Das Gegenteil ist richtig: Der Mensch schafft sich diese Leiden selbst mit seinem falschen Denken und seiner mangelnden Einsicht in die Gesetze des Geistes.

Der Mensch kann Gott nicht dafür verantwortlich machen, wenn er in seinem Unwissen und in seiner Unerfahrenheit schwerwiegende Fehler begeht. Die Kräfte der Natur sind niemals schlecht – sie sind neutral. Gut und Böse gibt es nur in unserem Geist, sie äußern sich in der Weise, wie wir denken und handeln, und in der Haltung, die wir gegenüber den Dingen, die in sich nicht böse sind, einnehmen. Derselbe Wind, der ein Schiff auf ein Felsenriff treiben kann, kann es auch in einen sicheren Hafen führen. Elektrizität ist an sich – natürlich – nicht schlecht; sie muss nur in der richtigen Weise genutzt werden, sonst kann sie tödlich sein.

Das menschliche Unterbewusstsein ist nicht böse, doch wenn der Mensch böse denkt, wird auch Böses folgen; wenn er Gutes denkt, wird Gutes daraus folgen. Darum muss sich der Mensch entscheiden, welchen Samen (Gedanken) er auf dem Boden seines Geistes säen will; denn diese Samen gedeihen ihrer Natur entsprechend.

Weder Gut noch Böse

Im *Hamlet* sagte Shakespeare: »An sich ist nichts weder gut noch böse, das Denken erst macht es dazu.«

Jedes Problem, das Sie gerade akut beschäftigt, ist zugleich eine wunderbare Gelegenheit, sich selbst zu bestätigen, indem Sie es überwinden. Sie können sich der Herausforderung stellen, denn es gibt in Ihnen eine Kraft und eine Weisheit, die Sie befähigt, alle Schwierigkeiten zu bewältigen. Und wenn es in Ihrem Leben keine Probleme, keine Schwierigkeiten und Herausforderungen gäbe, hätten Sie auch keine Möglichkeit zu wachsen. Denken Sie also immer daran, dass jede auftauchende Schwierigkeit und jedes Problem nicht an sich schlecht sind, sondern Ihnen eine großartige Möglichkeit bieten, Ihre Fähigkeiten zu beweisen.

»Warum hat Gott mir das angetan?«

Ein Mr. Jones, der nahezu blind und taub war, beklagte sich jahrelang voller Bitterkeit und Groll: »Warum hat Gott mir das angetan?« Da er nur äußerst schlecht hören und sehen konnte, fühlte er sich unsicher und dem Leben nicht mehr gewachsen. Er wollte indessen seine Freunde auf keinen Fall merken lassen, dass er allmählich blind und taub wurde, und so geriet er oft in tödliche Verlegenheit, wenn einer seiner Freunde etwa zu ihm sagte: »Ich habe dich gestern im Klub gesehen, aber du hast mich überhaupt nicht zur Kenntnis genommen.« Er flüchtete sich in Ausreden und sein Zorn und sein Ärger über seinen Zustand verstärkten sich immer mehr.

Schließlich aber rang Mr. Jones sich dazu durch, eine Liste all der Wohltaten aufzustellen, die er im Leben erfahren hatte. Er dankte Gott für seine schöne, treue Frau, für seine drei prächtigen Töchter, für sein schönes Heim, für seine großartigen Freunde und die liebenswerten Nachbarn. Er hörte auf, Gott für seinen Zustand verantwortlich zu machen, und gestand sich auch selbst ein, dass er eine ganze Reihe von Bekannten und Verwandten bislang ungerechtfertigt missachtet oder gar gehasst hatte. Diese Abneigung überwand er, indem er alle Segnungen des Lebens für diese Menschen erbat.

Sein Gebet lautete folgendermaßen: »Meine Vorstellungskraft ist göttlich, ewig und eine Fähigkeit meines Geistes. Meine Augen sind göttliche Ideen und sie sind vollkommen gesund. Mein Vermögen, die göttliche Wahrheit wahrzunehmen, ist klar und kraftvoll. Das Licht des Verständnisses dämmert in mir auf: Jeden Tag erkenne ich mehr von den Wahrheiten Gottes. Ich sehe mit den Augen Gottes, ich sehe geistig, ich sehe mit meinen Augen. Ich sehe überall Bilder der Wahrheit und der Schönheit. Die allumfassende, heilende Kraft Gottes stellt jetzt, in diesem Augenblick, die Sehkraft meiner Augen wieder her. Es sind vollkommene göttliche Organe, die mir die Fähigkeit verleihen, Botschaften meines Inneren und der Außenwelt zu empfangen. Das Licht Gottes offenbart sich täglich in der Funktion meiner Augen und Ohren.

Ich höre die Wahrheit Gottes, ich liebe und verstehe sie. Ich lebe in völliger Harmonie mit dem Ewigen. Ich höre die ruhige, leise Stimme Gottes in mir. Seine heilende Kraft belebt mich …«
Nach einem Monat bereits spürte Mr. Jones eine völlige Wandlung seines Wesens und sein Seh- und Hörvermögen verbesserte sich beträchtlich. Er hatte sein Problem überwunden, indem er das, was er mit Bitterkeit vorher als »schlecht« betrachtet hatte, in sich selbst zu etwas Gutem wandelte.

Gottes Wille und Ihr eigener Wille

Der amerikanische Dichter Henry Wadsworth Longfellow sagt: »Das zu wollen, was Gott will – das ist die einzige Lehre, die uns Frieden gibt.«

Es ist der Wille Gottes, dass wir alle gesund, glücklich und fröhlich sind, dass unser Leben voll wunderbarer Erfahrungen ist, dass wir ständig mehr Weisheit, Wahrheit und Schönheit verkörpern, bis wir der Mensch sind, den Gott gewollt hat: glücklich, frei, erleuchtet und schöpferisch.

Viele Menschen unterliegen dem traurigen Irrtum, der Wille Gottes bedeute für sie zwangsläufig etwas wenig Erstrebenswertes, um nicht zu sagen: etwas Unangenehmes. Ein wesentlicher Grund für diese kuriose Annahme ist die Tatsache, dass zahlreiche Menschen in Gott einen gestrengen Zuchtmeister oder eine Art Tyrannen sehen, der irgendwo im Himmel lebt und seinen ungehorsamen Untertanen willkürlich Strafen zudiktiert.

Dabei ist die wunderbare und unschätzbare Wahrheit so einfach: Der Wille Gottes ist die Stärkung des Friedens, intensivere Verwirklichung der Persönlichkeit, mehr Weisheit, glücklichere Lebensbedingungen, strahlende Gesundheit, Wohlstand und die Fähigkeit der selbstlosen Nächstenliebe für alle Menschen. In einem Satz: ein erfüllteres Leben. Wenn es – wie manche offenbar meinen – beispielsweise Gottes Wille wäre, dass der Mensch ein ständiges Opfer von Krankheiten sei, dann würden alle Ärzte, alle Psychiater und Krankenschwestern, alle Geistlichen, Priester und Rabbiner gegen den Willen Gottes kämpfen; diese Schlussfolgerung wäre tatsächlich die Quintessenz einer derart absurden Einschätzung Gottes.

Wenn ein Mensch krank, hoffnungslos, einsam und verarmt ist oder im Leben nicht den ihm gemäßen Platz einnimmt, kann er sicher sein, dass er nicht den Willen Gottes verkörpert. Solange aber ein Mensch Gottes Willen nicht verkörpert, wird sein Leben von Widerständen und Verwirrung begleitet sein. Wenn sich dagegen der Mensch mit Gott vereint und Seinen Willen verwirklicht, wird er ein Leben voller Harmonie, Frieden, Lebensfreude und Wohlstand führen können.

Der Wille Gottes

Thomas Troward, der Autor der *Edinburgh Lectures*, legt überzeugend dar, dass Gott als das Leben seinen Willen nicht gegen sich selbst richten kann. Das Leben versteht sich als Liebe, Freude, Frieden und Schönheit, und es ist seine Tendenz, sich seiner unwandelbaren Natur entsprechend zu offenbaren.

Der Wille Gottes ist sein eigentliches Wesen. Gott ist Liebe; also kann er für den Menschen nicht etwas wollen, das der Liebe entgegengesetzt wäre. Gott ist vollkommener Friede; also kann er für den Menschen nicht Streit, Verwirrung und Chaos wünschen. Gott ist Leben und das Leben kann den Tod nicht wollen – das wäre ein Widerspruch in sich. Gott ist vollkommene Freude und kann daher nicht Kummer und Sorge wollen. Gott ist völlige und ungetrübte Harmonie und in ihr haben Krankheit und Leiden keinen Platz. Gott ist unbegrenzter Reichtum, er will den Menschen nicht arm; es hieße den Reichtum Gottes verleugnen, wenn man es anders sähe. Gottes Wille übersteigt Ihre kühnsten Träume! Es ist darum unrecht, zu sagen: »Ich bin arm; ich bin schwach; ich bin krank; ich bin am Ende«; denn Sie bringen sich selbst in diese Lage, wenn Sie diesen negativen, zersetzenden Vorstellungen nachhängen, die Sie Ihrem Unterbewusstsein einprägen und die sich als Erfahrungen und Ereignisse Ihres Lebens manifestieren werden.

Ihre Fähigkeit zur Entscheidung

Sie leben, um zu wachsen, sich zu entwickeln und zu entfalten, und wenn alle Ihre Fähigkeiten bei Ihrer Geburt bereits voll entwickelt gewesen wären, würden Sie sich niemals selbst entdecken können. Wenn Sie zum Beispiel dazu gezwungen würden, Ihren Mann – oder Ihre Frau – zu lieben, hätten Sie keinen freien Willen. Sie aber können sagen: »Ich habe meine Frau unter allen anderen Frauen der Welt zu meiner rechtmäßigen Ehefrau ausgewählt.« Sie sind kein Automat – Sie haben die Freiheit, Liebe zu geben oder sie zu verweigern. Sie haben die Fähigkeit, zu wählen und durch Ihre Vernunft zu einer Entscheidung zu kommen.

In seiner Kindheit sieht der Mensch eine dreidimensionale Welt und wird von Erscheinungen und Gegebenheiten beherrscht, bis er entdeckt, dass er mithilfe seiner eigenen Gedanken und Gefühle sein Leben selbst lenken und bestimmen kann. Allmählich wird er sich darüber klar, dass äußere Umstände und Bedingungen Wirkungen sind – und nicht Ursachen. Wenn ein Mensch seinen Geist ändert, ändert er auch seinen Körper, seine Umgebung und seine Lebensbedingungen.

Die Bedeutung des Willens

Wörterbücher führen unter dem Begriff »Willen« verschiedene andere Begriffe auf: Wahl, Absicht, Neigung, Entscheidung. Wenn Sie Ihren Willen auf den Willen Gottes ausrichten wollen, beleben Sie ihn in sich selbst mit Begeisterung, Hingabe und bewusster Empfindung, bis auch Ihr Unterbewusstsein die Identifizierung Ihres Willens mit dem Willen Gottes ganz in sich aufgesogen hat. Wenn ein Mensch es gelernt hat, vernünftig zu wählen und zu wollen, wird er für sich Glück, Frieden, Sicherheit, Freude, Gesundheit, Reichtum und alle Segnungen des Lebens wählen.

Der Mensch aber, dessen Denken durch äußere Einflüsse verwirrt ist, wählt unbewusst Krankheit, Unglück, Mangel und Beschränkungen aller Art. Er erkennt nicht, dass Gedanken Dinge sind, dass er das wird, was er in seiner Vorstellung ist, dass er auf sich zieht, was er glaubt und empfindet. Wenn ein Mensch sich nicht zu unabhängigem Denken aufraffen kann, nehmen ihm Presse und Fernsehen, die Mitmenschen, kurz: das weltlich beschränkte Gewohnheitsdenken, das eigene Urteilen ab, und er verpfuscht sein Leben. *... wählt euch heute aus, wem ihr dienen wollt* (Josua 24, 15).

Wie du geglaubt hast, soll dir geschehen

Wenn Sie die göttliche Bedeutung der Worte: »Gottes Wille geschehe«, begreifen, bietet sich Ihnen die Möglichkeit zu einem wirkungsvollen Gebet und zu einer Erfolg versprechenden

Methode: Wenn Sie Ihrem Geist die Gewissheit einprägen, dass Gottes Wille sich in allen Ihren Angelegenheiten offenbart, wird dieser schöpferische Glaube Ihres Geistes Ihr Leben mehr und mehr beherrschen und Sie nach diesem Glauben handeln und sich entfalten lassen. Ihre vorherrschende Überzeugung lenkt Ihr ganzes Leben. Mit den Worten Dr. Phineas Quimbys ausgedrückt, ist der Mensch »verkörperter Glaube«. Wenn Sie also davon überzeugt sind, dass das Licht und die Liebe Gottes Sie auf allen Ihren Wegen leiten, werden Sie folgerichtig davor bewahrt, falsch zu urteilen und unkluge Entscheidungen zu treffen.

»Wenn Gott will ...«

Ich habe häufig gehört, dass Menschen bei vielen Gelegenheiten sagen: »Wenn Gott will, dass ich dieses oder jenes bekomme oder erreiche, will ich es auch ...«

In der Tat: Wenn Sie wirklich glauben, dass Gott in Ihnen gegenwärtig ist, wenn Sie an Seine Schöpferkraft, Seine Allmacht und Seine grenzenlose Liebe glauben, warum sollten Sie dann annehmen, dass Gott das, was Sie erstreben, nicht wolle – sei es Gesundheit, Frieden, Glück, der richtige Platz im Leben, Wohlstand, ein schönes Heim oder eine Ehe?

Von vielen Menschen hört man die unsinnige Redensart: »Vielleicht ist das nicht gut für mich ...« Eine solche Äußerung ist nur der Beweis dafür, dass sich der betreffende Mensch zwei Mächten unterwirft. Er hat einen Gott und einen »Teufel« – sein Geist ist stets geteilt.

Warum aber sollten Sie überhaupt an die Möglichkeit falschen Handelns denken? Es gibt nur ein Gesetz des richtigen Handelns; ein Gesetz des falschen Handelns gibt es nicht. Es gibt ein Gesetz der Freude, aber kein Gesetz der Traurigkeit. Es gibt ein Gesetz der Liebe, aber kein Gesetz des Hasses. Es gibt ein Gesetz der Harmonie, aber keins der Verwirrung.

Was wäre das für ein Gott, der Sie nicht glücklich, frei und erleuchtet wollte?

Gottes unbegrenzte Reichtümer gehören Ihnen

Wenn Sie den Wunsch haben, von einer Krankheit geheilt zu werden, wenn Sie danach streben, Ihre Persönlichkeit zu entfalten, wenn Sie sich nach größerer Weisheit und tieferem geistigen Verständnis sehnen, oder wenn Sie die Dinge, die Sie planen, verwirklichen wollen, können Sie keinen Zweifel hegen, dass dies alles Gottes Wille ist. Wenn Sie aber glauben, Gott wolle, dass Sie krank sind, oder Gott prüfe Sie auf irgendeine seltsame Art, dann wäre ein solcher Gott Ihre Demut und Aufmerksamkeit nicht wert, und ein solcher Glaube wäre nur eine abergläubische Vorstellung Ihres Geistes.

Gott will Sie glücklich und gesund. Es gibt indessen zahlreiche Menschen, denen in ihrer Jugend falsche religiöse Vorstellungen eingeprägt worden sind, die noch immer in ihrem Unterbewusstsein haften; aufgrund dieser Vorstellungen glauben vielleicht auch Sie, dass in Mangel und Beschränkung eine gewisse Tugend liege. Einen solchen Irrtum aber müssen Sie aus Ihrem Unterbewusstsein tilgen; Sie müssen vielmehr erkennen, dass die Reichtümer Gottes Sie überall umgeben. Wohin Sie auch gehen, überall begegnet Ihnen der Reichtum Gottes im Überfluss.

Gottes Ideen sind unbegrenzt und Gottes Natur ist freigebig, verschwenderisch und großzügig. Der Mensch kann in seiner Gier und in seiner Sucht einen künstlichen Mangel hervorrufen, aber es gibt niemals einen Mangel an göttlicher Weisheit oder schöpferischen Gedanken im menschlichen Geist, wenn er empfänglich ist für die göttlichen Gaben, die ihm immer zur Verfügung stehen.

Befriedigung Ihrer Bedürfnisse

Glauben Sie fest, dass alles, was Sie zum Leben brauchen, von Gott kommt und dass Er alle Ihre Bedürfnisse zu jeder Zeit und an jedem Ort erfüllt. Die äußeren Voraussetzungen – ob es sich nun um die wirtschaftliche Situation handelt, um Schwankungen auf dem Börsenmarkt, um Inflation oder Deflation oder um die Meinungen

Ihrer Mitmenschen – können Ihnen im Grunde nichts anhaben, wenn Sie aus einem gesteigerten Bewusstsein heraus leben, in jener Dimension geistiger Einsicht, nach der Sie in Ihrem tiefsten Innern aufrichtig glauben, dass die Befriedigung Ihrer Bedürfnisse wirklich und buchstäblich von Gott und nirgendwoher sonst kommt. Die Kanäle, durch die Sie Ihren Wohlstand empfangen, sind nicht die eigentlichen Quellen, und Sie sollten beides nicht miteinander verwechseln. Unter dieser Voraussetzung haben Sie durchaus die Möglichkeit, im wirtschaftlichen Bereich Ihrer Existenz völlig frei und in jeder Hinsicht erfolgreich zu operieren.

Ihr Wille wird Gottes Wille

Wenn Sie sich zum Beispiel sagen: »Wenn Gott will, dass ich ein Schauspiel schreibe, wird er es mich wissen lassen«, so ist das natürlich absurd. Ihre Vorstellung oder Ihr Wunsch muss in Ihr Bewusstsein aufgenommen und als wahr empfunden werden, und wenn Ihr Wunsch von Ihrem Unterbewusstsein ganz aufgesogen worden ist, wird das Unterbewusstsein ihn schließlich verwirklichen: Ihr bewusster Wunsch ist vom Stadium des bloßen Wünschens in das Stadium unbewusster Überzeugung hineingewachsen. Das Gesetz, nach dem das Unterbewusstsein reagiert, ist zwingend; unsere unbewussten Überzeugungen beherrschen und lenken unsere bewussten Handlungen. Das Unterbewusstsein ist die Macht, die die Welt bewegt.

Bewusster und unbewusster Wille

Vor einiger Zeit suchte mich einmal ein Mann auf, der zum Alkoholiker herabgesunken war. Er schilderte mir seinen Zustand und sagte, wenn er einmal anfange zu trinken, müsse er weitertrinken, bis er bewusstlos zu Boden falle. Mit anderen Worten: Er hatte alle Selbstkontrolle verloren und war nach den zwingenden Gesetzen des Unterbewusstseins zum Trinker geworden.

Es war die alte Geschichte: Seine Frau hatte sich von ihm scheiden lassen, da er ihr nicht treu gewesen war. Sie weigerte sich, zu ihm zurückzukehren, worunter der Mann sehr litt, und dieses Leid verwandelte sich schließlich in Hass auf seine geschiedene Frau. Um diesen psychischen Schmerz zu betäuben, hatte er zu trinken angefangen – zunächst in der Weise, wie man ein Aspirin gegen Kopfschmerzen nimmt. Mit der ständigen Betäubung seines Geistes aber drängte er die göttliche Kraft in sich zurück und suggerierte seinem Unterbewusstsein Schwäche und Minderwertigkeit.

Gewohnheiten entstehen durch die ständige Wiederholung bestimmter Assoziationen oder Handlungen, bis auch das Unterbewusstsein von ihnen durchdrungen ist. Dieser Alkoholiker nun hatte in seinem Unterbewusstsein so etwas wie einen geistigen »Barkeeper« etabliert, der ihn ständig mahnte: »Du brauchst einen Drink!«

Wenn er ein Glas Alkohol trank, verlor er jede Kontrolle über sich. Er hatte nicht den bewussten Wunsch oder Willen, zu trinken, aber der Wille seines Unterbewusstseins beherrschte ihn mit dem Befehl: »Du musst trinken!« Die zunächst frei getroffene Entscheidung, zu trinken, die er ständig wiederholt hatte, bis sie zu einer fest verwurzelten Gewohnheit wurde, unterstand nun der Macht des Unterbewusstseins. Diesem Mann gelang es schließlich, sich von seiner Trunksucht nach demselben Gesetz zu befreien, das ihn zum Alkoholiker gemacht hatte. Regelmäßig und systematisch sann er über Freiheit und inneren Frieden nach, und immer wieder ließ er vor seinem geistigen Auge einen Film ablaufen, in dem er sich selbst frei, glücklich und voller Lebensfreude sah. In seiner Vorstellung war er bereits so, wie er sein wollte; er hörte zum Beispiel die Stimme eines Freundes, der ihn zu seiner Entwöhnung und Nüchternheit beglückwünschte. Wann immer er in Versuchung geriet, ließ er diesen Film in sich ablaufen, denn er wusste, dass diese bewusst erzeugten geistigen Bilder sich schließlich in seinem Unterbewusstsein verankern würden.

Wir können unser Unterbewusstsein durch ständige Wiederholung, durch intensive Überzeugung und Hoffnung beeinflussen, und da dieser Mann nun unaufhörlich in der Vorstellung lebte, von seiner Sucht befreit zu sein und seinen inneren Frieden wiedererlangt zu haben, reagierte schließlich auch sein Unterbewusstsein darauf: Der Zwang zum Trinken verschwand. Sein bewusster Wille (der Wunsch, sich von der zerstörenden Sucht zu befreien) wurde zum unbewussten Willen (dem Unterbewusstsein war eine unerschütterliche Überzeugung eingeprägt worden), sodass sich – nach den Gesetzen des Unterbewusstseins – dieser Wille verwirklichen musste. Eben das Gesetz, das ihn versklavt hatte, half ihm, sich von seiner Sucht zu befreien, die Versklavung zu überwinden.

Zusammenfassung

1. Gott sendet dem Menschen keine Krankheiten und Leiden; wir schaffen uns diese Leiden selbst durch unser fehlgerichtetes Denken.
2. Die Kräfte der Natur sind niemals böse; ihre Wirkung hängt stets davon ab, wie sie genutzt werden.
3. »An sich ist nichts weder gut noch böse, das Denken erst macht es dazu.« Auch Ihr Problem birgt nichts Schlechtes; es ist eine Gelegenheit für Sie, Ihre Fähigkeit zur Überwindung von Hindernissen zu beweisen.
4. »Das zu wollen, was Gott will – das ist die einzige Lehre, die uns Frieden gibt.«
5. Es ist der Wille Gottes, dass Sie ein erfülltes, ein glückliches und frohes Leben führen.
6. Es ist ein trauriger Irrtum, anzunehmen, Gott wolle etwas Schlechtes.
7. Wenn Sie krank oder verzweifelt sind, ist Ihr Zustand letztlich ein Beweis dafür, dass Sie sich dem Willen Gottes nicht unterwerfen.
8. Gott ist das Leben, also kann er nicht etwas wollen, was gegen ihn selbst gerichtet ist.
9. Der Wille Gottes ist sein eigentliches Wesen. Gott ist Liebe, also kann er für den Menschen nicht etwas wollen, das der Liebe entgegengesetzt wäre.
10. Ihre Gedanken, Vorstellungen und geistigen Motivkreise formen Ihr Leben.
11. Sie haben die Fähigkeit, zu wählen. Wählen Sie Gesundheit, Glück, Frieden und richtiges Handeln.
12. Wenn Sie die göttliche Bedeutung der Worte »Gottes Wille geschehe« begreifen, erschließt sich Ihnen die erfolgreichste Methode richtigen Handelns.
13. Gott will Sie erfolgreich und wohlhabend. Die Natur ist verschwenderisch und großzügig. Überall erblicken Sie den Überfluss der Reichtümer Gottes.
14. Die Wege, auf denen Sie Ihren Wohlstand erhalten, sind nicht zugleich die Quellen, und Sie sollten beides nicht miteinander verwechseln.
15. Ihr Wille wird Gottes Wille, wenn Sie Ihren Wunsch als bereits erfüllt empfinden. Ihr bewusster Wille oder Wunsch tritt so vom bloßen Wünschen oder Wollen in das Stadium unbewusster Überzeugung.

16. Dasselbe Gesetz, das Sie versklavt, kann Sie auch befreien, wenn Sie sich die Bilder der Freiheit, des Friedens, der Freude und des Glücks bewusst einprägen.

Das geheimnisvolle Gesetz der geistigen Nahrung

Ich habe Menschen gekannt, die in ihrer Nahrung überaus wählerisch waren und sich an eine nach ernährungswissenschaftlichen Gesichtspunkten erstellte ausgewogene Diät hielten; und gleichwohl erkrankten sie an Geschwüren harmloser oder schlimmster Art, an Arthritis und anderen Krankheiten.

Wie jedermann zugeben wird, gibt es auch Kriterien der geistigen Nahrung. Darüber hinaus jedoch müssen Sie sich die Tatsache vergegenwärtigen, dass Ihre Lebenserfahrungen und -umstände ebenfalls irgendwoher »gespeist« werden: Dies besorgt Ihr Denken. Es sind Ihre Denkgewohnheiten, die die Nahrung oder gleichsam den Kraftstoff abgeben für das, was in Ihrem Leben geschieht. Eine Denkungsweise, die der Angst und Sorge, dem Protest oder der Lebensverneinung verhaftet ist, stellt jene geistige Nahrung dar, die unweigerlich zu Verzweiflung und Misserfolg, Krankheit und Elend führt.

Alle Lebewesen suchen die für sie lebensnotwendige Nahrung. Und wo es an der richtigen Nahrung gebricht, dort ist jegliches Leben unmöglich. Wissenschaftler bestätigen uns, dass sich die Tierwelt sehr konsequent an dieses Prinzip hält: Das Tier lebt nicht in Gegenden, wo es seine Nahrung nicht findet. Das Leben blüht dort, wo sich reiche Nahrung darbietet.

Auch Elend und Leiden sind auf Nahrung angewiesen. Sie finden diese mannigfach in jeglicher Form negativen Denkens.

Sie sind, was Sie geistig in sich aufnehmen

Wer kennt nicht das Sprichwort: »Zeige mir deine Freunde und ich sage dir, wer du bist«? Dieses Sprichwort hat seine Abwandlung gefunden: »Zeige mir, was du isst, und ich sage dir, wer du bist.« Das war weder ein Scherz noch ein Zufall. Gemeint ist: »Du bist, was du isst.« Dieses Wort ist sicher nicht unrichtig, wenn man es richtig versteht: Hier ist von geistiger Nahrung die Rede.

Sie sind tatsächlich, was Sie seelisch-geistig zu sich nehmen. Kreist Ihr Denken um Gott und ist es durchdrungen von gutem Willen, Liebe, Freude und gesunder Lebensbejahung, so stellt dies die Nahrung und zugleich den Nährboden für Gesundheit, Glück und Erfolg dar. Wählen Sie Ihre geistige Nahrung sorgfältig aus! Nehmen Sie nur das Positive in sich auf! Das ist eine Garantie, das Positive anzuziehen und dadurch das Leben glücklich zu gestalten.

Dagegen sind Hass und Neid, Feindseligkeit und Eifersucht jene Nahrung, die Ihnen geistig und körperlich schadet. Mit einer hartnäckig im Negativen beharrenden Geisteseinstellung können Sie keinen Erfolg haben. Und derart abträgliche geistige Nahrung zerstört Ihre Gesundheit, insbesondere sind Sie im Gefolge negativen Denkens für die verschiedensten Krankheiten psychosomatischer Natur anfällig. Dabei können Sie noch so gut und erlesen essen, ja selbst eine vom Arzt verordnete Diät befolgen; das schützt Sie vor den Folgen schädlicher geistiger Nahrung nicht. Negatives Denken vergällt Ihnen alles. Sogar was Sie essen, wird Ihnen dann nicht so gut bekommen.

Was immer Sie zu sich nehmen – körperliche und geistige Nahrung –, es muss auf der Grundlage guten Willens, der Freude und Dankbarkeit geschehen. Dann erst bekommt Ihnen auch das Essen gut. Dann erst wird es Ihnen zu Gesundheit und Vitalität verhelfen. Dann wird Ihnen das Brot, das Sie essen, nicht zu Gift, sondern zu Fleisch und Blut. »Du bist, was du isst.«

Die Wichtigkeit der Nahrung

Die Nahrung im Allgemeinen und die physische Nahrung im Besonderen sind für unser leibliches Wohl von großer Bedeutung. Mehr denn je weisen heutzutage Ärzte und Ernährungsfachleute auf die Gefahren hin, die zum Beispiel mit der Fettleibigkeit verbunden sind. Die Fettleibigkeit stört die Funktion unserer lebenswichtigsten Organe, besonders des Herzens, der Lunge, der Leber und der Nieren. Wir alle wissen, dass Vitaminmangel zu Mangelkrankheiten führt (Avitaminosen). Beriberi beispielsweise tritt infolge eines Mangels an Vitamin B1 auf und führt zu Nervenentzündungen und Nervenlähmungen, krankhaften Wasseransammlungen im Gewebe und allgemeinem Verfall. Mangelt es an Vitamin A, so kann dies Nachtblindheit, Bindehautentzündungen und andere Augenkrankheiten, eine Beeinträchtigung der Knochen und Zähne, erhöhte Anfälligkeit gegenüber Infektionen und dergleichen mehr zur Folge haben. Schließlich vermag der Mangel an bestimmten Vitaminen, Mineralien und Elementen nicht nur körperliche Erkrankungen, sondern auch geistige Störungen auszulösen. Und natürlich erfährt jede werdende Mutter, welche Bedeutung gerade in der Zeit der Schwangerschaft der ausreichenden Zufuhr von Kalzium zukommt, das auch einer der im Allgemeinen lebenswichtigsten Mineralstoffe ist. Ebenso sollten wir nie versäumen, unserem Körper genügend Eiweißstoffe zuzuführen; denn Protein ist bekanntlich der Lebensbaustoff schlechthin.

Alles dies ist zweifellos sehr wichtig. Andererseits sollten Sie Ihrer seelisch-geistigen Nahrung keine geringere Wichtigkeit beimessen.

Das Brot der Liebe und des Friedens

Ich kannte einen Ernährungswissenschaftler, der ein hervorragendes einschlägiges Werk verfasst hatte. Das Buch war einerseits streng wissenschaftlich und entbehrte andererseits doch nicht des gesunden Menschenverstandes. Der Verfasser allerdings war sehr unglücklich: Er litt unter akuten Magengeschwüren. Sein Arzt hatte ihm eine einfache Schonkost verordnet. Seit acht Monaten lebte er strikt nach seinem Diätplan. Eine Besserung war aber nicht eingetreten. Das konnte doch nicht an den Regeln liegen, die ein Arzt für einen an Magengeschwüren leidenden Ernährungswissenschaftler zusammengestellt hatte. Oder doch? Oder hatte sein Leiden eine andere Ursache?

Ich ging der Sache auf den Grund. Im Gespräch erfuhr ich Tatsachen, die für sich selbst sprachen: Der Mann war ein eifriger Radiohörer und Zeitungsleser. Aber er gehörte nicht zu jenem Schlag sich passiv verhaltender Teilnehmer, die alles hinnehmen, was ihnen vorgesetzt wird. Er gehörte zum anderen Extrem: Er regte sich auf, wenn er von Verbrechen, menschlichem Leiden und menschlicher Ungerechtigkeit oder Unzulänglichkeit erfuhr, und pflegte dann regelmäßig seiner Empörung dadurch Luft zu verschaffen, dass er geharnischte Protestbriefe auf Programmdirektionen des Rundfunks, Zeitungsredaktionen, Regierungsmitglieder, Parlamentarier, Behördenvorstände und dergleichen mehr losließ. All diesen Leuten sagte er seine mehr als nur gepfefferte Meinung. Dazu kam, dass er sich im Büro nicht weniger aufregte. Alles, was sich dort an Differenzen zutrug und an Intrigen, Eifersüchteleien und Angestelltenhader abspielte, ging ihm unsagbar auf die Nerven. Ist es da noch verwunderlich, dass seine Magengeschwüre nicht verheilten?

In Ergänzung zu der ihm ärztlich verordneten Diät stellte er sich nun auch geistig und emotionell auf »Schonkost« um. Dieses neue Reglement lässt sich wie folgt zusammenfassen: »Ich schalte um. Alles, was im Laufe eine Tages an negativen Eindrücken auf mich zukommt, hat auch irgendeine positive Seite. Von jetzt an will ich mich durch Zeitungs- und Radionachrichten, Werbeslogans und überhaupt kritikwürdig anmutende Meinungsäußerungen Dritter nicht mehr zu Reaktionen negativer Art hinreißen lassen. Jeder Versuchung in dieser Richtung komme ich künftig zuvor, indem ich mir vergegenwärtige, was demgegenüber wichtiger ist. Ich sage mir: ›Gott denkt, spricht und handelt jetzt durch mich. Ein Strom des Friedens, der von Ihm seinen Ursprung nimmt, geht mir durch Geist und Seele und macht mich dem

Menschen gleich, der ich sein möchte. Mein Ziel ist innerer Friede, menschliche Harmonie.‹«

Dieses Gebet wurde ihm zur täglichen geistigen Nahrung, er »aß« das Brot der Liebe und des Friedens. Dank seiner neuen Geisteshaltung in Verbindung mit der ihm verordneten Diät genas er rasch von seinem Leiden und erlitt seither keinen Rückfall mehr.

Ihre seelisch-geistige Nahrung

Wenn die Bibel vom Essen spricht, ist sehr oft von der geistigen Nahrung die Rede. *... dass er sättigt die durstende Seele und die Hungrigen füllt mit Gutem* (Psalm 107, 9).

Am Guten sollten Sie sich sättigen. Und wie Sie nichts Verdorbenes oder Schlechtes essen wollen, so sollten Sie auch nichts Abträgliches denken. Böswilligkeit und Vorurteil, Zynismus und Hass entstammen dem Repertoire negativen Denkens.

Namhafte Ärzte und auch Forscher anderer Wissenszweige haben darauf hingewiesen, dass sich unser Körper infolge ständiger Regeneration der Zellen alle elf Monate erneuert. In ähnlicher Weise vermögen wir eine geistige Erneuerung mitzumachen, wenn wir uns an die unvergänglichen Wahrheiten und an die geistigen Lebenswerte halten. Über das Nervensystem gelangen die Schwingungen unseres Denkens zu den in ständiger Neubildung begriffenen Zellen unseres Körpers, und diese schwingen gleichsam in den von unserem Denken ausgelösten geistigen Obertönen mit. Darum auch konnte Hiob sagen (19, 26): *Und ist meine Haut noch so zerschlagen und mein Fleisch dahingeschwunden, so werde ich doch Gott sehen.*

Wie das tägliche Brot brauchen Sie Ihre seelisch-geistige Nahrung. Was von außen her tagtäglich auf Sie einstürmt, ist kaum die Quelle, aus der Sie sich geistig ernähren oder erneuern können. Das ist nur möglich, wenn Sie sich Gott zuwenden und von seiner Wahrheit gänzlich erfüllt sind. In diesem Bestreben wird Sie häufiges Beten wie nichts anderes unterstützen, etwa ein Gebet folgenden Wortlautes: »Ich bin jetzt von Gott geführt. Seine Liebe erfüllt meine Seele. Gott inspiriert mich und erhellt meinen Lebensweg. Jedem gegenüber strahle ich guten Willen und Liebe aus. Mein Leben verläuft jederzeit unter göttlichem Gesetz.«

Dieses kurze, schlichte Gebet nährt Sie an Geist und Seele und vermag, wenn Sie es sich zur Gewohnheit machen, Wunder in Ihrem Leben zu wirken.

Sein intellektuelles Wissen wurde eine Gewissheit des Herzens

In San Francisco war ich einmal einem Mann begegnet, der mich sowohl durch seine Erscheinung als auch durch eine rasch hingeworfene Bemerkung veranlasste, auf seinen Fall einzugehen. »Ich habe mehr oder weniger alles gelesen, was über die geistige Heilung geschrieben wurde«, sagte er. »Ich habe auch selbst mehrere Artikel über die aus dem Unbewussten fließende Heilkraft und deren Anwendung veröffentlicht; ich war aber bis heute nicht in der Lage, ein chronisches Leiden loszuwerden, das ich seit Langem vergeblich bekämpfe.«

Der Mann litt unter einer chronischen Dickdarmentzündung. Wie ich dem weiteren Gespräch entnehmen konnte, war er tatsächlich sehr belesen und in psychologischen Fragen recht beschlagen. Aber er hatte den Stoff nicht verdaut. Was er da über die Heilkraft des Unbewussten gelesen und geschrieben hatte, hätte jedoch notwendigerweise durch Meditation und Reflexion verinnerlicht werden müssen. Ohne eine derartige geistige Verarbeitung kann dem Unterbewusstsein nichts einverleibt werden.

Über sein Spezialgebiet hinaus hatte er sich mit den Lehren der verschiedensten Weltreligionen befasst und eine große Anzahl geistig hochstehender Werke verschlungen. Ihm waren aber auch ausgefallenere Themenkreise, wie zum Beispiel die okkulte Zahlenkunde und die Astrologie, nicht fremd. Der ganze aufgepfropfte Bildungsballast hatte ihn jedoch in eine heillose Verwirrung gestürzt. Wurde irgendwo in Kalifornien eine neue Sekte oder ein höchst eigenartiger neuer Kult gegründet, war er von

Anfang an mit dabei. Der Mann, dem ich begegnet war, litt ohne Zweifel unter ernst zu nehmenden geistigen und emotionalen Störungen: Er befand sich nicht im Gleichgewicht.

Ich legte ihn auf eine einfache taktische Vorgangsweise fest. Er möge sich, schlug ich ihm vor, für das ewig Wahre entscheiden und daran festhalten. Dabei müsse er versuchen, alle seine Gedankengänge und Entscheidungen und auch sein schillerndes Wissen mit dem folgenden Leitgedanken in Einklang zu bringen: *Was wahrhaftig ist, was ehrbar, was gerecht, was rein, was lieblich, was wohllautet, ist etwa eine Tugend, ist etwa ein Lob, dem denket nach* (Philipper 4, 8).

Er nahm meinen Vorschlag bereitwillig an, weil er einsah, dass er auf diese Art imstande war, das Edle und Gottgefällige zu wählen. Alles, was mit dem Inhalt des biblischen Leitsatzes nicht übereinstimmte, lehnte er ganz entschieden als unwürdig für das in seinem Geist bereitete Haus Gottes ab. Mehrmals täglich erhärtete er seine neu erworbene Geisteshaltung in folgendem Gebet nach dem Psalm 91: *Wer unter dem Schirm des Höchsten sitzt und unter dem Schatten des Allmächtigen bleibt.*

»Ich sitze unter dem Schirm des Höchsten. Ich bleibe unter seinem Schutz. Der geheime Ort des Schutzes liegt in der Tiefe meines eigenen Geistes. Alle meine Gedanken gehen von meinem guten Willen aus und sind auf geistige Harmonie und inneren Frieden abgestimmt. Mein Geist, meine Seele sind ein Hort des Glücks, der Freude und Zuversicht. Dort finde ich immer Zuflucht, dort bin ich sicher und geborgen. Was ich auch immer denke, es soll zu meiner Freude, meinem Frieden und Wohlergehen beitragen. Mein Tun und Leben, mein ganzes Sein, finden ihren Sinn im Geiste menschlicher Güte und brüderlicher Verbundenheit mit allen Menschen.

Alle Menschen, an die ich denke, sind Kinder Gottes. Ich lebe mit den Meinen und der ganzen Menschheit in Frieden. Was ich mir selbst an Gutem wünsche, soll auch meinen Mitmenschen beschieden sein. Ich lebe unter dem Schutz und Schirm Gottes, jetzt und für immer, und da herrscht Frieden, da waltet das Glück.«

Der einst so verwirrt anmutende Mann war bald nicht mehr wiederzuerkennen. Er gelangte zu einem klaren Wissen. Im weiteren Verlauf der Zeit wurde ihm darüber hinaus sein intellektuelles Wissen eine Gewissheit seines Herzens. Und von seiner chronischen Kolitis war er genesen!

Dank seiner Vorstellungskraft geheilt

Ich hatte einen sonderbaren Bekannten, der in New York wohnte und niemals sein Haus verließ. Er setzte keinen Fuß auf die Straße, ja nicht einmal in den Hof des Hauses. Trug er sich mit der Absicht auszugehen, so konnte er sich dazu nicht entschließen; unter einem inneren Zwang fielen ihm regelmäßig die fürchterlichsten Dinge ein, die ihm »da draußen« zustoßen könnten. Da draußen würde er ganz sicher von Schwindel und Ohnmacht befallen werden.

Er litt an einer schweren Neurose. In der Fachsprache wird dieses der Platzangst verwandte Unvermögen, freie Plätze zu überschreiten, Agoraphobie genannt. Die Zwangsneurose dieses Mannes ging auf ein frühes Kindheitserlebnis zurück: Im Alter von kaum fünf Jahren war er einmal von zu Hause weggelaufen und hatte sich im Wald verirrt, wo er erst nach vielstündiger Suche wiedergefunden und geborgen werden konnte. Er erinnerte sich noch an dieses Erlebnis. Ein Gutteil der als Kind damals durchstandenen Angst hatte er in sein Erwachsenenleben übernommen, wenn auch ins Unbewusste verdrängt. Dort schwelten der schreckliche Erlebnisinhalt und die damit verbundene Angst weiter und verschafften sich in dem oben geschilderten neurotischen Zug symptomatisch Ausdruck.

Er vermochte sich von dem bis dahin unverarbeiteten Gemütskonflikt durch bewusste und richtige Steuerung seiner Fantasie zu befreien. Auf meine Anregung hin machte er sich dreimal täglich die Vorstellung zur Gewohnheit, er sitze friedlich lesend in einem Omnibus oder er mache Einkäufe, einmal in einer Buchhandlung, ein andermal in einem Lebensmittelgeschäft, einmal allein, ein andermal mit Freunden. Die wiederholte Vorstellung dieser Fantasieerlebnisse gaben ihm im Laufe der Zeit das Gefühl erlebter Wirklichkeit.

Die bildhafte Vorstellung lebensnaher konkreter Situationen prägte sich langsam, aber sicher den tiefsten Schichten seines Bewusstseins, das heißt also dem Unbewussten, ein und merzte dort seinen tief verwurzelten Angstkomplex, der ihm jahrelang das Leben vergällt hatte, für immer aus. So einfach wie die Methode, so klar war deren Wirkung: Was er sich vorstellte und in der Einbildung gefühlsmäßig durchlebte, verwirklichte sich in seinem Leben.

Das dankbare Herz

Sprechen Sie sooft wie möglich das nachstehende Gebet. Sie werden sich dadurch Gott nahe fühlen und Ihre körperliche und geistige Nahrung wird zu Ihrem Besten ausschlagen.

»Ich messe der Tatsache, dass Gott in mir gegenwärtig ist, die allergrößte Wichtigkeit bei. Ich danke aufrichtig für alle Segnungen, die ich empfangen habe. Ich danke für all das Gute, dessen ich mich in meinem Leben erfreue. Ich lebe im Gefühl dankbarer Freude. Mein dankbares Herz schlägt im Pulsschlag göttlicher Antwort. Tagtäglich danke ich für mein Wissen um die Gesetze des Geistes. Dankbarkeit ist zuallererst ein Herzensbedürfnis – das weiß ich –, und dann erst vermag ich sie auszusprechen. Meine Dankbarkeit kommt aus dem Herzen. In meinem Herzen öffnet sich das Schatzhaus der Unendlichkeit, an der ich teilhabe; mein jubelndes Herz bezeugt meinen Glauben an die Erhörung meiner Gebete. Ich bin wahrlich dankbar, denn ich habe Gott inmitten meiner selbst gefunden. Ich suchte Gott, er erhörte mich und befreite mich von allen meinen Ängsten. Wer dankbaren Herzens ist, befindet sich mit dem Unendlichen im Einklang und geht vor Freude über, Gott in seiner Allgegenwart zu schauen. Ich danke für alles.«

Zusammenfassung

1. Ihr Denken ist die geistige Nahrung, die alle Lebenserfahrungen und Lebensumstände »speist«.
2. Krankheit, Schmerzen und Elend sind die Folge lebensverneinender Denkgewohnheiten. Krankheit und Elend sind wie die Tiere auf ihre Nahrung angewiesen.
3. Sie sind, was Sie seelisch-geistig in sich aufnehmen. Nehmen Sie Ihre Nahrung mit Freude und Dankbarkeit zu sich!
4. Die Ernährung unseres Körpers ist wichtig, aber höhere Bedeutung kommt unserer seelisch-geistigen Nahrung zu.
5. Was tagtäglich an Negativem von außen her auf Sie einstürmt, können Sie durch Ihre geistige Einstellung zu Ihrem Besten wenden.
6. Ihr Körper erneuert sich alle elf Monate. Wenn Sie sich an die unvergänglichen Wahrheiten und die geistigen Werte des Lebens halten, werden Sie sich auch geistig erneuern und verjüngt fühlen.
7. Billigung durch den Verstand genügt nicht. Die Wahrheiten, die Sie bewusst akzeptieren, müssen emotional verarbeitet und gefühlsmäßig als wahr empfunden werden; erst dann passen sie sich dem Unbewussten ein.
8. Ihr intellektuelles Wissen muss sich dem Unbewussten einverleiben, dann wird intellektuelles Wissen eine Gewissheit des Herzens. Jetzt können Ihre Gebete erhört werden.
9. Sie befreien sich von Ihrer Angst, indem Sie Ihre gesamte Aufmerksamkeit auf all das lenken, was wahr, edel, erhaben und gottähnlich ist. Wappnen Sie sich gegen jede Angst durch die Vergegenwärtigung Ihres Glaubens an Gott. Die Angst wird das nicht überleben.
10. Angst ernährt sich aus Vorstellungen einer kränkelnden Fantasie. Sie stellen sich einfach vor, dass Sie genau das tun, wovor Sie sich fürchten. Diese Gewohnheit bedeutet das Ende jeder Angst.
11. Das dankbare Herz ist immer Gott nahe. Danken Sie ihm, lobpreisen Sie ihn.

Die Gesetze des Geistes in der Praxis

Wie Sie Ihre Ziele verwirklichen

Misserfolge lassen sich meist auf zwei Hauptgründe zurückführen: zu wenig Zuversicht und Überanstrengung. In vielen Fällen verhindert das fehlende Verständnis für die Wirkungsweise des Unterbewusstseins die gewünschte Veränderung. Kenntnis der Funktionsweise des Unterbewusstseins gibt Ihnen gleichzeitig Zuversicht. Denken Sie immer daran: Sobald Ihr Unterbewusstsein eine Vorstellung akzeptiert, eine Idee annimmt, macht es sich sofort an deren Verwirklichung. Es setzt seine unerschöpflichen Energien ein und bringt seine Wirkungsweise zur Geltung. Das geistig-seelische Prinzip wirkt sowohl für positive wie für negative Gedanken. Sobald Sie dieses wirkungsvolle Mittel falsch, das heißt negativ benutzen, hat dies nachteilige Folgen. Positiv verwendet bringt es Ihnen Hilfe, Erfolg, Zufriedenheit und Befreiung von Schmerz.

Positives Denken führt direkt zum Ziel. Aus dieser Tatsache ist ganz einfach zu folgern, dass jeder Misserfolg ausgeschlossen ist, sobald Ihr Unterbewusstsein die gewünschte Vorstellung akzeptiert hat. Sie brauchen sich Ihre Idee oder Ihr Anliegen nur als bereits verwirklicht vorzustellen – Ihr Geist besorgt den Rest. Vertrauen Sie also dem Unterbewusstsein Ihr Problem an, es wird die beste Lösung finden.

Geistige Gewaltanstrengung, um etwas zu erzwingen, führt nie zum Erfolg. Das Unterbewusstsein reagiert nur auf die feste Überzeugung des Bewusstseins.

Fehlschläge lassen sich auch auf Bemerkungen wie diese zurückführen: »Meine Lage wird von Tag zu Tag schlimmer!« – »Ich werde nie einen Ausweg finden!« – »Ich stehe vor einem unlösbaren Problem!« – »Es ist hoffnungslos!« – »Ich weiß nicht, was ich tun soll!« – »Ich weiß nicht, wo mir der Kopf steht!« – Solche Formulierungen sind völlig ungeeignet, die Kräfte des Unterbewusstseins in positiver Hinsicht zu mobilisieren. Damit treten Sie auf der Stelle und kommen der Verwirklichung Ihrer Ziele um keinen Schritt näher.

Wenn Sie bei einer Taxifahrt innerhalb von fünf Minuten ein halbes Dutzend Mal das Fahrziel ändern, so wird sich der hoffnungslos verwirrte Fahrer sehr wahrscheinlich weigern, Sie weiter zu befördern. Wenn Sie sich Ihrem Unterbewusstsein anvertrauen, gilt das Gleiche. Zuerst muss eine scharf umrissene Idee oder eine klare Vorstellung vorhanden sein. Sie dürfen keinen Zweifel daran hegen, dass es einen Ausweg aus einem Problem oder die Heilung der Krankheit gibt. Nur die Kraft Ihres Unterbewusstseins kennt die Lösung. Sobald sich Ihr Bewusstsein zu dieser klaren Einsicht durchgerungen hat, haben Sie die richtige Einstellung gewonnen und alles folgt Ihren Überzeugungen.

Entspannung ist der Schlüssel zum Erfolg

Ein Hausbesitzer stellte einmal einen Heizungsmonteur zur Rede, warum er für eine Reparatur 200 Dollar berechnet habe, obwohl er nur eine Schraube ersetzt hatte, die nicht mehr als 5 Cent gekostet haben könne. Der Handwerker erwiderte: »Für die Schraube habe ich auch nur 5 Cent berechnet. Die restlichen 199,95 Dollar sind für das Gewusst-wo.«

Auch Ihr Unterbewusstsein lässt sich mit einem erfahrenen Handwerker vergleichen, der alle Mittel kennt, um Ihre Gesundheit wiederherzustellen und Ordnung in Ihre Angelegenheiten zu bringen. Fordern Sie Gesundheit und Ihr Unterbewusstsein wird dafür sorgen. Vergessen Sie dabei nicht: Entspannung ist der Schlüssel zum Erfolg. Verschwenden Sie keine Gedanken daran, wie Ihr Wunsch verwirklicht wird, sondern betrachten Sie ihn – gleichgültig, ob es sich um Gesundheit, Finanzen oder Ihre Karriere handelt – bereits als erfüllt. Kennen Sie die Erleichterung, die mit der Genesung von einer schweren Krankheit einhergeht? Das Vorhandensein dieses Glücksgefühls ist der Prüfstein für jede unterbewusste Reaktion. Ihr Wunsch muss subjektiv an der Schwelle seiner Verwirklichung vorgestellt und empfunden werden.

Verlassen Sie sich auf Ihre Vorstellungskraft!

Dem Einsatz Ihres Unterbewusstseins steht kein Widerstand entgegen und deshalb ist jeder Zwang überflüssig. Es genügt, sich das Ereignis oder den gewünschten Zustand vorzustellen. Sie werden zwar die Erfahrung machen, dass sich Ihre Vernunft dagegen auflehnt. Lassen Sie sich aber dadurch nicht beirren, sondern halten Sie an Ihrem Wunsch fest. Stellen Sie sich vor, wie es ist, wenn Sie von dem Problem oder Leiden befreit sind. Versetzen Sie sich in das beglückende Gefühl, das sich bei einem erfüllten Traum einstellt. Vermeiden Sie alle Umwege, alles Wenn und Aber. Der geradeste und einfachste Weg ist immer der beste.

Die wunderbare Kraft der gesteuerten Fantasie

Um die gewünschte unterbewusste Reaktion herbeizuführen, ist die Technik der gesteuerten oder gelenkten Fantasie besonders geeignet. Wie schon mehrmals erwähnt, bauen die Kräfte des Unterbewusstseins Ihren Körper auf und überwachen den Ablauf aller lebenswichtigen Funktionen.

Die Bibel sagt: *Und alles, was ihr im Gebet erbittet, werdet ihr erhalten, wenn ihr glaubt* (Matthäus 21, 22). Glauben heißt nichts anderes, als eine bestimmte Tatsache oder einen gewünschten Zustand für wahr und verwirklicht zu halten. Wem es gelingt, in diesem Sinne gläubig zu denken und zu handeln, dessen Wünsche werden sich erfüllen!

Die drei Bestandteile des erfolgreichen Wunsches

Meist führt die folgende Methode zum Erfolg:

1. Betrachten Sie Ihr Problem von allen Seiten.
2. Beauftragen Sie Ihr Unterbewusstsein, die beste Lösung zu finden.

3. Geben Sie sich der sicheren Überzeugung hin, dass Ihr Anliegen schnellstens und bestmöglich erledigt wird.

Wenn Sie sagen: »Ich möchte dringend geheilt werden, aber das ist unmöglich« – »Ich bemühe mich nach den besten Kräften« – »Ich ringe mir jedes Gebet ab« – »Ich setze meine ganze Willenskraft ein« – dann liegt Ihr entscheidender Fehler in dieser bewussten Anstrengung. Versuchen Sie niemals, Ihrem Unterbewusstsein die gewünschte Vorstellung durch reine Willenskraft aufzuzwingen. Solche Versuche sind von vornherein zum Scheitern verurteilt.

Denken Sie nur an folgende weitverbreitete Erscheinung: Sobald ein Student den ersten Satz seiner Prüfungsaufgabe liest, ist mit einem Schlag alles Gelernte scheinbar spurlos aus seinem Gedächtnis verschwunden. Im Kopf herrscht eine grauenhafte Leere und er ist unfähig, sich auch nur an eine einzige wichtige Tatsache zu erinnern. Je mehr er die Zähne zusammenbeißt und seine gesamte Willenskraft einsetzt, desto weniger fällt ihm ein. Kaum hat er die Tür des Prüfungssaales und damit den seelischen Druck hinter sich gelassen, da kommt die Erinnerung wie zum Hohn zurück – er weiß alles. Der Grund des Versagens liegt hier wie in allen ähnlichen Fällen in dem verzweifelten Bemühen. Dieses Beispiel ist besonders geeignet, das Prinzip der umgekehrten Wirkung zu verdeutlichen.

Der Widerstreit von Wunsch und Fantasie muss aufgehoben werden

Wer glaubt, sich zwingen zu müssen, rechnet von vornherein mit Widerstand. Sobald Sie sich aber darauf konzentrieren, wie ein Problem zu meistern ist, wendet sich Ihre Aufmerksamkeit ganz von selbst von den Hindernissen ab.

In Matthäus 18, 19 steht: *Wenn zwei von euch übereinstimmen auf Erden in irgendeiner Sache, um die sie bitten: Sie werden sie von eurem Vater im Himmel erhalten.* Hier geht es um die Übereinstimmung zwischen Ihrem Bewusstsein und Ihrem Unterbewusstsein hinsichtlich einer Idee, Sehnsucht oder geistigen Vision. Sobald Bewusstsein und Unterbewusstsein nicht mehr im Widerspruch zueinander stehen, sondern völlig einig sind, wird Ihr Wunsch erhört. Die zwei, von denen hier die Rede ist, können auch ausgelegt werden als Sie und Ihr Wunsch, Ihr Gedanke und Ihr Gefühl, Ihr Wunsch und Ihre Fantasie.

Jeder mögliche Konflikt zwischen Ihren Wünschen und Ihrer Fantasie wird dadurch vermieden, dass Sie sich in einen tranceartigen Zustand versetzen, in dem alle bewussten Anstrengungen weitestgehend ausgeschaltet sind. Im Schlaf oder in der Trance ist das Bewusstsein am wenigsten tätig. Deshalb sind gerade die Augenblicke unmittelbar vor dem Einschlafen und nach dem Erwachen am besten geeignet, das Unterbewusstsein nachhaltig zu beeinflussen, gerade dann stehen seine Türen am weitesten offen. In diesem Zustand tauchen die sonst geläufigen negativen Gedanken und Vorstellungen, die die Kraft des Wunsches aufheben können, am seltensten auf. Sobald Sie sich kraft Ihrer Fantasie in die Vorfreude, die die Erfüllung Ihres Wunsches begleitet, versetzen können, wird Ihr Unterbewusstsein für die Verwirklichung sorgen.

Sehr viele Menschen lösen alle ihre Probleme und Schwierigkeiten, indem sie ihre gesteuerte Fantasie einsetzen, im vollen Wissen und Vertrauen, dass alles, was ihrem Gefühl und ihrer Vorstellungskraft als wahr erscheint, unbedingt eintreten muss.

Am folgenden Beispiel einer Bekannten wird deutlich, wie der Widerspruch zwischen Wunsch und Vorstellung überwunden werden kann. Sie hoffte auf die friedliche Beilegung eines Rechtsstreits, in ihrer Fantasie sah sie jedoch ständig Misserfolg, Verlust, Konkurs und Armut. Es handelte sich um ein verwickeltes juristisches Problem, dessen Lösung von Mal zu Mal vertagt wurde, ohne dass ein Ende abzusehen war.

Auf meinen Vorschlag hin versetzte sie sich jede Nacht vor dem Schlafengehen in Trance und begann, sich möglichst lebendig in die Freude und Erleichterung einzuleben, die sie bei einem glücklichen Ausgang des Prozesses empfinden würde. Sie wusste, dass das Vorstellungsbild mit ihrem Wunsch in Einklang stehen musste. Immer vor dem Einschlafen sah sie sich in einem angeregten Gespräch mit ihrem Anwalt. Sie stellte ihm Fragen, die er entsprechend beantwortete. Und immer wieder ließ sie ihn im Gespräch die Worte sagen: »Die Angelegenheit hat eine allseits befriedigende Lösung gefunden und konnte auf gütliche Weise außergerichtlich bereinigt werden.« Sobald sie tagsüber wieder ihre alte Furcht befiel, ließ sie sofort diesen geistigen Film anlaufen. Bald fiel es ihr leicht, sich die Stimme, das Lächeln und die Gesten ihres Anwalts lebendig vorzustellen. Diese Szene wiederholte sie so oft, bis sie sich tief in ihren Geist und ihrer Fantasie eingegraben hatte. Und tatsächlich rief nach einigen Wochen ihr Anwalt an, um ihr mitzuteilen, dass sich ihre Vision verwirklicht habe.

Der Psalm 19, 15 besagt: *Die Worte meines Mundes mögen dir gefallen und die Gedanken meines Herzens, ewiger Gott, mein Fels und mein Erlöser!* – Ihre Gedanken und Ihre Gefühle sollten »gefallen«. Die Macht und das Wissen Ihres Unterbewusstseins können Sie von Krankheiten, Misserfolgen und Schmerzen erlösen.

Zusammenfassung

1. Jede Willensanstrengung ist die Folge von Angst und Furcht, die der gewünschten Lösung im Wege stehen. Erzwingen Sie nichts.
2. Sobald Sie sich geistig entspannt und von der Wahrheit eines Gedankens überzeugt haben, macht sich Ihr Unterbewusstsein an seine Verwirklichung.
3. Denken und planen Sie ohne Rücksicht auf die üblichen Methoden der Verwirklichung. Vergessen Sie nie: Es gibt immer eine Antwort, immer eine Lösung für jedes Problem!
4. Denken Sie nicht zu sehr daran, ob Ihr Herz richtig schlägt, Ihre Lungen tief genug atmen oder sonst Ihre organischen Funktionen normal verlaufen. Verlassen Sie sich ausschließlich auf Ihr Unterbewusstsein und vertrauen Sie darauf, dass der göttliche Wille in Ihnen wirkt.
5. Wer sich gesund fühlt, wird gesund; wer sich reich fühlt, wird reich. Wie fühlen Sie sich?
6. Die Fantasie ist Ihr stärkster Trumpf. Stellen Sie sich nur Schönes und Positives vor. Sie selbst und Ihr Schicksal sind identisch mit Ihren Gedanken und Vorstellungsbildern.
7. In einem schlafähnlichen Zustand ist der Widerstreit von Bewusstsein und Unterbewusstsein weitestgehend ausgeschaltet. Stellen Sie sich unmittelbar vor dem Einschlafen immer wieder voll Freude die Erfüllung Ihres Wunsches vor. Schlafen Sie friedlich und erwachen Sie voll Freude.

Wirksames Beten

Darum sage ich euch: Bei allem, um was ihr betet und fleht, glaubet, dass ihr empfangen habt, und es wird euch Anteil werden. Und wenn ihr hintretet und betet, so vergebt, wenn ihr etwas habt gegen einen, damit auch euer Vater im Himmel euch eure Übertretungen vergebe (Markus 11, 24–25).

Während einer Vorlesungsreihe in der Town Hall in New York bat mich im Mai 1963 ein Mann um eine Unterredung. Er klagte darüber, dass er seit sechs Monaten arbeitslos sei und einfach keine Stellung finden könne. Er war verheiratet und hatte drei Töchter. Mir schien, dass dieser Mann daran glaubte, keine Arbeit finden zu können, er hielt sich für einen Versager und fürchtete sich vor der Zukunft. Ich redete ihm ins Gewissen: »Sie haben eine großartige Vorbildung, Sie verfügen über einzigartige Fähigkeiten. Glauben Sie mir, Sie werden im Geschäftsleben gebraucht! Das Einzige, was Ihnen im Wege steht, ist Ihre Überzeugung, dass Ihnen nichts gelingt. Sie müssen nichts weiter tun, als sich selbst von Ihren schöpferischen Begabungen zu überzeugen. Wenn Ihnen das gelingt, wird sich auch Ihr Leben ändern. In unserer Welt gibt es keine Außenseiter oder Versager, sondern jeder Mensch hat in ihr seinen Platz! Und auch Sie werden gebraucht. Man fragt Sie nicht nach Ihrem Alter oder Ihren grauen Haaren, sondern nach Ihren Fähigkeiten, nach Ihren Begabungen und nach Ihrer Berufserfahrung, die Sie doch im Lauf der Jahre gesammelt haben. Seien Sie davon überzeugt: Es gibt einen Unternehmer, der Sie ebenso sehr braucht, wie Sie eine Stellung brauchen, und Sie müssen jetzt daran glauben, dass die subjektive Kraft Ihres Unterbewusstseins Ihnen den Weg zu der richtigen Chance weisen wird. Nehmen Sie die Tatsache dieser

Führung schon jetzt als gegeben hin – und die Türen werden sich Ihnen öffnen! Ihr Leben ist Ihnen zur Erfüllung eines bestimmten Zwecks gegeben worden, und diese Ihnen vorgezeichnete Rolle müssen Sie erkennen. Glauben Sie daran, dass Ihnen in diesem Augenblick der richtige Weg schon gewiesen wird – und Sie werden ihn finden.« Ich schrieb für diesen Mann den Wortlaut eines Gebets nieder, das dem Inhalt meiner Ermahnung entsprach, und riet ihm, jedes Wort dieses Gebets laut und gläubig zu wiederholen. Ich erklärte ihm, dass Glauben bedeutet, etwas als wahr zu akzeptieren. Das Gebet, das ich ihm aufgeschrieben hatte, lautete so: »Ich weiß, dass es ein Gesetz von Angebot und Nachfrage gibt. Schon in diesem Augenblick bin ich in Verbindung mit allem, was ich brauche. Ich werde jetzt an den richtigen Ort gewiesen, und ich setze meine Begabungen in der vorbestimmten Weise ein. Ich tue die Arbeit, die ich liebe, und ich habe ein großartiges Einkommen, das ich auf ehrliche und rechtschaffene Weise verdiene.«

Als dieser Mann mich verließ, hatte sich seine Geisteshaltung bereits gewandelt. Seine Hoffnungslosigkeit war der Überzeugung gewichen, dass es einen Ausweg aus seinen Schwierigkeiten, eine Lösung für sein Problem gebe. (*Glaubet, dass ihr empfangen habt …*) Er rief mich wenig später im Algonquin Hotel an, in dem ich immer wohne, wenn ich in New York Vorträge halte, und berichtete mir voller Freude: »Ich bin wirklich an die richtige Stelle verwiesen worden! Ich habe genau die richtigen Worte gefunden und auf meinen Arbeitgeber offenbar einen guten Eindruck gemacht. Ich bin sofort engagiert worden!«

Dieser Mann hatte die überwältigende Beglückung erlebt, die uns allen erwachsen kann, wenn wir lernen, wirksamer zu beten.

Ihre Gedanken sind Ihr Gebet

Im Grunde ist jeder Ihrer Gedanken, ist jedes Gefühl auch ein Gebet. In einem spezifischen Sinn aber ist das Gebet der bewusste Kontakt zur umfassenden göttlichen Kraft in Ihnen. So muss das wirksame Gebet auf der Voraussetzung beruhen, dass es in uns selbst eine höhere Kraft gibt, die das zu realisieren vermag, was wir wünschen – und zwar in dem Maß, in dem wir diese höhere Kraft für wahr halten. Wirksames Beten ist also identisch mit einer aufrichtigen, gefestigten Geisteshaltung, die aus der Überzeugung erwächst. Wenn Ihr Wunsch erst einmal vollständig von Ihrem Unterbewusstsein akzeptiert worden ist, wirkt er automatisch als Teil des schöpferischen Gesetzes, dem Ihr Leben folgt. Sie müssen das, was Sie glauben wollen, wirklich glauben, und wenn Sie das tun, haben Sie Ihr Unterbewusstsein wirksam beeinflusst: Diesem Einfluss entsprechend wird es reagieren.

Vergebung als Voraussetzung für wirksames Beten

Eine sehr attraktive Geschäftsfrau suchte mich vor Kurzem auf und bat mich um Rat. Sie war von dem Gedanken, Selbstmord zu begehen, wie besessen, da sie sich erschöpft, gelangweilt und vom Leben angewidert fühlte. Die Geschichte ihres Lebens war bitter: Als sie schwanger war, hatte ihr Mann sie verlassen und war mit seiner Geliebten nach Kanada gereist. Die verlassene Ehefrau hatte danach mit den größten Schwierigkeiten zu kämpfen; sie musste arbeiten und gleichzeitig für die Erziehung ihres Kindes sorgen. Ihr Ehemann schickte ihr kein Geld – im Gegenteil: Er war mit dem Guthaben ihres gemeinsamen Bankkontos und dem Brillantring seiner Frau durchgebrannt. Seine Frau erhielt von ihm nicht ein einziges direktes Lebenszeichen. Die Ehe wurde schließlich geschieden und der Mann lebte nun in Kanada: Er hatte das Mädchen, mit dem er abgehauen war, geheiratet, wie von gemeinsamen Freunden zu erfahren war. Das Gemüt dieser Frau war von Sorgen, Bitterkeit, Groll und tief verwurzelter Feindschaft zerfressen. Sie sagte zu mir: »Um mich herum sehe ich immer wieder Frauen, die glücklich verheiratet sind und liebevolle Ehemänner haben – aber an mir geht das Leben vorbei. Ich werde älter und ich bin einsam … Es ist alles so ungerecht.« Ich versuchte dieser Frau klarzumachen, dass sie ihrem geschiedenen Mann noch immer verbunden sei – und zwar durch Hass, abgründige Feindschaft und tiefen Groll. »Das ruft in Ihnen einen tief verwurzelten Schuldkomplex hervor, der zu Selbstpeinigung und Angst vor der Zukunft führt. Für eine neue Ehe sind Sie noch nicht bereit. In der Bibel steht: *Wenn ihr hintretet und betet, so vergebt, wenn ihr etwas habt gegen einen* ... Sie müssen Ihren Mann ganz freigeben und ihm verzeihen, was immer er Ihnen auch angetan hat. Das wird Sie von Ihrem Schuldgefühl und von Ihrem Widerwillen gegen sich selbst befreien – denn diese Emotionen sind die Ursache Ihrer Selbstmordabsichten. Versuchen Sie, Ihrem Mann Ihren Segen zu geben und für ihn zu beten.«

Sie entschloss sich schließlich zu dem folgenden Gebet: »Ich spreche meinen geschiedenen Mann völlig frei. Ich vergebe ihm in diesem Augenblick von ganzem Herzen und ich wünsche ihm aufrichtig Liebe, Frieden und Glück mit seiner jetzigen Frau. Ich freue mich an seinem Erfolg und an seinem Wohlergehen. Ich wünsche ihm Gesundheit, Wohlstand und inneren Frieden. Ich wünsche ihm alles, was ich mir selbst wünsche, und ich wünsche ihm dies alles aufrichtig und ehrlich. Ich weiß, dass mein Unterbewusstsein diese Wahrheiten in sich aufnehmen wird. In meinem Herzen gibt es keinen Stachel mehr. Gottes Liebe hat mich von ihm befreit.«

Einige Wochen später schrieb sie mir: »Es ist ein Wunder geschehen! Ich habe für meinen Mann gebetet, so wie Sie es mir geraten haben. Eben hat er mich aus Quebec in Kanada angerufen, um sich nach unserer Tochter zu erkundigen, die er noch nie gesehen hat. Er sagte, seit einigen Wochen quäle ihn der Gedanke, wie schäbig er sein Kind behandelt habe, für dessen Unterhalt er niemals aufgekommen sei. Er hat mir einen Scheck über 6000 Dollar geschickt und er will darüber hinaus das College für unsere Tochter bezahlen. Es ist alles wie ein wunderbarer Traum!«

Ein Wunder war dies freilich nicht, sondern das Ergebnis wirksamen Betens. Diese Frau befreite sich von allem Hass und aller Feindschaft und hatte ihrem Mann nun ganz verziehen. Sie unterwarf sich der Forderung: *Wenn ihr hintretet und betet, so vergebt* ..., und ihr Unterbewusstsein reagierte auf den Akt des Vergebens.

Das Leben dieser Frau veränderte sich innerhalb weniger Monate von Grund auf: Ihr Anwalt bat sie, seine Frau zu werden, und die beiden ließen sich von mir trauen. Diese Frau zweifelte nicht, dass ihre Heirat das Ergebnis eines göttlichen Gesetzes war, nämlich des Gesetzes der menschlichen Anziehungskraft: Die neuen Partner nämlich passten ideal zueinander. Die Frau hatte erfahren, dass ein wirksames Gebet kaum erhoffte Erfüllung bringen kann.

Ihr Unterbewusstsein kennt das Rezept

In Ihrem Unterbewusstsein arbeitet eine Schöpferkraft, die auf die Gedanken und Vorstellungen Ihres Geistes reagiert. Freilich müssen Sie bewusst zu einem endgültigen Entschluss kommen. Sie müssen sich entscheiden, was Sie wissen wollen, und darauf vertrauen, dass Ihr Unterbewusstsein Ihnen antworten wird. Wenn Sie Ihre Forderung an Ihr Unterbewusstsein weiterleiten, müssen Sie dies in der absoluten Überzeugung tun, dass es über ein »Rezept« verfügt, Ihre Forderungen zu erfüllen.

In der Bibel steht: *Bittet, und es wird euch gegeben werden; suchet, und ihr werdet finden; klopfet an, und es wird euch aufgetan werden. Denn jeder, der bittet, empfängt; und wer sucht, der findet; und wer anklopft, dem wird aufgetan werden. Oder wer ist unter euch, der seinem Sohn, wenn er um Brot bittet, einen Stein gäbe? Oder, wenn er um einen Fisch bittet, ihm eine Schlange gäbe?* (Matthäus 7, 7–10).

Hier sagt die Bibel nichts anderes, als dass Sie keinen Stein bekommen, wenn Sie um Brot bitten; mehr noch: Sie meint die Verwirklichung jeder Bitte, jeder Forderung und jedes Gebets. Bitten Sie, suchen Sie und klopfen Sie an, bis Sie die Antwort Ihres Unterbewusstseins erhalten, denn es ist seine Natur, stets zu antworten und zu reagieren.

Der verlorene Brillantring

Ich kann ein ganz alltägliches Beispiel dafür anführen, wie ein wirksames Gebet helfen kann: Eine Dame in Los Angeles verlor einen herrlichen Brillantring und war über diesen Verlust eine Zeit lang ziemlich verstört. Schließlich fragte sie sich: »Was ist in

Wahrheit mit diesem Ring geschehen?« Und sie argumentierte folgendermaßen: »Mein Unterbewusstsein weiß, wo der Ring ist, und es wird mich zu ihm führen.«

Einige Minuten später bereits überkam sie das Gefühl, sie müsse unbedingt zurück zu der Bushaltestelle am Wilshire Boulevard gehen … und dort fand sie tatsächlich auf der Straße, ganz dicht bei der Haltestelle, den verlorenen Ring. Offenbar war er ihr dort entglitten, als sie nach Kleingeld für das Ticket im Bus suchte.

Ausrichtung des Geistes

Wenn Sie wirksam beten wollen, müssen Sie Ihren Geist auf die ewigen Wahrheiten Gottes einstellen, die sich niemals ändern. Sie müssen sich darüber klar sein, dass Sie nicht betteln, flehen oder demütig bitten. Sie richten lediglich Ihren Geist neu aus und orientieren sich an einer Wahrheit.

Selbst finanzielle Verluste lassen sich ausgleichen

Kürzlich wurde ein Geschäftsmann aus meinem Bekanntenkreis um 15000 Dollar betrogen. Ein Hochstapler hatte ihn dazu überredet, dieses Geld in eine Mine zu investieren, die gar nicht existierte. Viel zu spät erfuhr er, dass die Aktien, die er erworben hatte, nur wertloses Papier waren. Der Hochstapler war verschwunden und die Polizei hat ihn bislang noch nicht gefasst.

Der Geschäftsmann vergegenwärtigte sich nach diesem Vorfall eine Reihe von elementaren Wahrheiten, die er erprobt hatte: nämlich, dass er einen Verlust nicht eigentlich erleiden könne, wenn er den Verlust in seinem Geist nicht akzeptiere. Darüber hinaus versicherte er sich selbst Folgendes: »Es ist im Grunde nicht das Geringste verloren und meinem zielgerichteten Geist wird es gelingen, mein Konto wieder aufzufüllen.«

Tatsächlich gelang es diesem Mann, das verlorene Geld in kurzer Zeit durch andere Investitionen wieder einzubringen.

Charles Lindbergh

Auch Charles Lindbergh wusste um den Wert des wirksamen Gebets. Nahezu alle Welt kennt die Berichte über seinen berühmten Flug nach Paris: Lindbergh überquerte den Atlantik ohne Kopilot, Radio und Fallschirm und richtete sich allein nach seinem Kompass. Er schlief im Flugzeug ein – mit geöffneten Augen – und erfuhr die Kraft seines Unterbewusstseins, die seinen Geist und seinen Körper lenkte, beherrschte und kontrollierte, das Flugzeug im Moment der Gefahr sicher führte und ihn zum Handeln antrieb, wenn es nötig war.

Lindbergh entdeckte in diesem Zustand, in dem sein Bewusstsein im Schlaf ausgeschaltet war, vage durchsichtige Gestalten, die ihn begleiteten. Er selbst äußerte: »Mein Schädel ist ein einziges großes Auge.« Diese phantomartigen Gestalten schienen freundlich, sie hatten menschliche Stimmen, sie gaben ihm verlässliche Hinweise zur Navigation, beruhigten und trösteten ihn während des ganzen Fluges.

Dieses Erlebnis Charles Lindberghs veranschaulicht die ungeheuren Kräfte des menschlichen Geistes: Wenn Sie Ihrem Unterbewusstsein ganz vertrauen, wird es stets auf Ihre Forderungen reagieren. Lindbergh war eigentlich nicht in der Lage, auch im Schlaf seinen Kurs zu halten – und dennoch: Als er erwachte, erblickte er unter sich Irland und war nur wenige Kilometer von seinem Kurs abgekommen.

Diese Episode aus dem Leben des großen Flugpioniers sollte auch Ihnen Vertrauen geben in die wunderwirkenden Kräfte in Ihnen selbst.

Überwindung von Streitigkeiten

Wenn es in Ihrer Familie oder in Ihrem Betrieb zu Uneinigkeiten und Streitigkeiten kommt, sagen Sie sich immer wieder, dass Gott absolute Harmonie ist: Eine Harmonie, die sowohl in Ihrem wie in jedes anderen Menschen Geist herrscht und positiv wirkt. Sie müssen nur an dieses innere Gleichgewicht glauben!

Überprüfen Sie Ihr Denken und orientieren Sie Ihre Vorstellungen und Ihre Reaktionen auf diese innere Harmonie. Wenn Sie in anderen Menschen Hass entdecken, vertrauen Sie auf Ihr Wissen, dass Gottes Liebe alles, was ihr nicht entspricht, auch im Geist und im Herzen dieses Menschen aufheben kann und aufheben wird. Diese Haltung entspricht einem wirksamen Gebet und das Wissen um die tiefe Wahrheit wird Ihnen schließlich zu Harmonie mit Ihren Mitmenschen verhelfen.

Die Lösung für alle Probleme

Gott ist der Name für das Höchste und Schönste in Ihrer Existenz, der Name für die Prinzipien und Gesetze, von denen Ihr Geist, Ihr Unterbewusstsein, geleitet wird. Wo Gottes Liebe, Sein Frieden Seine Harmonie und Seine Freude herrschen, gibt es kein Unglück, kein Unrecht und keine Krankheit. Die Lösung aller Ihrer Probleme liegt also in der Erkenntnis der Gegenwart Gottes in Ihnen und in der Anwendung dieser Erkenntnis. Anwendung aber bedeutet: Füllen Sie Ihre Seele mit der Liebe, dem Frieden und der Kraft Gottes. Wenn Sie freilich an Krankheit, Leid und Unglück glauben, werden Sie die Reaktionen auf diesen Glauben an sich selbst erfahren.

Die großen Wahrheiten Gottes stehen allen Menschen offen, sie dienen ihnen, so wie die Sonne, die auf Gerechte und Ungerechte scheint. Alles, was der Mensch braucht, ist der feste Glaube an Gott – und dieser Glaube bedeutet nichts weiter, als mit dem Bewusstsein der Gegenwart Gottes in sich selbst zu leben.

Der Saum des Gewandes

Sie kennen die wunderbare Geschichte im achten Kapitel des Lukas-Evangeliums, die von einer Frau berichtet, die zwölf Jahre lang am »Blutfluss« (wahrscheinlich Krebs) litt und von den Ärzten ihrer Zeit nicht geheilt werden konnte. In der Bibel steht: ... *sie trat von rückwärts hinzu und berührte den Saum seines Kleides, und auf der Stelle kam ihre Blutung zum Stillstand* (Lukas 8, 44).

In der metaphorischen Sprache der Bibel bedeutet dies: Jeder Mensch, der sich beharrlich seinen Weg sucht durch das Gestrüpp falscher Meinungen, falschen Glaubens und aller Ängste in sich selbst, jeder Mensch, der dieses Gestrüpp, das die Heilung aufhält, beiseite räumt und sich selbst aufrichtig Gott überlässt, wird an sich diese wunderbare Reaktion erfahren. Die kranke Frau in der Bibel vertraute sich ganz der göttlichen Gegenwart an und Gott antwortete und schenkte ihr Seine heilende Kraft, die sie von ihrer Krankheit befreite.

Sind Sie Gott ausgeliefert?

Sind Sie Gott ausgeliefert? Glauben Sie bedingungslos, dass Gott – oder die allumfassende Lebenskraft in Ihnen – Sie heilen, Ihre Probleme lösen, Ihnen zu innerem Glück und Frieden verhelfen kann? Wenn Sie das wirklich glauben, dann liefern Sie sich in der Tat Ihrem höheren Selbst – oder Gott – aus.

Wenden Sie Ihre Aufmerksamkeit ganz Gott und Seiner Liebe zu, glauben Sie, dass Gott, der Sie geschaffen hat, Sie auch heilen kann. Seien Sie aufrichtig und ehrlich und wenden Sie sich Gott mit all Ihrer Kraft und Ergebenheit zu. Nur so können Sie sich Gott ganz uneingeschränkt ausliefern.

Beginnen Sie, Ihren Geist richtig zu nutzen. Geben Sie nur dem in Ihnen lebenden allmächtigen, dem göttlichen Geist Macht über sich. Dann wird es auch Ihnen ergehen wie jener kranken Frau, der es gelang, das Gestrüpp der Vorurteile und Ängste in sich zu beseitigen und die heilende Kraft Gottes in sich zu erfahren.

Vier Schritte zum wirksamen Gebet

Der erste Schritt ist die völlige Unterwerfung unter die einzige wahrhaft existierende Kraft: Gott. Diese Kraft lebt in Ihnen, sie schuf Ihren Körper und sie kann Sie heilen.

Der zweite Schritt: Sie müssen ganz davon überzeugt sein, dass es außer Gott keine Kraft gibt, der Sie ausgeliefert sind. Sie dürfen der Welt der äußeren Erscheinungen, den Menschen oder Umständen keine Macht über sich zusprechen.

Der dritte Schritt: Was immer Sie auch für Probleme, Schwierigkeiten oder Krankheiten haben – wenden Sie sich von ihnen ab und versichern Sie sich selbst: »Gott lebt und Seine heilende Kraft fließt in diesem Augenblick durch mich hindurch. Sie heilt mich und sie belebt mich von Grund auf. Gott lebt in mir als die Antwort, als die richtige Handlung, als göttliche Freiheit.«

Der vierte Schritt: Danken Sie voller Freude für die glückliche Lösung : »Vater, ich danke Dir für die vollkommene Antwort. Ich weiß, dass Gott in diesem Augenblick schon in mir wirkt. Mein Geist hat den Saum Seines Gewandes berührt und ich habe die volle Reaktion Seiner Gegenwart und Seiner Kraft in mir gespürt.«

Ein Gebet für den Krankheitsfall

Orientieren Sie sich vertrauensvoll auf die in Ihnen wohnende Kraft Gottes, denken Sie an Seinen Frieden, an Seine Harmonie, an Seine Vollkommenheit, Schönheit und Seine grenzenlose Liebe. Erfüllen Sie sich mit dem Bewusstsein, dass Gott Sie liebt und für Sie sorgt. Wenn Sie so beten, wird Ihre Angst verschwinden. Wenn Sie beten und – zum Beispiel – um Heilung von einer Herzkrankheit bitten, stellen Sie sich Ihr Herz nicht als krankes Organ vor. Wenn Sie Ihr Herz krank sehen oder etwa an Ihren zu hohen Blutdruck denken, werden Sie sich selbst nur noch mehr Krankheitssymptome suggerieren, als sie schon haben. Halten Sie sich also nicht bei Symptomen, Organen oder irgendwelchen Körperschäden auf.

Wenden Sie vielmehr Ihren Geist ganz Gott und Seiner Liebe zu. Machen Sie sich immer wieder bewusst, dass es nur eine heilende Kraft und nur eine Macht gibt. Es gibt jedoch keine Macht, die Gottes Wirken beeinflussen könnte! Beten Sie aufrichtig und voller Hingabe, dass die erhebende und heilende Kraft Gottes Sie erfüllt und jede Zelle Ihres Körpers erneuert. Erkennen und empfinden Sie, dass die Harmonie Gottes sich in Ihnen als Lebenskraft, Schönheit und Gesundheit offenbart. Nehmen Sie diese Erkenntnis ganz in sich auf und jede Krankheit wird im Licht der göttlichen Liebe verschwinden. *So verherrlicht denn Gott in eurem Leibe* (1. Korinther 6, 20).

Zusammenfassung

1. Glauben Sie, dass Sie schon im Augenblick des Gebets Gottes Führung erhalten, und Sie werden sie empfangen.
2. Jeder Gedanke und jedes Gefühl ist im Grunde bereits ein Gebet.
3. Wirksames Beten ist eine beharrliche und positive Geisteshaltung, die Sie zu fester Überzeugung führen wird.
4. Einem Menschen, dem Sie aufrichtig vergeben wollen, müssen Sie alles wünschen, was Sie sich selbst wünschen. Wünschen Sie ihm Frieden, Gesundheit und alle Segnungen des Lebens.
5. Ihr Glaube muss sich auf das Wissen gründen, dass Sie immer und unzweifelhaft eine Antwort erhalten, wenn Sie die schöpferische Kraft Gottes in sich anrufen.
6. Bitten Sie, suchen Sie und klopfen Sie beharrlich an, und Ihr Unterbewusstsein wird darauf reagieren.
7. Sie können im Grunde keinen Verlust erleiden, solange Sie einen Verlust geistig nicht akzeptieren.
8. Wenn Sie sich auf die Kräfte Ihres Unterbewusstseins verlassen, werden Sie immer eine Antwort erhalten.
9. Der Beweis für Gottes Gegenwart in Ihnen ist das Vorhandensein von innerem Frieden, von Ausgeglichenheit, Lebensfreude und Gesundheit.
10. Gott ist der Name für das Höchste und Schönste in Ihrem Leben, der Name für die Grundsätze und das harmonische Zusammenwirken von Geist und Unterbewusstsein.
11. Unterwerfen Sie sich rückhaltlos der göttlichen Gegenwart in Ihnen und Gott wird antworten und Sie heilen.
12. Sie sind Gott ausgeliefert, wenn Sie glauben, dass die schöpferische Kraft, die Sie schuf, Sie auch heilen kann.
13. Die vier Schritte zum wirksamen Gebet:
    1. Völlige Unterwerfung unter die Eine Macht
    2. Erkenntnis der heilenden Kraft Gottes
    3. Vertrauende Hinnahme der Wahrheit
    4. Dank als Ihre Antwort
14. Ignorieren Sie die Symptome der Krankheit. Erkennen und empfinden Sie, dass die heilende Kraft Gottes in Ihnen wirkt und Ihnen Frieden, Gesundheit und Heilung verleiht.

Hilfe aus dem Reich der Träume

Bei meiner Tätigkeit als geistig-seelischer Berater habe ich die Erfahrung gemacht, dass Menschen aus allen Schichten von Träumen fasziniert sind. Heute erforschen Psychologen- und Ärzteteams in Laboratorien das Traumleben des Menschen in zahlreichen Experimenten. Die Wissenschaftler konnten mittlerweile beweisen, dass alle Menschen träumen; außerdem stellten sie in umfassenden Tests fest, dass bei den Versuchspersonen, wenn man sie regelmäßig am Beginn der Traumphase aufweckte, infolge des Traumentzugs geistige, seelische und sogar körperliche Störungen aufzutreten begannen.

Die Psychologen Sigmund Freud, C. G. Jung und Alfred Adler wurden nicht zuletzt durch die Erforschung des Traumlebens ihrer Patienten berühmt und gründeten, angeregt durch das Studium der Träume ihrer Versuchspersonen, verschiedene Psychologieschulen: die Psychoanalyse (Freud), die analytische Psychologie (Jung) und die Individualpsychologie (Adler). Alle drei schrieben ausführlich über den Traum, doch ihre Deutungen und Schlussfolgerungen unterscheiden sich beträchtlich voneinander. Die Unterschiede sind so groß und schwerwiegend, dass ich sie hier auch nicht andeutungsweise behandeln möchte. Dieses Kapitel soll ja nicht zu einer wissenschaftlichen Erörterung werden, sondern Ihnen lediglich zeigen, dass Sie den Schlüssel zur Lösung Ihrer Probleme oft als klare, deutliche Antwort in einem Traum erhalten.

Billys Traumferien verwirklichten sich

Billy ist zwölf. Er besucht gelegentlich meine Vorträge, denn ich rate den Eltern, ihre Söhne und Töchter ab dem Alter von zwölf Jahren daran teilnehmen zu lassen. Kinder dieses Alters sind durchaus fähig, meine Lehren zu verstehen.

Billy erzählte mir, seine Mutter habe ihm ein Buch zu lesen gegeben, das von Hawaii handle. Er war begeistert davon, und da er in etwa weiß, wie sein Unterbewusstsein arbeitet, sagte er jeden Abend vor dem Schlafengehen: »Liebes Unterbewusstsein, ich verbringe meine Ferien auf Hawaii. Ich fliege hin, ich werde dort im Meer schwimmen, mit dem Fahrrad über eine der Inseln fahren und in einem Pavillon wohnen. Ich möchte eine klare Antwort, bitte.«

Billy sprach weder mit seinem Bruder noch mit den Eltern über seinen Wunsch. Aufgrund dieser an sein Unterbewusstsein gerichteten Suggestionen hatte er einen Traum, in dem er ganz deutlich einen Pavillon, den Namen eines Hotels – *Maui Hilton* – und die Insel Maui in der Kette der Hawaii-Inseln sah. Am nächsten Morgen sagte er zu seiner Mutter: »Mami, wir verbringen die Ferien auf Hawaii.« Er beschrieb ihr erstaunliche Einzelheiten.

Sie erwiderte lachend: »Na, das ist mir völlig neu! Wie kommst du darauf?«

Billy antwortete: »Ich weiß nur, dass wir hinfliegen und dass wir in einem Pavillon bei einem Hotel wohnen werden.«

Die Mutter tat seinen Traum als Ausgeburt seiner kindlichen Extravaganzen ab.

Zwei Wochen später machte Billys Vater, der nichts von dem Traum wusste, einen Vorschlag: Weil Billy so ausgezeichnete Noten habe, solle seine Mutter mit ihm und seinem Bruder die Ferien auf Hawaii verbringen, das er während seines Aufenthalts als Marineoffizier kennen- und lieben gelernt hatte.

Billy jubelte: »Ich habe es dir gesagt, Mami! Wir fliegen nach Hawaii!« Der Traum des Jungen erfüllte sich in den von ihm vorweggenommenen Einzelheiten, sogar der Pavillon war genau wie jener aus dem Traum.

Wie Sie sehen, hatte dieser Junge einen ganz klaren Wahrtraum. Das Unterbewusstsein ist empfänglich für Suggestionen und Billy hatte gesagt: »Ich möchte eine klare Antwort.« Sein Unterbewusstsein hatte entsprechend reagiert.

Die Bedeutung unverschlüsselten Träumens

Seit mehreren Jahren suggeriere ich meinem Unterbewusstsein vor dem Einschlafen: »Ich träume unverschlüsselt und klar und ich erinnere mich an meinen Traum.« Es scheint, als hätte ich mein Unterbewusstsein im Lauf der Zeit »überredet«, denn annähernd neunzig Prozent meiner Träume sind unverschlüsselt und so wortwörtlich wie die Morgenzeitung, die ich beim Frühstück lese. Ich erhalte in den Träumen viele Antworten auf meine Bittgebete.

Das wiederholte Auftreten von »bösen Träumen«, Albträumen, Aggressions-, Angst- und Fallträumen lässt sich durchaus verhindern. Ihr Bewusstsein prägt Ihr Unterbewusstsein, das im Traum aktiv wird. Die Natur Ihrer Träume ändern Sie, indem Sie Ihre Fähigkeit nutzen, gute, schöne und erfreuliche Gedanken und Vorstellungen auszuwählen und ungünstige, die Sie tagsüber zur Disziplinierung Ihrer Überlegungen und zur Zügelung Ihrer Fantasie eingesetzt hatten, vor dem Einschlafen von sich zu weisen.

Eine Hörerin meiner Vorlesungen rief mich unlängst an und bat, wie sie sagte, um meinen Segen für eine geplante Europareise. Ich sprach am Telefon folgenden Segen für die Frau: »Göttliche Liebe und Harmonie gehen Ihnen voraus, machen Ihren Weg fröhlich, glücklich und glorreich. Gottes Boten des Lebens, der Liebe, Wahrheit und Schönheit wachen allezeit über Sie, und jedes Verkehrsmittel, das Sie benutzen, verkörpert die göttliche Idee des freien, freudigen, liebevollen Reisens von Ort zu Ort. Sie stehen immer unter dem Schirm des Höchsten und unter dem Schatten des Allmächtigen.«

In der Nacht darauf sah ich die Frau im Traum in England, wie sie ein Flugticket nach Frankreich kaufte, und danach sah ich das Flugzeug, das sie nehmen wollte, brennend abstürzen. Am nächsten Morgen rief ich sie an. Ich sagte ihr, dass ich infolge entsprechender Suggestionen an mein Unterbewusstsein gewöhnlich unverschlüsselt träume, und fragte sie, ob sie während ihres Aufenthalts in Europa einen Ausflug nach Frankreich plane. Sie bejahte. Da berichtete ich ihr, was ich im Traum gesehen hatte, und gab ihr den Rat, nicht mit dem Flugzeug nach Frankreich zu reisen.

Sie antwortete: »Ich bin Ihnen so dankbar für Ihren Anruf! Mein Bruder, der vor zwei Jahren verstorben ist, ist mir vergangene Nacht im Traum erschienen und hat ebenfalls gesagt: ›Sis, besteige in England unter keinen Umständen die Maschine, die nach Perpignan in Frankreich fliegt.‹ Dann ist er verschwunden. Ich habe den Flug bereits annulliert, denn ein starkes inneres Gefühl sagt mir, dass ein Unglück passieren könnte.«

Später kündeten Schlagzeilen in den Medien von dem Unglück, bei dem achtundachtzig Menschen ums Leben kamen.

Wenn Sie dieses Buch bis hierher aufmerksam gelesen haben, wird Ihnen die Ursache der beiden Träume klar sein. Durch das gemeinsame Gebet am Telefon hatten die Frau und ich unser Unterbewusstsein, das alles sieht und alles weiß, geprägt und aktiviert. In ihrem Fall hatte es symbolisch reagiert, bei mir unverschlüsselt.

Selbsterhaltung ist das erste, oberste Lebensgesetz. Ihr Unterbewusstsein versucht, wenn Sie es durch positives Denken prägen, Sie immer zu schützen und vor Schaden jeglicher Art zu bewahren. Bedenken Sie auch, dass Harmonie und Unstimmigkeit nicht zusammengehen; deshalb konnte die Frau nicht in einem brennenden, abstürzenden Flugzeug sitzen, nachdem sie bekräftigt hatte, dass göttliche Liebe und Harmonie ihr vorausgingen und ihren Weg glücklich und fröhlich machten.

Das Erscheinen ihres Bruders war eine Dramatisierung ihres eigenen Unterbewusstseins, das allweise ist und wusste, dass sie auf diese Stimme wirklich hören würde. Der Bruder hatte sie großgezogen, da ihr Vater schon in ihrer Kindheit gestorben war; er hatte sie aufs College geschickt und ihre ganze Ausbildung bezahlt. Deshalb hatte die Frau zu ihm ein besonders inniges Verhältnis.

Ein Junge lernte seinen Angsttraum zu entschärfen

Ein kleiner Junge, den gelesene Gespenstergeschichten beunruhigten, wurde von seiner Mutter zu mir gebracht. Jede Nacht erschien ihm ein mit weißem Laken bekleideter, furchtbar aussehender Mann und sagte drohend: »Ich hole dich, du bist ein böses Kind.« Der Angsttraum hatte verheerende Auswirkungen auf den Jungen, er wachte jede Nacht schreiend auf.

Ich riet dem Jungen, keine Gespenstergeschichten mehr zu lesen, weil sein tieferer Geist alles aufblähe, was er vor dem Einschlafen denke oder als geistiges Bild sehe. Außerdem empfahl ich ihm: »Wenn der gespenstische Mann in deinem Traum kommt, sei nett zu ihm, denn er ist wahrscheinlich ein einsamer alter Mann, der kleine Jungen eigentlich liebt; er möchte, dass du nett zu ihm bist. Vielleicht hat er einen Sohn verloren und sucht einen Jungen, der seinem Sohn ähnlich sieht. Heute Nacht, wenn du schläfst und er zu dir kommt, sagst du: ›Grüß dich; ich bin dein Freund und mag dich.‹ Schüttle ihm die Hand und biete ihm ein paar von den Plätzchen an, die deine Mutter bäckt.«

An dem Abend nahm er Plätzchen mit ins Bett und steckte sie unters Kopfkissen. Als ihm der Mann erschien, hörte ihn die Mutter, deren Bett neben dem seinen stand, im Schlaf laut sagen: »Grüß dich. Ich bin dein Freund und mag dich. Hier sind ein paar Plätzchen für dich. Meine Mutter hat sie gebacken, sie sind wirklich gut.« Der Junge holte die Plätzchen unterm Kopfkissen hervor und bot sie der Geistergestalt an. Sofort ließ seine Angst nach. Er entspannte sich und sank in einen tiefen, erholsamen, natürlichen Schlaf. So befreite er sich von seinem entsetzlichen Albtraum.

Der Junge hatte die von mir erhaltenen Suggestionen akzeptiert und meine Anweisungen befolgt. So war es ihm gelungen, den angsterregenden Eindrücken entgegenzuwirken, mit denen er unbewusst sein Unterbewusstsein geprägt hatte.

Wie man einen störenden Traum verändert

Viele Menschen, die Mordgeschichten, Krimis oder blutrünstige Dramen lesen oder im Fernsehen anschauen, nehmen beunruhigende Bilder und Gedanken mit ins Bett, die sich ihrem Unterbewusstsein einprägen. Weil unser tieferer Geist alles, was ihm eingegeben wird, vergrößert und in übertriebener Weise dramatisiert, leiden diese Menschen oft an Angstträumen, in denen sie von Löwen, Tigern und anderen wilden Tieren angefallen werden. Ich habe vielen geplagten Menschen geraten, vor dem Einschlafen nachdrücklich zu bekräftigen: »Ich weiß, warum ich so träume, und ich weiß, dass es ein Traum ist. Ich träume weiterhin, aber der Albtraum hört auf, er wird abgeschaltet. Gottes Liebe erfüllt meine Seele, ich träume während der ganzen Nacht in Frieden und erwache in Freude.«

Diese einfache Technik wirkt immer. Jeder Mensch kann sie anwenden, um sich von Angstträumen zu kurieren, die auftreten, weil er Gespenster- oder Mordgeschichten gelesen oder im Fernsehen Programme psychopathischer Natur oder Kriegsfilme angeschaut hat.

Ich möchte Ihnen und allen Menschen empfehlen, vor dem Schlafengehen mehrmals einen der erhebenden schönen Psalmen zu lesen, beispielsweise Psalm 23, 27, 42, 46, 91 oder 100. Dadurch neutralisieren Sie ungünstige Muster, die sich Ihrem Unterbewusstsein eingeprägt haben, und prägen diesem stattdessen schöne, erfreuliche und für Sie günstige Dinge ein. Was Sie ins Unterbewusstsein senken, kommt immer als Form, Funktion, Erfahrung und Ereignis in Ihrem Leben zum Ausdruck.

Ein Richter bekam die Entscheidung im Traum enthüllt

Ein Richter aus meiner Heimatstadt, der demselben Club angehört wie ich, erzählte mir einen höchst interessanten Traum. Vier oder fünf Nächte hintereinander habe er im Traum ein Straßenschild mit der Bezeichnung »Murphy Street« gesehen, und dann sei er mit einer großen Menschenmenge im Wilshire Ebell

Theatre in Los Angeles gewesen, wo ich oft Vorträge halte. Mich selbst hatte er nicht gesehen. Der Traum hatte ihn sehr beunruhigt; er hatte seiner Frau davon erzählt, und sie hatte ihm geraten, mit mir darüber zu sprechen.

Ich erklärte ihm: »Wenn ein Traum sich Nacht für Nacht wiederholt, dramatisiert Ihr Unterbewusstsein seinen Inhalt, allgemein gesagt, deshalb mehrere Male, weil er sehr wichtig für Sie ist; es agiert vergleichsweise wie Sie selbst in einem Prozess, wenn Sie besonderes Gewicht auf einen juristisch bedeutsamen Punkt legen, über den die Geschworenen unbedingt im Bild sein müssen. Ihr Traum ist jedoch rein persönlich und jede Deutung muss mit Ihrer eigenen Ansicht übereinstimmen.«

Nach meiner intuitiven Wahrnehmung, so sagte ich ihm, wolle sein Unterbewusstsein, da es beim Wilshire Ebell Theatre keine »Murphy Street« gebe, ihn aus bestimmten Gründen bewegen, am kommenden Sonntag meinen Vortrag über »Die geistig-seelische Einstellung zur Ungerechtigkeit dieser Welt« zu besuchen; die symbolische »Murphy Street« bezog sich zweifellos auf den Vortragenden, also auf mich.

Der Richter nickte nachdenklich und sagte nach einer Weile: »Das ist richtig. Ich hatte ein paar schlaflose Nächte wegen einer Entscheidung, die ich fällen muss, und ich habe, da ich unschlüssig bin, darüber nachgegrübelt, wie man sich, wenn Recht und Gerechtigkeit nicht übereinzustimmen scheinen, geistig-seelisch einstellen soll; tatsächlich gibt es so viel Ungleichheit und Ungerechtigkeit in der Welt, seit der Mensch sie bevölkert.«

Er kam am Sonntag zu meinem Vortrag und als er sich danach von mir verabschiedete, sagte er: »Sie hatten recht und mein Traum hatte recht. Ich weiß jetzt, wie meine Entscheidung lauten wird.«

Die Wege des Unterbewusstseins sind unerforschlich. In der Bibel ist das Wirken des Unterbewusstseins mit folgenden Worten beschrieben: *Denn meine Gedanken sind nicht eure Gedanken, und eure Wege sind nicht meine Wege, spricht der Herr; sondern so viel der Himmel höher ist denn die Erde, so sind auch meine Wege höher denn eure Wege, und meine Gedanken denn eure Gedanken* (Jesaja 55, 8–9).

Der Traum eines Theologiestudenten

Vor Kurzem suchte mich ein junger Mann auf, der im vierten Jahr Theologie studierte. Er sagte, eine der Erkenntnisse Freuds postuliere, der Traum symbolisiere eine Wunscherfüllung, das treffe aber auf seinen besonderen Traum nicht zu.

In unserer anschließenden Diskussion erklärte ich ihm, sein Unterbewusstsein könne in Traumform alles projizieren, was ihn ernstlich beunruhige. Wenn er, der er sich tagsüber intensiv mit Bibelexegese und anderen theologischen Studien befasse, an irgendeine Sache oder Person denke, könne solches Denken im Traum sehr wohl in Bibelversen oder biblischen Gestalten symbolischen Ausdruck finden. Er brauche lediglich über die Vision des heiligen Petrus in der Apostelgeschichte 10 nachlesen, beginnend mit Vers 9, dann sehe er, wie Petrus' Dilemma in einem Traum gelöst wurde, als die Stimme der Intuition so zu ihm sprach: ... *Was Gott gereinigt hat, das mache du nicht gemein* (Apostelgeschichte 10, 15).

Der Student hatte mehrere Nächte hintereinander im Traum einen Mann gesehen, anscheinend Jesus, der ein glänzendes Schwert schwang; danach waren ihm die Worte erschienen: »Ich komme nicht, um Frieden zu bringen, sondern ein Schwert.«

Der junge Mann sagte: »Ich bin völlig durcheinander. Ich war schon bei dem Psychiater, der unserem Institut angehört. Er gab mir Beruhigungsmittel und die beruhigten mich auch. Aber ich habe ernste Zweifel an allem, was ich lese, höre und gelehrt bekomme. Ich kann die Bibel nicht wörtlich nehmen; ich glaube, dass alle Menschen Kinder Gottes sind, dass Gott die Person nicht ansieht und dass keine Kirche ein Monopol auf die allein selig machende Wahrheit hat.«

Die biblischen Berichte über Traumdeutungen unterstreichen die große Bedeutung prophetischer oder von Gott geschickter Träume, wie sie im Alten und Neuen Testament häufig vorkommen. Die Bibelsprache ist symbolisch, figurativ und allegorisch, und die Bibelgeschichten sind zweifellos inspirierten Verfassern zu verdanken.

Das Schwert ist ein uraltes Symbol für die Wahrheit, für die Gottesgegenwart im Menschen, die ihn von Unwissenheit, falschen Überzeugungen und Ängsten aller Art abtrennt. Wenn der Mensch die Wahrheit über die Wirkungsweise seines Bewusstseins und Unterbewusstseins kennenlernt, dann erkennt er, dass er selbst sein Schicksal gestaltet. Diese Wahrheit wühlt den Menschen auf und führt zwangsläufig zu Konflikten.

Ich erklärte dem Studenten: »Ihr Traum sagt Ihnen, dass Sie, was Sie belastet, eigenständig durchdenken sollen, nicht auf der Basis von äußeren Erscheinungsformen oder theologischen Postulaten, sondern von Überlegungen, die auf den universellen seelisch-geistigen Gesetzen beruhen, genauso gültigen Gesetzen wie jene der Chemie, Physik oder Mathematik. Der Traum sagt Ihnen, dass Sie das Göttliche akzeptieren sollen, das Ihnen innewohnt und allen Menschen antwortet. Treffen Sie eine Entscheidung und lassen Sie sich dabei von den universellen Wahrheiten Gottes leiten, die gestern genauso waren, wie sie heute sind und in alle Ewigkeit sein werden. Die göttliche Wahrheit in Ihnen wird Sie nicht ruhen lassen, bis Sie an die Güte Gottes glauben, an die Liebe Gottes, die Harmonie Gottes und die Freude am Herrn, die Ihre Stärke ist.«

Der Student befand sich in einem schrecklichen seelischen Konflikt: Er gab vor zu glauben, was er im innersten Herzen als falsch empfand. Dieser Konflikt hatte einen fast völligen seelischen Zusammenbruch bewirkt, der junge Mann benötigte psychiatrische Behandlung und Medikamente. Doch sobald die Wirkung der Arzneimittel nachließ, erhob die seelische Infektion oder das Trauma von Neuem das hässliche Haupt und sagte: »Hier bin ich. Finde eine Lösung!« Und der Traum kam wieder.

Auf meine Erklärungen erwiderte der junge Mann: »Jedes Wort, das Sie gesagt haben, empfinde ich im Herzen als wahr. Was meine Eltern auch denken und vorbringen mögen, ich breche das Theologiestudium ab und praktiziere künftig, was ich wirklich glaube. Dies ist meine Entscheidung.«

Er studiert jetzt Psychologie und befasst sich intensiv mit dem Studium der Geisteswissenschaften. Inzwischen hat er geheiratet, sein neues Leben macht ihm viel Freude.

Die Bibel brachte einem Priester die Antwort auf sein Gebet

Ein Verwandter von mir ist Priester in einer weithin bekannten Pfarrei. Vor einiger Zeit hatte er große Schwierigkeiten mit führenden Leuten des Kirchenrates und mit seinem Bischof. Darum betete er um göttliche Führung und einen Hinweis, wie er sein Problem lösen solle.

Bei einem gemeinsamen Essen sagte er zu mir: »Joe, du hältst Vorträge über die Bedeutung der Bibel. Ich bin mit deinen Lehren nicht in allem einverstanden, aber mit dem meisten. Wie legst du den Traum aus, den ich während der letzten Monate vier- oder fünfmal hatte? In dem Traum sah ich eine Stelle aus den Sprüchen: *Wanke weder zur Rechten noch zur Linken; wende deinen Fuß vom Bösen* (Sprüche 4, 27).«

»Ich bin überzeugt, Tom«, antwortete ich, »dass du die Bedeutung dieses Spruchs genauso kennst wie ich; sicher ist er die Antwort auf dein Gebet um göttliche Führung. Er bedeutet einfach, dass du in der Situation überhaupt nichts tun sollst, weder objektiv (zur Rechten) noch subjektiv (zur Linken); du brauchst also nicht mehr um eine Antwort zu beten. Fuß bedeutet in der biblischen Symbolsprache Verstehen, und mit *wende deinen Fuß vom Bösen* ist gemeint, dass du dir keine Sorgen mehr machen und nicht mehr in ängstlichem Zweifel über dein Problem nachdenken sollst, denn das Böse bestünde bei dir darin, anderen Menschen oder äußeren Bedingungen Macht zu geben, statt Gott alle Macht in dir einzuräumen.«

Er fragte: »Du meinst, ich soll still sitzen, nichts sagen, nichts tun und Gott alles regeln lassen?«

»Ja«, antwortete ich, »genau das meine ich. Aber wenn es das nicht auch für dich bedeutet, stimmt meine Deutung natürlich nicht.«

Tom sagte: »Doch, ich pflichte dir bei; sie stimmt, ich weiß es.«

Etwa einen Monat später starb der Bischof und ein neuer Kirchenrat wurde gewählt, mit dessen Mitgliedern er sich bestens verstand. Tom rief mich an und sagte: »Joe, der Traum hatte recht. Aber warum kam die Antwort in einem Traum?«

Darauf entgegnete ich: »Ich weiß nur, dass in der Bibel steht: *Gott ... will mit ihm reden in einem Traum* (4. Mose 12, 6).«

Zusammenfassung

1. Seit jeher interessieren sich die Menschen für Träume. Alle Menschen und auch Tiere träumen. In Träumen werden Spannungen abgebaut und die Antwort auf unsere Gebete kommt oft in einem Traum.
2. Die verschiedenen Psychologieschulen deuten Träume und deren Inhalt unterschiedlich. Häufig erhält man jedoch die Lösung für ein verwirrendes Problem in einem klaren, unverschlüsselten Traum.
3. Ein kleiner Junge suggerierte seinem Unterbewusstsein, was er sich wünschte und wie er es sich wünschte; er bat darum, die Antwort klar und verständlich zu bekommen. Das für Suggestionen empfängliche Unterbewusstsein reagierte entsprechend.
4. In der Regel bedient sich das Unterbewusstsein in Träumen einer Symbolsprache; Sie können sich jedoch jeden Abend suggerieren: »Ich träume unverschlüsselt und klar.« Ihre beharrliche Wiederholung dieser Suggestion wird Ihr Unterbewusstsein veranlassen, unverschlüsselt zu Ihnen zu sprechen.
5. Unser aller Geist ist Geist von *einem* Geiste, und im Geiste gibt es weder Zeit noch Raum. Deshalb ist es möglich, dass Sie im Traum die Antwort für einen anderen Menschen erhalten, für den Sie gebetet haben.
6. Ein Richter grübelte über eine Entscheidung nach, die er in einem bestimmten Fall treffen musste; die Antwort auf seine Bitte um Führung fand er, als er die Symbolsprache seiner Träume verstand.
7. Wer unter Angstträumen leidet, weil er Gespenster- oder Mordgeschichten liest oder blutrünstige Filme im Fernsehen anschaut, kann durch konstruktive Suggestionen vor dem Schlafengehen solche Träume verhindern.
8. Theologiestudenten erhalten die Lösung von Problemen oder die Antwort auf Gebete oft in Träumen, die Bibelverse oder biblische Persönlichkeiten, die ein Bibelwort zitieren, zum Inhalt haben.
9. Ein Priester, der nicht wusste, was er tun sollte, hatte mehrmals denselben Traum. Darin sah er ein Zitat aus den Sprüchen, das ihm riet, weder nach rechts noch nach links zu wanken, mit anderen Worten, still zu stehen und gar nichts zu tun. Er befolgte den biblischen Rat, den er im Traum erhalten hatte, und dies erwies sich als vollkommen richtig.
10. Die Wege unseres Unterbewusstseins sind unerklärlich und die Bibel sagt in Bezug auf unser Unterbewusstsein, der *Herr wolle mit uns reden in einem Traum* (4. Mose 12, 6).

Die unerschöpfliche Quelle der Heilkraft

Das wunderbare Gesetz des Heilens

Es gibt nur eine heilende Kraft. Man kennt sie unter vielen Namen, weil die Menschen sie verschieden benennen: Gott oder die göttliche Liebe, die unendliche Heilkraft, die göttliche Vorsehung oder einfach die Natur, das Leben, das Lebensprinzip – der Namen gibt es noch viele mehr, alte und neue. Das Wissen jedoch, dass es diese eine Heilkraft gibt, reicht zurück bis in die dunkle Vorzeit der Menschheitsgeschichte. Schon uralte Tempelinschriften verkünden: »Der Arzt verbindet die Wunde und Gott heilt den Patienten.«

Die heilende Gegenwart Gottes ist in Ihnen. Weder Psychologen noch Geistliche, kein Arzt, kein Chirurg, kein Psychiater vermögen jemanden zu heilen. Der Chirurg entfernt den Tumor, dadurch beseitigt er das Hindernis, sodass der Patient dank Gottes Heilkraft genesen kann. Der Psychologe oder Psychiater legt seine Behandlung auf die Beseitigung seelisch-geistiger Konflikte an und ermutigt den Patienten, eine neue Geisteshaltung einzunehmen, die Gottes unendliche Heilkraft freisetzt und den Patienten zu innerem Frieden, seelisch-geistiger Harmonie und körperlicher Gesundheit führt. Der Geistliche schafft die Voraussetzungen, dass Sie den anderen und sich selbst vergeben und im Einklang mit dem Unendlichen von der alles heilenden Kraft des Friedens, der Liebe und des guten Willens erfüllt sind, bis hinab in die letzte Tiefe Ihres Unbewussten, das dadurch von allen negativen Beweggründen gereinigt wird.

Diese allgegenwärtige Heilkraft des Lebens, die Jesus Christus »Vater« genannt hat, ist die Quelle des Heils gegen alle körperlichen und geistigen Krankheiten sowie gegen alle Kümmernisse des Gefühls- und Gemütslebens.

Diese Ihrem Unterbewusstsein innewohnende wunderbare Heilkraft vermag, wenn sie nach wissenschaftlichen Gesichtspunkten gesteuert wird, Ihren Geist zu heilen, Ihrem Körper Genesung und alle Ihre Belange in Ordnung zu bringen, was immer auch die Störung oder das Hindernis sein mag. Diese Heilkraft ist für jeden Menschen da ohne Rücksicht auf Herkunft, Hautfarbe oder Glaubensbekenntnis. Sie kennt keine Privilegierten und keine Benachteiligten. Sie haben seit Ihrer Kindheit zahllose Male ihren Heilerfolg an sich erfahren. Sie werden sich sicher erinnern können, wie oft dank dieser heilenden Kraft Schnitt- und Brandwunden, Verstauchungen, Quetschungen, Schürfungen und vieles andere mehr verheilten, dies wahrscheinlich im Regelfall – wie beim Verfasser –, ohne dass Sie den Heilungsprozess durch Anwendung von Medikamenten beeinflusst hätten.

Von »Geisterstimmen« geheilt

Vor wenigen Jahren suchte mich ein Student der hiesigen Universität auf. Was er mir zu sagen hatte, fiel aus dem Rahmen des Üblichen heraus. Er beklagte sich, ständig von Geisterstimmen heimgesucht zu sein. Diese Stimmen drängten ihn zu niederträchtigen Handlungen und hielten ihn vom Guten ab. Es gelang ihm nicht mehr, die Bibel oder sonst ein aufbauendes oder anspruchsvolles Buch zu lesen. Und wo er auch war und was immer er tat, fühlte er sich von diesen Geisterstimmen verfolgt. Er war überzeugt, dass es sich bei seinen Quälgeistern um eine Art übernatürlicher Wesen handle.

Der junge Mann war offenbar des Hellhörens fähig. Allerdings wusste er nicht, dass bis zu einem gewissen Grad und selbstverständlich individuell verschieden stark ausgeprägt alle Menschen diese Fähigkeit besitzen. Darum glaubte er, in den Stimmen böse Geister erkennen zu müssen. Sein Aberglaube veranlasste ihn, das Phänomen den ruhelosen Geistern Verstorbener zuzuschreiben. Infolge der dauernden Beunruhigung setzte sich diese Überzeugung als fixe Idee bei ihm fest. Sein Unterbewusstsein übernahm unter dem zwingenden Eindruck einer ebenso mächtigen wie falschen Suggestion allmählich die vollkommene Herrschaft über ihn, sodass er nicht mehr vernünftig zu denken vermochte. Er war das Schulbeispiel eines Menschen, der geistig aus dem Gleichgewicht geraten war. Es erging ihm, wie es allen ergeht, die sich im Fahrwasser abergläubischer Überzeugungen treiben lassen und dabei schließlich vollständig unter deren Gewalt geraten.

Ich setzte dem Studenten auseinander, dass das Unterbewusstsein und das Geistesleben unter der Bewusstseinsschwelle von unerhörter Wichtigkeit und maßgebender Bedeutung für die Persönlichkeit und den Lebenskurs eines Menschen seien. Da das Unterbewusstsein negativ oder positiv beeinflusst werden könne, gelte es vor allem einmal sicherzustellen, dass er es ausschließlich positiven, aufbauenden, auf innere Harmonie abzielenden Einflüssen aussetze. Das Unterbewusstsein verfüge über fantastische dynamische Kräfte, gleichzeitig aber unterliege es allen ihm übermittelten Suggestionen positiver oder negativer Natur. Diese Erklärung machte auf den jungen Mann einen tiefen Eindruck.

Ich brachte für ihn ein Gebet zu Papier, das er als Suggestion zu seinem Besten jeden Tag drei- oder viermal sprechen und zehn oder fünfzehn Minuten auf sich wirken lassen sollte. Das Gebet lautete folgendermaßen:

»Ich bin erfüllt von Gottes Liebe und Weisheit. Friede und Harmonie erfüllen mein Herz, erfüllen meinen Geist. Ich liebe die Wahrheit, ich höre die Wahrheit, ich kenne die Wahrheit. Es ist die Wahrheit, dass Gott die Liebe ist und dass Gottes Liebe mich umgibt, beschützt und trägt. Der Strom göttlichen Friedens durchströmt meinen Geist. Ich danke für meine Freiheit.«

Er sollte sein Gebet langsam und ruhig sprechen, durchdrungen von tiefem Gefühl und Ehrfurcht, und das tat er auch. Besondere Wichtigkeit kam seinem Gebet vor dem Einschlafen zu.

Indem er sein Inneres auf geistigen Frieden und Harmonie hin orientierte, ja sich selber damit identifizierte, brachte er eine Neuordnung seiner Gedanken- und Vorstellungsmuster zustande, unter deren Einfluss eine geistige Heilung nicht ausbleiben konnte. Seine geistige Genesung verdankte er der Wiederholung dieser so einfachen und zugleich wunderbaren Wahrheiten, die er in vertrauensvoller Erwartung immer wieder betete.

Gleichzeitig betete auch ich jeden Morgen und jeden Abend für ihn: »H. K. denkt richtig. Er denkt über die göttliche Weisheit und Umsicht nach, die ihn auf allen seinen Wegen leiten. Sein Geist ist Teil des vollkommenen Geistes Gottes, unveränderlich und ewig. Er hört auf die Stimme Gottes, es ist die innere Stimme des Friedens und der Liebe. Der Strom göttlichen Friedens durchströmt und trägt seinen Geist und er ist voll Einsicht und Weisheit, im Gleichgewicht seelisch-geistiger Ausgeglichenheit. Alles Bedrückende verlässt ihn jetzt und ich wünsche ihm Frieden und Freiheit.«

Ich meditierte über diese Wahrheiten morgens und nachts und ich erlangte das »Gefühl« von Frieden und Harmonie. Der junge Mann vermochte sich tatsächlich von seinen Quälgeistern zu befreien. Die Gebete hatten ihm den Frieden gebracht.

Sie hatte ihr Kind bereits aufgegeben

Es ist noch nicht lange her, dass mir eine verzweifelte Frau sagte, ihr Kind habe sehr hohes Fieber. Es bestehe die Gefahr, dass es die Krankheit nicht überlebe. Der behandelnde Arzt hatte dem Kind geringfügige Dosen Aspirin sowie ein Antibiotikum verordnet. Die Mutter gab sich völlig verstört. Da sie sich überdies mit Scheidungsgedanken trug, war ihr ganzes Gemütsleben in Aufruhr. Ihre seelisch-geistige und gefühlsmäßige Unausgeglichenheit hatte sich unbewusst auf das Kind übertragen. Verständlich daher, ja geradezu natürlich, dass das Kind erkrankte.

Kinder sind auf Gnade und Ungnade ihren Eltern ausgeliefert und stehen unter dem Einfluss derer, die sie umgeben. Die geistige Atmosphäre und das Gefühlsklima ihrer Umwelt übertragen sich auf sie. Bevor ein Kind das Alter erreicht, in dem es bereits vernünftig zu denken vermag, kann es ja seine Gedanken, Gefühle sowie seine Beziehungen zur Umwelt und zum Leben nicht bewusst steuern.

Die Mutter sah ein, dass sie sich von ihren Spannungen lösen und zu innerer Ruhe finden müsse. Auf meine Empfehlung hin las sie den 23. Psalm, das Preislied des Herrn als des guten Hirten; durch dieses Gebet sollte sie wieder zum Frieden und zu harmonischer Eintracht mit ihrem Gatten gelangen. Indem sie erfüllt von gutem Willen und inniger Liebe an ihn dachte, überwand sie ihren angestauten Ärger, und sie befreite sich allmählich von jeglichem Gefühl der Ablehnung oder des Vorwurfs. Das Fieber des Kindes war – davon bin ich ganz überzeugt – wesentlich auf den verdrängten Ärger der Mutter und ihren tiefen Kummer wegen ihrer Ehezwistigkeiten zurückzuführen. Unbewusst übertrug sich das auf das Kind. Das kleine Mädchen fühlte mit der Mutter. In dem hohen Fieber des Kindes kam die tief gehende Störung ihres Gefühlslebens zum Ausdruck.

Nachdem die Mutter ihren eigenen Seelenfrieden wiedergefunden hatte, stellte sie sich ganz auf das Gebet für ihr gefährlich erkranktes Kind ein. Sie betete wie folgt: »Geist, der vom Geist Gottes ist, ist das Leben meines Kindes. Sein Geist ist niemals krank und hat niemals Fieber. Göttlicher Friede durchströmt Geist und Körper meines Kindes. Gesundheit und Liebe, Harmonie und die Vollkommenheit Gottes werden jetzt sichtbar am Körper meines Kindes, in jeder Faser, in jeder Zelle. Mein Mädchen ist entspannt und körperlich und geistig im Gleichgewicht, mein Kind ist ruhig und heiter. Ich rufe den göttlichen Geist, der in meinem Kind wohnt, wach, und alles ist gut.«

Dieses Gebet war das Anliegen der Frau während eines ganzen Tages, sie betete zu jeder Stunde. Schon am folgenden Tag gewahrte sie eine erstaunliche Veränderung: Das Kind verlangte gleich nach dem Erwachen nach seiner Puppe und wünschte zu essen. Die Temperatur war gefallen, sie war wieder normal. Was war geschehen? Warum war das Fieber so plötzlich aus dem Körper des Kindes gewichen? Fiel die rasche Genesung des Kindes nicht offensichtlich mit dem inneren Wandel der Mutter zusammen?

Die Mutter hatte sich von ihrer inneren Fieberstimmung und allen seelisch-geistigen Erregungen befreit. Der Friede ihres Herzens und ihre von Liebe getragene Seelenruhe waren vom Kind augenblicklich nachgefühlt und durch eine entsprechende Reaktion des Körpers übernommen worden.

Heilkräftig geboren

Wir Menschen sind von Natur aus alle »geborene Heilkräftige«. Denn alle Menschen haben Anteil an der heilkräftigen Gegenwart Gottes. Wir können sie mithilfe unserer Gedanken wachrufen und durch unseren Glauben erreichen. Sie ist allgegenwärtig und die Lebenskraft von allem, was lebt.

Es gibt Menschen, die kraft ihres Glaubens den Krebs, an dem sie litten, zu heilen vermochten. Andere brachten es zustande, sich von einem tief sitzenden, als unheilbar geltenden Seelenübel wie etwa zwanghafter Boshaftigkeit zu befreien. Der göttlichen Heilkraft fällt es nicht schwer, eine Lungentuberkulose zu heilen; und ebenso leicht vermag sie Ihren wegen eines Messerschnitts blutenden Finger zu verheilen. Es gibt kein Groß und kein Klein für Gott, der uns erschaffen hat; ebenso wenig kennt Gottes Allmacht schwierig oder leicht. Und von dieser Allmacht ist ein Teil in jedem Menschen. Die Gebete des Mannes, der einem Kranken die Hand auflegt, um ihm Genesung zu verschaffen, zielen ganz einfach auf die Mitarbeit des Patienten ab. Sie stellen einen Appell an das Unbewusste des Kranken dar, an seiner Heilung mitzuwirken. Dabei spielt es gar keine Rolle, ob der auf diese Art »behandelte« Patient bewusst mitwirkt oder nicht oder ob er die an sich erfahrene Heilung göttlichem Eingreifen oder der Fürsprache Gottes zuschreibt oder nicht. Jedenfalls tritt die Wirkung ein. Gott erhört unsere Gebete. Und einem Kranken geschieht nach seinem Glauben.

Er hasste seinen Bruder

Ein alter Bekannter, der in New York lebte, litt unter plötzlich auftretenden Lähmungserscheinungen, die von starkem Zittern begleitet waren. Bisweilen versagten ihm die Beine ihren Dienst derart, dass er sich nicht mehr fortbewegen konnte. Solche Zwischenfälle stürzten ihn regelmäßig in Panik. Es konnte vorkommen, dass er dann, inmitten einer verkehrsreichen Straße, wie angewurzelt stehen blieb und nicht mehr vom Fleck kam.

Krampflösende und beruhigende Arzneimittel, die ihm sein Arzt verschrieb, brachten ihm zwar eine gewisse Erleichterung; gleichwohl aber lebte er in ständiger Furcht und schon das unscheinbarste Vorzeichen versetzte ihn in einen Zustand panischer Angst. Das rieb meinen Bekannten völlig auf.

Zunächst musste sich der Kranke vergegenwärtigen, dass die ihm innewohnende wunderbare Heilkraft die Quelle allen Lebens und darum auch jeder Heilung ist. Ich empfahl ihm, im Lukas-Evangelium die Verse 18 bis 24 des 5. Kapitels sowie die verwandte Stelle im Markus-Evangelium (2, 3–5) zu lesen. Diese Kapitel handeln unter Anderem von der Heilung des Gichtbrüchigen. Jesus sagt zu ihm: »*Mensch, deine Sünden sind dir vergeben … Ich sage dir, stehe auf, hebe dein Bett auf und gehe heim.*«

Er las die beiden Bibelstellen und war davon tief bewegt. Ich empfahl ihm, in dem Bett, von dem in der Bibel die Rede ist, das geistige »Bett« des Menschen zu sehen: Wie man sich bettet, so liegt man. Der Gichtbrüchige der Bibel, der auf seinem Bett darniederlag, war fraglos von Angst, Zweifeln und Aberglaube erfüllt, er litt an seinen Schuldgefühlen sowie unter der Vorstellung, durch seine Krankheit gestraft zu sein. Derartige Gedanken, seien sie nun bewusst oder seien sie ins Unbewusste verdrängt, lähmen Geist und Körper.

Wie wir aus der Bibel erfahren, heilte Jesus den Gichtbrüchigen, indem er ihm seine Sünden vergab. Sündigen bedeutet ja immer, am Sinn des Lebens vorbeizugehen und vom Weg der Gesundheit, menschlichen Glücks und inneren Friedens abzuirren. Jeder Mensch leidet unter begangenen Sünden. Sich diese selbst nachzusehen, ist nicht einfach. Am besten versuchen Sie es, indem Sie es Ihrem hohen Ideal gleichtun und sich allmählich geistig und gefühlsmäßig mit diesem Ideal identifizieren. Mit der Zeit wird sich in Ihnen das hohe Erstrebte als Überzeugung beziehungsweise als subjektive Verkörperung festsetzen.

Sie sündigen auch, wenn Sie zerstörerisch denken, wenn Sie sich ärgern, wenn Sie hassen, verurteilen oder sich in Angst und Kummer hineinsteigern. Sie begehen immer eine Sünde, wenn Sie vom richtigen Weg zielbewussten und sinnvollen Lebens abweichen, das immer nur in Frieden und Harmonie, in körperlicher und geistiger Gesundheit, in Einsicht und Weisheit seine Erfüllung finden kann.

Mein Bekannter gestand mir ein, dass er seit vielen Jahren unversöhnliche Hassgefühle gegen einen seiner Brüder hege, weil dieser ihn früher einmal in einer für sie beide wichtigen finanziellen Angelegenheit zu seinem Nachteil überspielt habe. Infolge dieses Bruderhasses war er von tiefem Schuldbewusstsein erfüllt und verurteilte sich selbst. Er empfand seine Krankheit als Strafe und hatte sie als eine Form der Selbstbestrafung angenommen. Jetzt erkannte er, dass er – genau wie der Gichtbrüchige der Bibel – von seinem Leiden nicht geheilt werden könne, bis er sich selbst und seinem Bruder vergeben und sich dadurch frei von Schuld fühlen werde. Er gab sich selbst Rechenschaft darüber, dass sein physisches Leiden zwar ein gewisses Problem darstelle, er aber nicht notwendigerweise darunter leiden müsse.

Er wandte sich an die heilkräftige Gegenwart Gottes in ihm und betete voll Vertrauen: »Ich habe in mir negative, lebensverneinende und zerstörerische Gedanken beherbergt – ich mache mich frei von diesen Gedanken und meiner Schuld. Ich bin entschlossen, mich dem von jetzt an zu verweigern und meinen Geist rein zu halten. Ich überantworte, ich empfehle meinen Bruder Gottes Obhut. Wo immer er ist, was immer er tut, ich wünsche ihm aufrichtig Gesundheit, Glück und Gottes Segen. Ich bin jetzt im Gleichklang mit der mir innewohnenden unendlichen Heilkraft und ich fühle die göttliche Liebe jedes Atom meines Wesens durchströmen. Ich weiß, dass Gottes Liebe jetzt meinen ganzen Körper durchdringt und erfüllt; Gottes Liebe wird mich heil und gesund machen. Diese meine Einsicht erfüllt mich, ich fühle es, und ich bin mit mir und der Umwelt in Frieden. Mein Körper ist ein Tempel des lebendigen Gottes, Gott wohnt in seinem heiligen Tempel. Und ich bin frei.«

Er meditierte regelmäßig über diese Wahrheiten. Dadurch wurde er allmählich wieder auf den natürlichen Glückszustand körperlicher und geistiger Gesundheit und vollkommener Harmonie hin orientiert. Und Hand in Hand mit dem Wandel seiner

Geisteshaltung ging die Genesung seines körperlichen Gebrechens. Die richtige Einstellung ändert alles. Heute geht mein Bekannter wieder wie jeder andere. Er ist fröhlich und heiter, der Kranke von einst ist vollkommen gesund.

Er hatte »keine gute Hand«

Ein zorniger junger Mann besuchte mich, um sich mit mir zu unterhalten. Er hatte einen besonderen Anlass. Sein Chef hatte ihn vor die Tür gesetzt mit den Worten: »Sie sind wie der Mann in der Bibel: der mit der verdorrten Hand.« Empört fragte er mich, was das nun zu bedeuten habe. »Meine Hände sind doch in Ordnung. Sind sie nicht vollkommen normal?«

Ich gab ihm die folgende Erklärung: »Will man die Bibel richtig auslegen, so muss man wissen, dass die Wahrheiten immer personifiziert an Beispielen dargestellt sind, damit sie bildhaft, lebensecht und für jeden Menschen überzeugend eingehen. Wir sollten daher das Gleichnis vom Mann mit der verdorrten Hand nicht im wörtlichen Sinn begreifen. Die Hand ist ein Symbol der Macht und der Kraft, des Wirkens, der Führung und Leitung. Mit Ihrer Hand zeichnen, formen, modellieren und gestalten Sie. Mit der Hand zeigen Sie die Richtung an, Sie weisen und leiten durch das Zeichen der Hand. Im übertragenen Sinn verkörpert der symbolisch im Bild des Mannes mit der verdorrten Hand dargestellte Mensch jenen Menschen, der an Minderwertigkeitskomplexen leidet, der sich schuldig, unebenbürtig und unwürdig fühlt, ein Pessimist. Ein Mann dieser Art vermag seine Persönlichkeit nicht zu verwirklichen. Er scheitert bei allem, was er unternimmt, und kann der gottgegebenen Kraft in ihm nicht zum Durchbruch verhelfen.«

Der junge Mann war meiner Erklärung mit Interesse gefolgt und gab danach zu, dass alle seine Träume und Ambitionen, seine Ideale und seine Lebenspläne, ja der ganze Sinn des Lebens verkümmern mussten, eingefroren im Geist, weil er nicht wusste, wie er sie hätte verwirklichen und im Leben durchsetzen können. Er kannte die Gesetze des Geistes nicht und er verstand nicht zu beten. Seine Ideen blieben, so edel, schön oder lebensfähig sie auch sein mochten, Totgeburten seines Geistes und erschienen höchstens geeignet, in ihm das Gefühl der Lebensuntauglichkeit und die daraus resultierenden neurotischen Störungen zu hinterlassen. Tatsächlich hatte sein Gemütsleben schwer gelitten. Er stand seelisch-geistig still. Der Mann war im Begriff, buchstäblich aus dem Vollen schöpfend Hungers zu sterben. Darüber hinaus schien auch alles im Außen zu seiner Geringschätzung und Selbstverachtung beizutragen. Seine Lebenseinstellung war von Grund auf falsch. Er gab auch zu, dass er seine Arbeit nicht schätzte und dass alles, was er tat, zu wünschen übrig ließ.

Seine Hand – die Fähigkeit, etwas zu leisten und zu vollbringen – erschien bei ihm tatsächlich verkümmert. Aber warum? Wie war es dazu gekommen? Allzu oft hatte sich dieser junge Mann gesagt: »Ja, hätte ich nur den Kopf von diesem … oder den Reichtum von jenem … seine Beziehungen …! Dann könnte auch ich vorwärtskommen, dann wäre auch ich jemand. Aber was bin ich? Niemand, eine Null, ein Nichts! Ich wurde geboren, um nicht auf der Sonnenseite des Lebens zu stehen. Ich muss gerade noch mit meinem Los zufrieden sein. Ich fasse alles falsch an, ich habe keine gute Hand.«

Man kann nicht genug herausstellen, welche Veränderung in diesem jungen zornigen Mann vor sich ging, als er sich allen widrigen Umständen zum Trotz entschloss, seine Hand voll auszustrecken und sich ihrer im Leben zu bedienen. Das gelang ihm nur, indem er zunächst einmal sein geistiges Begriffsfeld erweiterte und zu sich selber das richtige Maß einer gesunden Selbsteinschätzung fand. Er malte sich in seinem Geist das Bild dessen aus, was er zu erreichen wünschte. Sein Wunschtraum lief darauf hinaus, ein großes Unternehmen mit Erfolg zu leiten. Dieses Wunschbild hielt er sich, sooft er konnte, vor Augen und betete dabei: »Ich vermag alles durch die Hilfe und Allmacht Gottes, die mich stärkt, führt, beschützt und leitet. Ich erkenne, dass ich auf dem Weg zum Ziel meines Wunschbildes bin. Ich wende mich jetzt voll Glauben und Vertrauen an die mir innewohnende unendliche Weisheit und gebe mich ganz in ihre Hand. Ich weiß in meinem Herzen, dass die gottgegebene Kraft meinen Geist durchströmt und alle meine Gedanken und Vorstellungen erfüllt. Ich bin auf dem Weg zum Erfolg unter der zwingenden Führung Gottes.«

Sobald er sich mit dieser neuen Konzeption seiner Selbstauffassung zu identifizieren vermochte, zeichneten sich auch bereits die ersten Erfolge ab. Er nahm die Hürden seiner Berufslaufbahn, eine nach der anderen, im Sturm. Heute ist er Generaldirektor eines großen Konzerns und gehört zu den bestverdienenden Wirtschaftsführern Amerikas.

Geheilt von hoffnungsloser Krankheit

Jesus sprach zu dem Toten: *»Jüngling, ich sage dir, stehe auf!« Und der Tote richtete sich auf und fing an zu reden* (Lukas 7, 14–15).

Wenn hier in der Bibel gesagt wird, dass der Tote sich aufrichtete und zu sprechen begann, so bedeutet dies für Sie, dass Sie, sobald Ihr Gebet erhört wird, eine völlig neue Sprache sprechen; Ihre Zunge geht über von Wohlergehen und Frohsinn, und der Glanz innerer Sicherheit und Freude geht von Ihnen aus. Ihre toten Hoffnungen und Wünsche werden zu sprechen beginnen, sobald die inneren Voraussetzungen gegeben sind, um für sie Zeugnis abzulegen.

In diesem Zusammenhang möchte ich hier den Fall eines jungen Mannes erzählen, eines in Irland lebenden entfernten Verwandten von mir, den ich vor ein paar Jahren gefährlich erkrankt antraf. Er lag im Koma. Er litt an einer Insuffizienz der Nieren, die seit drei Tagen nicht mehr funktionsfähig waren. Sein Zustand war von den Ärzten bereits als hoffnungslos bezeichnet worden, als ich in Begleitung eines seiner Brüder an sein Krankenbett kam. Ich wusste, dass er tiefgläubiger Katholik war und sagte zu ihm: »Jesus ist bei dir, du siehst ihn. Er streckt seine Hand aus und legt sie dir in diesem Augenblick auf.«

Ich wiederholte diese Worte mehrmals, indem ich langsam, innig und eindringlich zu ihm redete. Er war nicht bei Bewusstsein, als ich so zu ihm sprach, und war sich unser beider Anwesenheit nicht bewusst. Aber danach richtete er sich im Bett auf, öffnete die Augen und sagte zu uns beiden: »Jesus war hier. Ich weiß, ich bin geheilt. Ich werde leben.«

Was war geschehen? Dieser Mann hatte in seinem Unterbewusstsein meine Feststellung, Jesus sei hier, bereitwillig angenommen. Sein Unterbewusstsein griff die Idee auf und versetzte sie in die Wirklichkeit. Da nun die Vorstellungen dieses Mannes von Jesus Christus wesentlich von bildlichen Darstellungen, die er von ihm bekannten Kirchen oder von religiösen Kunstwerken her kannte, geprägt waren, erscheint es nicht verwunderlich, dass er glaubte, Jesus habe in Fleisch und Blut an seinem Bett gestanden und ihm seine Hand aufgelegt.

Die Leser meines Buches *Die Macht Ihres Unterbewusstseins* sind sich bestimmt noch der dort nachgewiesenen Tatsache bewusst, dass man einem in Trance befindlichen Menschen suggerieren kann, sein Großvater befinde sich in diesem Augenblick bei ihm und er könne ihn deutlich sehen. Er wird ihn dann sehen, und zwar wird er jemanden sehen, den er für seinen Großvater hält. Sein Unterbewusstsein enthüllt ihm nämlich das Bild seines Großvaters, und zwar so, wie es dort als unbewusstes Erinnerungsbild ruht. Sie können der in Trance befindlichen Person ohne Weiteres auch eine posthypnotische Suggestion erteilen, indem Sie sagen: »Wenn du aus dem Trancezustand erwachst, wirst du deinen Großvater begrüßen und mit ihm sprechen!« Und genau das wird geschehen. In diesem Fall handelt es sich um eine subjektive Halluzination.

Meine Worte hatten im Unterbewusstsein meines tiefgläubigen Verwandten Glauben gefunden. Sein Glaube aber beruhte auf seiner eigenen festen Überzeugung, dass Jesus ihn heilen werde. Dies muss als der heilende Faktor angesehen werden. Es geschieht uns immer nach unserem Glauben, mag es sich nun um einen in geistiger Überzeugung erhärteten Glauben oder nur um blindes Vertrauen handeln. Sein Unterbewusstsein war für meine Suggestion zugänglich und empfänglich. In seinem geistigen Bereich unterhalb der Bewusstseinsschwelle hatte er die von mir eingegebene Idee angenommen und dementsprechend verarbeitet und gehandelt. Angesichts eines solchen Vorfalls könnte man gewissermaßen von einer Wiederauferstehung von den Toten sprechen. Jedenfalls erfuhr mein Verwandter an sich eine Art echter Wiederauferstehung: vom Krankenbett nämlich zu neuer Gesundheit und ungetrübter Lebensfreude. Es war ihm nach seinem Glauben geschehen.

Wahrer Glaube und blinder Glaube

Wahrer Glaube beruht auf der Kenntnis der Funktionsweise der beiden voneinander verschiedenen Bewusstseinssphären des menschlichen Geistes, die wir das Bewusstsein und das Unterbewusstsein nennen, sowie auf dem Wissen von der harmonisch ineinandergreifenden Wechselbeziehung dieser beiden steuerbaren Bewusstseinsschichten. Eine Heilung aufgrund solchen Glaubens ist weder Zufall noch Wunder, aber freilich wunderbar. Allerdings vermag auch blinder Glaube Heilerfolge zu zeitigen. Darunter ist Glaube ohne jedes wissenschaftliche Verständnis der im Spiel befindlichen Kräfte zu verstehen. Der Voodoo-Doktor oder der Medizinmann der im Dschungel Afrikas lebenden Naturvölker heilt an Geist oder Körper kranke Stammesangehörige ebenfalls kraft des Glaubens. Und die gleiche Heilkraft scheint sogar Hundeknochen (die von den Gläubigen als die Gebeine Heiliger verehrt werden) oder was immer sonst für Gegenständen innezuwohnen; immer aber handelt es sich um Dinge, die natürlich nicht an sich heilkräftig, jedoch Requisiten sind, an die sich die Menschen voll Glauben wenden.

Die Technik, der *modus operandi*, der Ritus, das Zeremoniell (sei es die Anrufung von Heiligen oder sei es Geisterbeschwörung) spielen keine Rolle; wo immer Heilerfolge erzielt werden, wird dies durch das Unterbewusstsein bewirkt. Die Inhalte Ihres Glaubens und Denkens prägen sich dem Unterbewusstsein ein und drängen dynamisch zur Aktion.

Versuchen Sie es dem kaum acht Jahre alten Jungen, der unsere Sonntagsschule besuchte, gleichzutun. Er litt an einer Augeninfektion. Augentropfen halfen ihm nicht. Darum musste er sich selber helfen. Er betete zu Gott: »Lieber Gott, du hast mir die

Augen gegeben. Es muss etwas geschehen. Bitte, heile sie mir jetzt. Mach schnell, bitte. Vielen Dank.«

Ist die Spontaneität, die Sachlichkeit seines kindlichen Vertrauens in Gott nicht einfach rührend? Mehr noch: Seine Augen wurden wider Erwarten rasch gesund. … *So gehe hin und tue desgleichen!* (Lukas 10, 37).

Geistige Selbstbehandlung

Eine geistige Behandlung bedeutet die Hinwendung zu Gott, der Ihnen innewohnt, die Erinnerung Ihrerseits an den von ihm ausgehenden Frieden, an Gottes vollkommene Harmonie, Schönheit, Güte, grenzenlose Liebe und uneingeschränkte Macht. Sie müssen sich vergegenwärtigen, Sie müssen wissen, dass Gott Sie liebt und für Sie sorgt. Wenn Sie sich in dieser Art vertrauensvoll Gott zuwenden, wird bald alle Angst von Ihnen gewichen sein. Macht Ihnen Ihr Herz oder Ihre Herztätigkeit Sorgen, sodass Sie deshalb beten, so sollten Sie nicht an Ihr organisches Gebrechen denken. Gedanken in dieser Richtung sind nur hinderlich. Gedanken sind Realitäten Ihrer geistigen Welt, die sich im Stofflichen auswirken. Der Inhalt Ihres Denkens wirkt sich an Ihrem Körper aus, in den Zellen und Geweben, im Nervensystem und in den Organen. Wenn Sie Ihrem geschädigten Herzen oder Ihrem erhöhten Blutdruck nachsinnen, so steuern Sie geradewegs eine Verschlimmerung Ihres Gebrechens an. Sie sollten nicht mehr länger über mutmaßlichen oder festgestellten Krankheitssymptomen brüten und ängstlich Ihren Organen oder überhaupt der Gesundheit Ihres Körpers misstrauen. Auch wenn Sie ein Gebrechen haben, ist dies nicht die richtige geistige Vorgangsweise für Ihre Genesung. Wenden Sie sich vielmehr Gott zu und stellen Sie sich geistig ganz auf seine Liebe ein. Sie müssen fühlen und wissen, dass es nur die eine immer gegenwärtige Heilkraft und demgegenüber nichts gibt, was der Macht Gottes zu widerstreiten vermöchte.

Vergegenwärtigen Sie sich immer wieder, dass die erhebende und stärkende Kraft heilender Macht bis in den letzten Winkel

Ihrer Überzeugung und bis in die letzte Faser Ihres Körpers dringt und Sie gesund und heil macht. Seien Sie sich bewusst und fühlen Sie, dass die Harmonie göttlichen Lebens sich an Ihnen manifestiert und Sie zu Gesundheit, Vitalität, innerem Frieden und dem richtigen Tun führt. Bemühen Sie sich, sich dessen klar zu werden und Ihre Erkenntnis verinnerlicht zur Überzeugung zu erhärten, und Ihr geschädigtes Herz (oder welches organische Gebrechen immer Sie belasten mag) wird im herrlichen Licht göttlicher Liebe genesen. ... *Darum so preiset Gott an eurem Leibe*. (1. Korinther 6, 20).

Wie Sie dem Wort »unheilbar« in Ihrem Leben begegnen

Überall taucht dieses Wort auf: unheilbar. Es verbreitet Angst und Schrecken. Machen Sie sich von dieser Angst frei. Es gilt, sich über das, was dem Schreckenswort entgegensteht, Rechenschaft zu geben. Sie stehen in ständiger Wechselbeziehung mit jener höheren Intelligenz des schöpferischen Prinzips, das Sie erschuf und allem Geschaffenen eingegeben ist. Die unendliche Heilkraft des schöpferischen Prinzips ist immer und jederzeit für Sie tätig – unbeschadet der Meinung mancher Menschen, der zufolge dieser oder jener Fall unheilbar sei – und wirkt für Sie kraft der schöpferischen Dynamik Ihres Geistes. Machen Sie von Ihrer Kraft Gebrauch, jetzt, sofort, und vollbringen Sie in Ihrem Leben Wunder. Ein Wunder – daran muss in diesem Zusammenhang erinnert werden – beweist ja keineswegs das, was im Leben unmöglich ist; es ist im Gegenteil eine klare Bestätigung dessen, was allen Zweifeln zum Trotz möglich ist. Denn: *Bei Gott sind alle Dinge möglich* (Matthäus 19, 26). *Aber dich will ich wieder gesund machen und deine Wunden heilen, spricht der Herr* (Jeremia 30, 17).

Das Wort »der Herr«, dessen sich die Bibel bedient, bedeutet Gott oder das schöpferische Prinzip des Geistes. Dies ist der Inbegriff aller Heilkraft. Sie durchdringt das ganze Universum, sie durchströmt den Innenraum Ihres geistigen Lebens und verwirklicht alles, was Sie bewusst denken oder unbewusst empfinden, was Sie sich bildhaft vorstellen und in Ihrem Wünschen auswählen. Über dieses unendlich heilkräftige Prinzip, das in Ihrem Geist tätig ist und nach Verwirklichung drängt, können Sie im Leben alle Ihre Wünsche wahr machen. Sie müssen sich nur der Ihnen innewohnenden Kraft bedienen. Sie lässt sich für jeden Zweck einsetzen. Sie ist keineswegs etwa nur körperlicher oder geistiger Heilung vorbehalten. Das gleiche universelle Prinzip befähigt Sie, den ideal zu Ihnen passenden Partner zu finden, im Berufsleben erfolgreich zu sein und den richtigen Platz für die Verwirklichung Ihrer Persönlichkeit zu finden; es offenbart Ihnen die Lösung Ihrer schwierigsten Probleme.

Er wurde von der Wassersucht geheilt

In London kannte ich einen Mann, der tiefgläubig war und in jeder Hinsicht ein sinnvolles Leben zu führen schien. Gleichwohl bereitete ihm ein innerlich quälendes Problem große Sorgen. Er hatte seinen Vater an der Wassersucht sterben gesehen. Dieses Erlebnis machte ihm einen tief gehenden, nachhaltigen Eindruck. Eines Tages gestand er mir, dass er seit dem Hinscheiden seines Vaters den Gedanken nicht loswerden könne, er würde irgendwann an derselben Krankheit sterben müssen. Nur mit Schrecken konnte er sich an die Behandlung erinnern, der sich sein kranker Vater damals hatte unterziehen müssen: Der Arzt pflegte mit einem »Schreckensinstrument« die Bauchhöhle des Kranken »anzuzapfen« und enorme Wassermengen abzulassen. Das konnte er nicht vergessen. Und selbst wenn er nicht daran dachte – diese Angst war da, ins Unbewusste verdrängt; er litt an einer Angstneurose. Diese war zweifellos auch die Ursache seiner Anlage zur Wassersucht.

Der Mann kannte die einfache psychologische Wahrheit nicht, der vor mehr als hundert Jahren Dr. Phineas Parkhurst Quimby aus Belfast, Maine, ein Vorkämpfer der modernen psychosomatischen Medizin, Geltung verschafft hatte. Was Dr. Quimby sagte und in der Praxis anwandte, läuft auf die Tatsache hinaus: Was Sie glauben, wird sich verwirklichen, ungeachtet des Umstandes, ob Sie sich den Inhalt Ihres Glaubens bewusst vergegenwärtigen oder nicht. (Die von Dr. Quimby zur Therapie seiner Patienten angewandte »Beweis-Methode« hat der Verfasser im sechsten Kapitel seines Werkes *Die Macht Ihres Unterbewusstseins* ausführlich beschrieben.)

Warum nun hatte mein Londoner Bekannter diese Anlage zu Wassereinlagerungen im Gewebe? Die Erklärung fällt im Hinblick auf die bereits erwähnte psychologische Wahrheit nicht mehr schwer. Die Angst dieses Mannes war zur Überzeugung ausgewachsen. Für ihn stand fest, dass er derselben Krankheit zum Opfer fallen werde wie einst sein Vater. Darum war er nicht wenig erstaunt, als ich ihm seinen Fall im Licht dieser einfachen Tatsachen erklärte. Er begann zu begreifen, dass er eine höchst willkürliche Fehlmeinung als Wahrheit angenommen hatte.

Seine Angst stellte eine glatte Verkehrung der Wahrheit in ihr Gegenteil dar. Solche Angst vor Krankheit hat, wenn wir sie in uns nicht aufkommen lassen, keinerlei Macht; denn hinter der Krankheit steht kein Prinzip, das der Natur entspricht. Die Krankheit steht im Widerspruch zur Natur und zum gottgewollten Leben. Krankheit und Armut, Irrtum und Versagen sind mit dem universellen Lebensprinzip unvereinbar.

Der Mann nahm meine Erklärungen bereitwillig auf. Glücklicherweise hatte er einen tiefen Glauben an Gott, in dessen Hand er sich wusste; auch war ihm hinreichend bekannt, dass es nur an ihm lag, sich zum Guten oder zum Schlechten hin zu orientieren; darum leuchtete ihm auch sofort ein, dass er die ihm innewohnende geistige Kraft positiv oder eben auch negativ einsetzen könne.

Er ging in sich. War nicht der Geist Gottes, der ihn und alles Leben erschuf, noch immer mit ihm? Und war nicht der Geist Gottes der Inbegriff aller Leben spendenden, aufbauenden und heilenden Kraft und Teil seines eigenen Geistes? Und war hingegen seine Krankheit nicht einfach einer fehlgeleiteten, vom Negativen angekränkelten Denkgewohnheit zuzuschreiben? Er machte sich von seiner falschen Überzeugung frei und brachte sich geistig in Einklang mit dem göttlichen Lebensplan, der gleichzeitig die Verhaltensnorm für uns Menschen ist und seine

Erfüllung im Zustand der Gesundheit und des Glücks, des inneren Friedens und der harmonischen Ausgeglichenheit findet.

Immer vor dem Einschlafen sagte er, durchdrungen von tiefer Überzeugung von der Richtigkeit seiner Worte, aus vollem Herzen zu sich: »Die allgegenwärtige Heilkraft entfaltet jetzt in mir ihre Wirksamkeit, sie führt mich zur Genesung; entsprechend ihrer unendlichen Weisheit und göttlichen Natur steuert sie alle Lebensvorgänge in meinem Organismus und verleiht mir wieder einen gesunden Körper. Ich fühle mich körperlich und geistig gereinigt und von Gottes stärkender Lebenskraft erquickt. Göttliches durchpulst meinen Körper, meinen Geist und verleibt sich mir ein; alles andere in mir wird ausgeschieden. Die Freude des Herrn ist meine bleibende Stärke. Ich bin heil, an jeder Faser gesund, und ich danke Gott dafür.«

Mit diesen Worten betete er ungefähr einen Monat lang jeden Abend. Nach Ablauf dieser Zeit hatte er sich die durch das Gebet gefestigte Überzeugung, an Körper und Geist gesund zu sein, vollkommen einverleibt. Und er war tatsächlich genesen: Sein Arzt entließ ihn als gesund.

Schritte zur Heilung

Der erste Schritt zur Heilung besteht in der Befreiung von der Angst vor festgestellten oder vermuteten Krankheitssymptomen, und zwar vom ersten Augenblick an. Der zweite Schritt besteht in der Vergegenwärtigung der Tatsache, dass ein angeschlagener Gesundheitszustand das nachteilige Ergebnis schädlicher Denkgewohnheiten darstellt, mit deren Ablegung diese ihren schädlichen Einfluss einbüßen. Der dritte Schritt besteht darin, die Ihnen innewohnende wunderbare Heilkraft Gottes zu verherrlichen und zu bestärken.

Durch eine solche Vorgangsweise bringen Sie die Auswirkungen destruktiven Denkens sofort zum Erliegen, weil Sie das Übel an der Wurzel entfernen. Unternehmen Sie diese Schritte für sich selbst oder auch für einen Ihnen nahestehenden Menschen, für den Sie beten wollen. Arbeiten Sie daran, sich Ihre Wünsche einzuverleiben, und die Früchte Ihres Denkens und Fühlens werden sich bald zeigen. Verschließen Sie sich der Unzulänglichkeit menschlicher Meinungen und dem für Körper und Seele schädlichen Gift allzu menschlicher Angst. Leben Sie im Glücksgefühl und im Bewusstsein Ihres Glaubens, dass Gott in Ihnen waltet zu Ihrem körperlichen und geistigen Wohle.

Geistige Blindheit

Millionen von Menschen sind »blind«. Es mangelt ihnen an psychologischem Wissen und geistigem Scharfsinn; darum wissen sie nicht, dass sie werden, was sie tagtäglich denken. Wer andere hasst, wer missgünstig oder neidisch ist, erliegt seiner seelisch-geistigen Blindheit. Wüsste der Betreffende, dass er sich dadurch selbst am meisten schadet und buchstäblich der Gefahr aussetzt, sein eigenes Opfer zu werden, wäre vielleicht vieles besser bestellt.

Tausende von Menschen beteuern pausenlos sich selbst und anderen gegenüber, für ihre Probleme gebe es keine Lösung und ihre Lage sei hoffnungslos. Eine solche Fehleinstellung ist das Ergebnis geistiger Blindheit. Dieser Geistesverfassung jedoch wird der Mensch verhaftet bleiben, solange er zu seinem geistigen Kraftpotenzial nicht ein neues, durch Verständnis gekennzeichnetes Verhältnis findet. Erst wenn wir uns unserer seelisch-geistigen Kräfte bewusst sind und diese entwickeln, wachsen wir über unsere geistige Blindheit hinaus; erst dann sehen wir richtig. Dann wissen wir auch, dass wir unter der weisen Führung der in uns wirkenden unbewussten Kräfte jedes Problem und jeden Konflikt zu lösen vermögen.

Wir alle sollten uns die Beziehung zwischen unserem Geistesleben auf bewusster und unbewusster Ebene sowie dessen gegenseitige Wechselwirkung immer vor Augen halten. Unser Denken und Wünschen prägt sich tief den unbewussten Schichten unseres Geistes ein und die unserem Unbewussten eigene dynamische Kraft drängt von selbst zur Verwirklichung alles dessen, was dem Unterbewusstsein suggeriert und von ihm angenommen wurde. Wer bisher für diese Wahrheiten blind war, braucht nicht länger blind zu bleiben. Wer in sich geht und diese Wahrheiten an sich selber prüft, dem wird sich auf einmal eine neue Innenschau darbieten: Er sieht jetzt die Vision von Gesundheit und Wohlergehen, von menschlichem Glück und innerem Frieden. Und er erkennt auch, dass sich durch die richtige Steuerung unseres Denkens, Wünschens und Fühlens sowie die Anwendung der unser Geistesleben beherrschenden Gesetze die Vision des Guten und Schönen in seinem Leben verwirklichen lässt.

Die Sehkraft ist geistiger Natur, ewig und unzerstörbar

Unsere physische und geistige Sehkraft erschaffen wir uns nicht, sie ist vorhanden; es ist viel eher so, dass wir sie freisetzen. Wir sehen nicht mit dem Auge, wir sehen vielmehr durch das Auge hindurch. Die lichtempfindliche Netzhaut des Auges wird von dem physikalischen Reiz der vom Gegenstand ausgehenden Lichtwellen erregt, sie empfängt ein Bild. Diese Erregungen – oder eben die Gesichtseindrücke – werden über den Sehnerv zum Sehzentrum des Gehirns geleitet. Erst wenn im Gehirn das von außen kommende Licht dem inneren Licht geistiger Natur begegnet, ereignet sich – vermöge eines geistigen Interpretationsprozesses – das, was wir Sehen nennen.

Betrachten Sie Ihre Augen als Symbole göttlicher Liebe und des Entzückens an den durch Gott möglichen Dingen, darüber hinaus stehen Ihre Augen sinnbildlich für Ihren Wissensdurst nach Gottes Wahrheit. Sehen Sie in Ihrem einen Auge das Sinnbild für richtiges Denken und richtiges Handeln und in Ihrem anderen Auge das Symbol göttlicher Liebe und Weisheit. Diese Symbole erinnern Sie gleichzeitig an die Dualität Ihres Geisteslebens auf bewusster Ebene einerseits und unbewusster Ebene andererseits. Wenn Sie Ihr ganzes Denken – Vernunft und Fantasie – richtig steuern und in jeder Hinsicht guten Willen ausstrahlen, dann sehen Sie richtig, dann sind Sie auf das Wesentliche konzentriert und auf das Vollkommene eingestellt.

Sei sehend! Dein Glaube hat dir geholfen. Und alsbald ward er sehend und folgte ihm nach und pries Gott ... (Lukas 18, 42–43).

Ein besonderes Gebet

»In mir ist Gott, der mich heilt und gesund erhält. Meine Sehkraft ist ewig-geistiger Natur und zugleich eine Eigenschaft meines bewussten Lebens. Meine Augen entsprechen dem göttlichen Plan. Immer leisten sie mir vollkommene Dienste. Ich sehe nach außen und nach innen. Ich empfange die geistige Wahrheit. Sie ist klar und mächtig. In mir geht das Licht der Einsicht auf. Mehr und mehr sehe ich Gottes Wahrheit, mehr und mehr jeden Tag. Ich bin sehend: seelisch-geistig und körperlich. Ich sehe Bilder der Wahrheit und Schönheit. Überall.

Die unendlich heilkräftige Gegenwart Gottes öffnet mir jetzt, in diesem Augenblick der Wiedererschaffung meiner Sehkraft, die Augen. Meine Augen sind Werkzeuge gottgewollter Vollkommenheit, die mich zur geistigen Innenschau und zur Wahrnehmung der Außenwelt befähigen. In meinen Augen offenbart sich die Herrlichkeit Gottes.

Ich höre die Wahrheit. Ich liebe, ich kenne die Wahrheit. Meine Ohren entsprechen dem vollkommenen Plan Gottes. Darum höre ich jederzeit vollkommen richtig. In der Vollkommenheit dieser Werkzeuge offenbart sich mir Gottes Harmonie.

Göttliche Liebe, Schönheit und Harmonie erfüllen mir Augen und Ohren. Ich sehe Gottes Werke und ich höre in mir seine Stimme. Ich befinde mich mit dem Unendlichen im Einklang. Ich bin vollkommen aufgeschlossen und frei.«

Zusammenfassung

1. Sie haben Anteil an der Heilkraft Gottes, die Ihnen innewohnt. Befreien Sie sich von geistigen Störungen und allen Kümmernissen, lassen Sie sich von der alles heilenden inneren Kraft durchströmen.
2. Wer sich dem Einfluss einer übermächtigen und falschen Suggestion nicht verschließt und unter ihre Gewalt gerät, wird das Opfer einer fixen Idee.
3. Gefühlsmäßige Unausgeglichenheit hat suggestive Wirkung. Ein negativer Gefühlsaffekt wird unbewusst übertragen. Aus diesem Grund kann das Kind einer verstörten Mutter an Fieber erkranken. Findet die Mutter zu innerem Frieden und Harmonie, überträgt sich dies auf das Kind, und es wird gesund.
4. Wir Menschen sind von Natur aus geborene Heilkräftige, weil wir die uns innewohnende unendliche Heilkraft durch unser Denken und Glauben erreichen können.
5. Die Ihnen innewohnende Heilkraft ist die Quelle allen Lebens und darum auch jeder Heilung. Sie kennt die Lebensabläufe in Ihrem Organismus. Vertrauen Sie der alles heilenden Kraft, jetzt, sogleich, immer.
6. Sie können sich geistig und körperlich erneuern, indem Sie sich ganz auf Gesundheit und Stärke, auf Harmonie und Vollkommenheit einstellen und hierüber häufig meditieren.
7. Die Wahrheiten werden in der Bibel immer personifiziert an Beispielen dargestellt, damit sie bildhaft, lebensnah und überzeugend eingehen. Sie können Minderwertigkeitsgefühle dadurch überwinden, dass Sie sich mit Gott verbunden wissen und sich dadurch – mit Gott – allen Hemmungen und Hindernissen überlegen fühlen.
8. Es gibt keine unheilbaren Krankheiten. Unheilbar sind die Menschen, die an ihrem Irrtum festhalten, sie könnten nicht geheilt werden. Und nach ihrem Glauben geschieht es.
9. Blindem Glauben fehlt das wissenschaftliche Verständnis der im Spiel befindlichen Kräfte, wie dies beispielsweise beim Gesundbeten der Fall ist. Wahre geistige Heilung beruht auf der harmonischen Gleichschaltung Ihres Bewusstlebens und der dynamischen Tätigkeit Ihres Unterbewusstseins durch die Ausrichtung auf einen bestimmten Zweck und deren Steuerung nach wissenschaftlichen Kriterien. Technik und Verfahrensweise spielen keine Rolle; wo immer Heilerfolge erzielt werden, wird dies durch das Unterbewusstsein bewirkt.

10. Heilung sei unmöglich, sagen manche Menschen. Aber mit Gott ist alles möglich. Gott, der Sie und alles Leben schuf, kann Sie heilen.
11. Das Ihnen eingegebene heilende Prinzip vermag, wenn Sie es in der Welt Ihrer Denk- und Vorstellungsmodelle verwirklichen, allen Ihren Wünschen Geltung zu verschaffen.
12. Ihre Glaubensüberzeugungen werden sich in Ihrem Leben manifestieren. Es ist dabei nicht entscheidend, ob Ihr Glaube Ihrem Bewusstleben gegenwärtig ist oder ob Sie an das, woran Sie glauben, gar nicht bewusst denken. Glauben Sie nur an das, was Sie heilt, segnet und inspiriert.
13. Verherrlichen Sie aus dem Grunde Ihrer Seele Gottes Allmacht. Dadurch halten Sie Krankheiten, die Ihren Körper bedrohen oder schon befallen haben, wirksam auf.
14. Das dankbare Herz ist Gott nahe. Geben Sie darum in allen Ihren Gebeten der Lobpreisung Gottes und Ihrem aus tiefem Herzen kommenden Dank Ausdruck.
15. Sie sind geistig blind, wenn Sie nicht wissen, dass Ihre Gedanken Realitäten sind. Was Sie denken, zeitigt Wirkungen; was Sie fühlen (sei es Liebe oder Hass, sei es Glück oder Kummer), ziehen Sie auf sich; was Sie sich vorstellen, werden Sie.
16. Die Sehkraft ist geistiger Natur, ewig und unzerstörbar. Um Ihre Sehkraft zu vertiefen und Ihr Gesichtsfeld nach innen und außen zu erweitern, sollten Sie sich ein wunderbares Gebet zur Gewohnheit machen: »Ich sehe immer besser; ich bin sehend: seelisch-geistig und körperlich.«
17. *Ich hebe meine Augen auf zu den Bergen. Woher kommt mir Hilfe? Meine Hilfe kommt vom Herrn ...* (Psalm 121, 1–2).

Die heilende Kraft des Unterbewusstseins in der Geschichte

Zu jeder Zeit haben Menschen überall auf der Welt intuitiv an die Existenz einer heilenden Kraft geglaubt, die die gesunden Wahrnehmungen und die normalen Funktionen des Körpers wiederherstellen kann. Sie waren der Überzeugung, dass diese Macht unter bestimmten Voraussetzungen angerufen werden kann und den Menschen hilft. Solche Überzeugungen finden sich in der Geschichte aller Völker.

In den frühen menschlichen Kulturen wurde Priestern und Heiligen die Macht zugeschrieben, die Menschen heilen und zum Guten oder Negativen beeinflussen zu können. Sie beriefen sich dabei auf die ihnen angeblich direkt von Gott (oder Göttern) verliehene Kraft und im Laufe der Zeit entwickelten sich in den verschiedenen Teilen der Welt sehr unterschiedliche Rituale. Es handelte sich dabei um Anrufungen einer Gottesinstanz, begleitet von Zeremonien oder Gesängen. Demselben Zweck diente das Handauflegen, die Talismane, Amulette, Ringe, Reliquien und Götterbilder.

Die Priester verschiedener antiker Religionen zum Beispiel suggerieren ihren Patienten unter dem Einfluss von Drogen oder in Hypnose, die Götter würden sie im Traum besuchen und sie heilen. Diese Behandlung hatte häufig den gewünschten Erfolg; es handelt sich ganz offensichtlich um die Auswirkung von Suggestionen auf das Unterbewusstsein.

So erschien zum Beispiel die Göttin Hekate ihren Anhängern im Traum, nachdem diese mithilfe aufwendiger Zeremonien zu ihr gebetet hatten. Teil des vorgeschriebenen Rituals war es, einen Mörser mit Eidechsen, Harz, Weihrauch und Myrrhe zu füllen und das Ganze im Freien bei zunehmendem Mond zu einer Masse zu zerstampfen. So grotesk uns das heute auch erscheint – die zeitgenössischen Berichte schreiben dem Hekatekult viele erfolgreiche Heilungen zu.

Selbstverständlich regten solche absonderlichen Prozeduren die Fantasie stark an und machten das Unterbewusstsein empfänglich für die jeweils vermittelten Suggestionen. Die eigentliche Heilkraft ging in allen Fällen vom Unterbewusstsein aus. Medizinisch ungeschulte Heilkünstler haben zu allen Zeiten bemerkenswerte Erfolge selbst in solchen Fällen erzielt, in denen die medizinische Wissenschaft versagt hatte. Das sollte uns zu denken geben. Wie konnten diese »Wundertäter« heilen? Sie appellierten ganz einfach an den blinden Glauben ihrer Patienten, der dann seinerseits umso stärker die Heilkräfte ihres Unterbewusstseins mobilisierte. Viele der dabei angewandten Mittel und Methoden waren so bizarr, dass sie die Fantasie der Kranken anregten und für eine Beeinflussung sensibler machten. In einem solchen Zustand fiel die Heilsuggestion auf fruchtbaren Boden und wurde sowohl vom Bewusstsein als auch vom Unterbewusstsein uneingeschränkt akzeptiert. Davon mehr im nächsten Kapitel.

Die Bibel berichtet von der Macht des Unterbewusstseins

Bei allem, um was ihr bittet in eurem Gebet, glaubt, dass ihr es schon erhalten habt, dann wird es euch zuteil (Markus 11,24).

Achten Sie hier auf die außergewöhnliche Verwendung der Zeiten. Der Evangelist fordert uns auf, als Tatsache zu glauben, dass unser Wunsch bereits erfüllt wurde, dass wir »empfangen haben« – und dass sich so auch die Verwirklichung einstellen wird.

Voraussetzung für den Erfolg dieser Methode ist das überzeugte Vertrauen, jeder Gedanke, jede Idee, jede Vorstellung ist eine im Geist bereits vollzogene Wirklichkeit. Denn im psychischen Bereich nimmt nur das feste Form an, was als aktuelle Wirklichkeit betrachtet wird.

Die Botschaft der oben zitierten kurzen Bibelstelle muss also als knappe und gezielte Anweisung verstanden werden, wie wir die schöpferische Kraft der Gedanken für unsere Zwecke nutzen können – nämlich indem wir dem Unterbewusstsein eine klar umrissene Vorstellung unseres Wunsches einprägen. Einem Gedanken, einer Idee, einem Plan wird so eine reale Existenz zugeschrieben; Vorstellungen sind im geistigen Sinne ebenso wirklich vorhanden wie unser Körper und alle Dinge in der materiellen Welt. Bei Anwendung dieser von der Bibel empfohlenen Methode schalten Sie von vornherein jeden störenden Gedanken an Ereignisse oder Umstände aus, die möglicherweise Ihre Pläne verhindern könnten. Sie geben Ihrem Geist einen Gedanken ein, der wie ein Samen in der Welt der Sinne aufgehen wird, wenn Sie ihn ungestört wachsen lassen.

Die Bedingung, die von Jesus Christus immer und überall gestellt wurde, hieß: Glaube! Immer wieder liest man in der Bibel: *Es wird euch geschehen nach eurem Glauben* (siehe beispielsweise Matthäus 8, 13). In Ihrem Garten senken Sie das Saatgut im festen Vertrauen in die Erde, dass es wie geplant Blüten und Früchte hervorbringen wird. Das ist nach den Gesetzen der Natur der Sinn des Samens. Bei dem in der Bibel geforderten Glauben handelt es sich um ein Denkmuster, eine geistige Einstellung, eine innere Gewissheit, derzufolge jede Vorstellung, die Ihr Bewusstsein als vollkommen wahr hinnimmt, samengleich in Ihrem Unterbewusstsein Wurzeln schlagen wird. In einem gewissen Sinn bedeutet glauben, das als wahr zu akzeptieren, was Verstand und Sinne leugnen. Sie müssen also den begrenzten, rationalen, analytischen, objektivierenden Geist ausschalten und sich stattdessen auf die unbegrenzte Macht des Unterbewusstseins verlassen.

Das Matthäus-Evangelium (9, 28–30) enthält ein klassisches Beispiel dafür: *Und als er nach Hause kann, traten die Blinden zu ihm. Und Jesus sagte zu ihnen: »Glaubt ihr, dass ich das tun kann?« Sie antworteten ihm: »Ja, Herr!« Da berührte er ihre Augen und sprach: »Euch geschehe nach eurem Glauben!« Es öffneten sich ihre Augen, und Jesus schärfte ihnen ein: »Seht zu, dass es niemand erfahre!«*

An den Worten *Euch geschehe nach eurem Glauben* ist klar erkennbar, dass sich Jesus unmittelbar an das Unterbewusstsein der Blinden wandte. Ihr Glaube bestand in der Erwartung, im besten Gefühl, in der inneren Überzeugung, es werde ein Wunder geschehen und ihre Gebete würden erhört werden. Und das geschah auch. Der älteste Arzt dieser Erde, die universellste Heilmethode dieser Welt ist völlig unabhängig von der jeweiligen Religionszugehörigkeit – es ist der Glaube.

Mit den Worten *Seht zu, dass es niemand erfahre* schärft Jesus den Geheilten ein, mit niemandem über das Wunder zu sprechen. Die Skepsis und die abwertenden Bemerkungen der Zweifler hätten nämlich möglicherweise die Neugenesenen verunsichert und somit die Worte Christi ihrer Heilkraft beraubt.

Er gebietet mit Macht und Kraft den unreinen Geistern, und sie fahren aus! (Lukas 4, 36).

Die bei Jesus Hilfe suchenden Kranken wurden geheilt durch die gemeinsame Kraft ihres und seines Glaubens und seiner Kenntnis der unterbewussten Kräfte. Er war von der Wahrheit und Richtigkeit seiner Gebote überzeugt. Seine Gedanken und die der Hilfesuchenden wurzelten in ein und demselben Unterbewusstsein, und da Jesus dessen Heilkraft kannte und aus Überzeugung anwandte, gelang es ihm, die negativen, selbstzerstörerischen Denkmuster im Unterbewusstsein der Kranken zu löschen. Die Heilungen waren nichts anderes als die automatische Reaktion auf den inneren Umschwung. Jesus kleidete seinen Appell an das Unterbewusstsein der Kranken in die Form eines entschiedenen Befehls, der sofort die gewünschte Reaktion hervorrufen musste.

Wunder geschehen an vielen Wallfahrtsorten in aller Welt

Dass Wunderheilungen an verschiedenen sakralen Stätten dieser Erde – zum Beispiel in Europa, Amerika, Indien, Japan – stattgefunden haben, ist eine erwiesene Tatsache. Ich habe mehrere berühmte Wallfahrtsorte in Japan besucht. In dem weltbekannten Diabutsu-Tempel befindet sich die riesige Bronzestatue eines betenden Buddha, dessen Kopf sich in einer Haltung entrückter

Meditation nach vorne neigt. Das Götterbild ist an die 13 Meter hoch und wird als »großer Buddha« bezeichnet. Ich sah, wie junge und alte Menschen ihm ihre Opfergaben zu Füßen legten. Geld, Reis, Orangen und andere Früchte lagen hier aufgehäuft. Brennende Kerzen, der Duft von Weihrauch und verzweifelte Gebete machten mir diesen Anblick unvergesslich.

Unser Fremdenführer übersetzte uns das Gebet eines jungen Mädchens, das gerade mit einer tiefen Verneigung zwei Orangen auf den Opferaltar legte und eine Kerze anzündete. Wir erfuhren, dass es früher stumm gewesen sei und vor diesem Heiligtum seine Stimme wiedergefunden hätte.

Nun dankte es Buddha für die wunderbare Heilung. Das war nur möglich geworden, weil das Mädchen von dem kindlichen Glauben erfüllt war, Buddha würde ihm helfen wieder zu singen, wenn es nur ein bestimmtes Ritual befolgte, fastete und Opfer darbrachte. Dies tat es sehr zuversichtlich und sein Unterbewusstsein beugte sich diesem unerschütterlichen Glauben und brachte die ersehnte Heilung.

Der Fall eines an Tuberkulose erkrankten Verwandten ist ein weiteres Beispiel für die Macht der Fantasie und des überzeugten Glaubens. Beide Lungenflügel waren bereits stark in Mitleidenschaft gezogen, als der Sohn beschloss, seinen Vater zu heilen. Er reiste in seine australische Heimatstadt Perth und erzählte dem Vater, er hätte einen Mönch getroffen, der gerade von einem europäischen Wallfahrtsort heimgekehrt sei. Er habe ihm für umgerechnet 2000 Euro ein kleines Stück des heiligen Kreuzes verkauft.

In Wirklichkeit jedoch hatte der junge Mann einfach einen Holzsplitter genommen und von einem Juwelier in Gold fassen lassen, um den Anschein einer echten Reliquie zu erwecken. Er erzählte seinem Vater, schon die bloße Berührung des Holzsplitters hätte viele Menschen geheilt. Er verstand es, die Fantasie und den Glauben des alten Mannes so stark zu wecken, dass dieser den Splitter an sich riss, ihn sich auf die Brust legte, ein stilles Gebet sprach und dann erschöpft einschlief. Am Morgen darauf fühlte er sich bereits gesund. Anschließend durchgeführte klinische Untersuchungen führten zu negativen Testergebnissen und bewiesen, dass die Krankheit verschwunden war.

Die Heilung führte natürlich nicht der Holzsplitter herbei, sondern der Genesungswille des Kranken und seine vorbehaltlose Zuversicht, völlig geheilt zu werden. Hier verband sich die Vorstellungskraft mit der seinem Glauben zugrunde liegenden Überzeugung und beide zusammen entfalteten ihre heilende Wirkung. Der Vater erfuhr nie, welcher List er seine Gesundheit zu verdanken hatte, denn diese Enttäuschung hätte leicht einen Rückfall herbeiführen können. Er lebte noch 15 Jahre lang völlig gesund und starb im Alter von 89 Jahren.

Die einzige universelle Heilkraft

Es ist bekannt, dass die unterschiedlichsten Behandlungsmethoden zu medizinisch unerklärlichen Heilungen führen. Aus dieser Tatsache lässt sich eindeutig auf die Existenz eines diesen Methoden zugrunde liegenden Prinzips schließen. Diese universelle Heilkraft liegt im Unterbewusstsein und es gibt nur einen Weg dahin: den *Glauben*.

Erinnern wir uns noch einmal an die folgenden grundlegenden Wahrheiten:

1. Sie besitzen geistige Fähigkeiten, deren unterschiedliche Formen wir als »Bewusstsein« und »Unterbewusstsein« bezeichnen.
2. Ihr Unterbewusstsein ist ständig durch Suggestionen beeinflussbar und steuert Ihren Körper in allen seinen Funktionen.

Sie wissen sicherlich, dass in Hypnose die Symptome nahezu aller Krankheiten durch Suggestion ausgelöst werden können. So genügt es zum Beispiel, dem Hypnotisierten zu suggerieren, er habe hohes Fieber, Schüttelfrost oder ein stark gerötetes Gesicht, und diese körperlichen Erscheinungen stellen sich sofort ein. Außerdem lässt sich die Testperson ohne Weiteres davon überzeugen, sie könne zum Beispiel ihre Beine nicht mehr bewegen. Oder man hält ihr ein Glas Wasser unter die Nase und sagt: »Das ist Pfeffer.

Riechen Sie einmal daran!« Der folgende Niesanfall wird natürlich nicht durch das Wasser ausgelöst, sondern – wie alle anderen hier aufgeführten Erscheinungen – durch die Kraft der Suggestion.

Gibt man jemandem, der allergisch gegen Primeln ist, in der Hypnose einen Bleistift in die Hand und sagt ihm, es sei eine Primel, so treten sofort die üblichen allergischen Symptome auf. Gibt es deutlichere Beweise dafür, dass diese und ähnliche Krankheitssymptome ausschließlich in der geistigen Vorstellung des Betreffenden wurzeln? Aus dem gleichen Grund können solche Leiden aber auch auf geistigem Weg geheilt werden.

Wer hat nicht von den manchmal außergewöhnlichen und überraschenden Erfolgen von Heilern, Osteopathen, Chiropraktikern und Naturheilkundlern gehört? Wer hat nicht von den Wunderheilungen gelesen, die die unterschiedlichsten Religionsgruppen als Gnadenerweis der jeweils angerufenen Gottheit erklären? Wir kennen jetzt den einzigen Grund, warum hier Menschen so schnell gesund geworden sind: Sie wurden von ihrem Unterbewusstsein geheilt – der einzig wahren Heilkraft, die wir kennen.

Sie können beim Verheilen einer Wunde ihre Wirkung mit eigenen Augen beobachten. Das Unterbewusstsein weiß genau, was hier zu tun ist. Der Arzt bringt lediglich einen Verband an und sagt: »Den Rest tut die Natur (oder Gott)!« (»Medicus curat, natura sanat«, wissen die Ärzte schon seit alter Zeit: Der Arzt behandelt, die Natur – geleitet vom Unterbewusstsein – heilt.) Die Gesetze der Natur sind identisch mit den Prinzipien des Unterbewusstseins, dessen wichtigste Funktion der Schutz des Lebens ist. Der Selbsterhaltungstrieb ist das oberste Gesetz der Natur. Ihr allerstärkster Instinkt ist gleichzeitig auch die mächtigste aller Autosuggestionen.

Die widersprüchlichen Theorien

Es ist so langweilig wie unnötig, hier die zahlreichen Theorien aufzuzählen, die einerseits von den verschiedenen Glaubensgruppen und Sekten und andererseits von den Heilkünstlern angeboten werden. Nahezu alle bezeichnen die eigene Methode als die einzig richtige. Wie bereits gezeigt, ist die Widersprüchlichkeit der Theorien ein Beweis für ihre Unrichtigkeit.

Wie Sie wissen, gibt es eine unendliche Zahl von Heilmethoden. Franz Anton Mesmer (1734–1815), ein in Paris praktizierender österreichischer Arzt, glaubte, Magneten seien Allheilmittel, und verwendete sie bei den verschiedensten Krankheiten mit nahezu unglaublichem Erfolg. Bei anderen Kuren wandte er verschiedene Metalle und Glassorten an. Schließlich verzichtete er völlig auf die Verwendung von Gegenständen und führte seine Heilerfolge auf die Wirkung des sogenannten »animalischen Magnetismus« zurück, der seiner Theorie nach vom Arzt auf den Patienten ausstrahlte.

Von da an verließ er sich ausschließlich auf Hypnose, die zu seiner Zeit nach ihm »Mesmerismus« benannt wurde. Andere Ärzte stellten dagegen fest, es handle sich hier um nichts anderes als um Suggestion. Insgesamt wenden Psychiater, Psychologen, Osteopathen, Chiropraktiker, Ärzte und Kirchen – also: alle Gruppen und Personen, die sich der seelischen und körperlichen Therapie verschrieben haben – ein und dasselbe Mittel an: die große und wirksame Macht des Unterbewusstseins. Jede Heilmethode möchte die Wirkung des Unterbewusstseins (»natura sanat«) gern für sich allein in Anspruch nehmen. Jedem Heilprozess liegt aber eine ganz bestimmte, positive Einstellung zugrunde, genau die Denkweise, die wir als »Glauben« bezeichnen. Die Heilung entspringt der Zuversicht, die sich dem Unterbewusstsein als machtvolle Suggestion einprägt und alle seine Kräfte aktiviert. Sie allein hilft, egal mit welchen unterschiedlichen Namen, Methoden oder Techniken sie bezeichnet wird. Gute Ärzte wissen längst, wie ausschlaggebend der Wille ihrer Patienten ist.

Das einzige Heilprinzip, das existiert, ist der Glaube. Es gibt nur eine Heilkraft und die liegt im Unterbewusstsein. Erforschen Sie dies ruhig und offen angesichts Ihrer eigenen Überzeugung. Sie dürfen auf den Erfolg vertrauen – Sie müssen nur fest daran glauben!

Die Ansichten des Paracelsus

Paracelsus, der berühmte Schweizer Alchemist und Arzt (1493–1541), war einer der größten Heiler seiner Zeit. Er vertrat eine für uns heute gesicherte wissenschaftliche Erkenntnis: »Ob der Inhalt deines Glaubens falsch oder richtig ist, die Wirkung ist die gleiche. Würde ich an eine bloße Statue des heiligen Petrus glauben, wie ich an den Apostel selbst geglaubt hätte, so würde dies – Glaube oder Aberglaube – in beiden Fällen die gleichen Ergebnisse bringen. Der Glaube selbst ist es, der echte Wunder wirkt. Und zwar wird er in jedem Fall dieselben Wunder wirken, egal ob es sich um den wahren Glauben oder um einen Aberglauben handelt.«

Pietro Pomponazzi, ein italienischer Philosoph und Zeitgenosse des Paracelsus, sagte dasselbe mit anderen Worten: »Man kann sich unschwer die wunderbaren Wirkungen vorstellen, die die Kräfte der Fantasie und des festen Vertrauens hervorrufen können, insbesondere wenn sie das Verhältnis zwischen Arzt und Patient bestimmen. Die dem Einfluss von Reliquien zugeschriebenen Heilungen sind letzten Endes nichts anderes als das Werk der von ihnen angeregten Fantasie und Zuversicht. Quacksalber und Philosophen wissen, dass, würden die Gebeine des Heiligen mit irgendwelchen anderen Knochen vertauscht, der Kranke gleichwohl die wohltuende Wirkung an sich erfahren würde, solange er glaubt, es handle sich um die echte Reliquie.«

Ob Sie persönlich nun an die wundersame Wirkung der Reliquien eines Heiligen oder an die Heilkraft bestimmter Wasser glauben – die suggestive Wirkung dieser Vorstellungen wird die gleiche Wirkung auf Ihr Unterbewusstsein ausüben. Und dieses allein ist für die Genesung zuständig.

Die Bernheim'schen Experimente

Hippolyte Bernheim, von 1910–1919 Professor an der medizinischen Fakultät der Universität Nancy in Frankreich, vertrat mit Nachdruck die Überzeugung, das Unterbewusstsein sei die Brücke, auf der die Suggestion des Arztes den Patienten erreiche.

In seiner *Suggestiven Therapeutik* berichtet Bernheim von einem Fall von Zungenlähmung, die auf keine Behandlung ansprach. Eines Tages erzählte der Arzt dem Patienten, er könne ihn nun mit einem eben entdeckten Instrument absolut sicher heilen. Darauf steckte er ihm ein Fieberthermometer in den Mund. Der Kranke hielt es für das unbedingt zuverlässig wirkende »neue Instrument«. Nach einigen Augenblicken rief er voll Freude, er könne seine Zunge nun wieder völlig frei bewegen.

Bernheim fährt fort: »Die gleiche Erscheinung kennen wir auch von unseren eigenen Patienten. So suchte mich einmal ein junges Mädchen auf, das bereits seit etwa vier Wochen seine Sprechfähigkeit völlig verloren hatte. Nach einer sorgfältigen Untersuchung gelangte ich zu einer eindeutigen Diagnose. Darauf stellte ich die Patientin meinen Studenten vor, denen aus meinen Vorlesungen bekannt war, dass Sprachhemmungen gelegentlich durch die rein suggestive und nicht etwa physiologische Wirkung eines Elektroschocks sofort zu beheben sind. Ich legte die Pole des Induktionsapparates am Kehlkopf an, bewegte sie einige Male hin und her, ohne aber Strom hinzuzugeben, und sagte dann: ›Jetzt können Sie wieder laut sprechen!‹ Und sofort ließ ich die Patientin zuerst ›A‹, dann ›B‹ und dann ›Maria‹ sagen. Sie formte die Laute völlig klar und die Sprachstörung war restlos verschwunden.«

Bernheim liefert hier ein Beispiel für die Macht des Glaubens und der Zuversicht, die als machtvolle Suggestion auf das Unterbewusstsein eines Kranken einwirken.

An anderer Stelle berichtet Bernheim, am Nacken eines Patienten habe sich eine Blase gebildet, als er dort eine Briefmarke aufklebte und behauptete, es sei ein Zugpflaster. Solche Erscheinungen werden auch durch die Erfahrungen und Experimente vieler anderer Ärzte in allen Teilen der Welt bestätigt, die eindeutig beweisen, dass mündliche Suggestionen strukturelle Veränderungen bei den Behandelten hervorrufen können.

Die Ursache blutender Stigmata

In seinem Buch *Law of Psychic Phenomena* stellt Hudson fest: Blutstürze und blutende Stigmata (Wundmale) können in manchen Fällen durch Suggestion hervorgerufen werden.

So versetzte Dr. M. Bourru eine Versuchsperson, einen jungen Mann, in Hypnose und suggerierte ihm: »Sie werden heute Nachmittag um vier Uhr mein Sprechzimmer aufsuchen, sich an meinen Schreibtisch setzen, die Arme über der Brust kreuzen und Nasenbluten bekommen.« Zur festgesetzten Zeit erschien der junge Mann, tat, wie ihm suggeriert, und mehrere Tropfen Blut sickerten aus dem linken Nasenloch.

Bei einer anderen Gelegenheit schrieb Dr. Bourru mit einem stumpfen Instrument den Namenszug der Versuchsperson auf deren linken Unterarm. Dann versetzte er sie in Hypnose und sagte: »Heute Nachmittag um vier Uhr werden Sie einschlafen und an den von mir eben berührten Stellen wird Blut austreten, sodass Ihr Name in Blut geschrieben auf Ihrem Arm erscheint.« Der junge Mann wurde unter Beobachtung gestellt. Um vier Uhr schlief er ein und auf seinem linken Arm trat der Schriftzug deutlich hervor; an einigen Stellen sickerte sogar Blut durch die Haut. Die Buchstaben wurden im Lauf der Zeit schwächer, waren aber selbst nach drei Monaten noch deutlich sichtbar.

Diese und ähnliche Experimente beweisen eindeutig die Richtigkeit unserer beiden oben genannten Tatsachen. Erstens: Das Unterbewusstsein ist stets durch die Macht der Suggestion beeinflussbar. Und zweitens: Das Unterbewusstsein steuert sämtliche physischen Funktionen, Empfindungen und Zustände.

Alle hier geschilderten Erscheinungen beweisen eindeutig die Möglichkeit, durch Suggestion anomale Erscheinungen hervorzurufen. Sie liefern gleichzeitig den schlüssigen Nachweis für den Satz: *Wie einer in seinem Herzen denkt, so ist er* (Sprüche 23, 7; das »Herz« ist das Unterbewusstsein).

Zusammenfassung

1. Machen Sie sich immer wieder deutlich, dass Ihr eigenes Unterbewusstsein die einzige und wahre Heilkraft bewirkt. Richten Sie Ihre Gedanken auf das zu heilende Organ und stellen Sie sich seine Genesung vor!
2. Vergessen Sie nie: Der Glaube senkt sich wie ein Samen in Ihr Unterbewusstsein, schlägt dort Wurzeln und trägt die entsprechende Frucht. Pflanzen Sie Ihrem Geist Ihre Vorstellung als Samen ein, glauben Sie fest daran und sie wird in Erfüllung gehen.
3. Ihre Idee für ein Buch, eine neue Erfindung oder etwas Ähnliches stellt eine geistige Wirklichkeit dar. Deshalb dürfen Sie auch glauben, dass Sie das Ergebnis bereits besitzen. Glauben Sie fest an die Realität Ihrer Idee, Ihres Plans oder Ihrer Erfindung – und sie wird sich gleichzeitig verwirklichen. Das gilt in entsprechender Weise für Ihre Gesundheit.
4. Wenn Sie für einen anderen beten, so tun Sie das in der Überzeugung, dass Ihre Vorstellungen von Gesundheit, Schönheit und Vollkommenheit die negativen Denkmuster im Unterbewusstsein des Betreffenden ändern und somit einen grundlegenden Wandel schaffen können.
5. Die Wunderheilungen, die sich an vielen Wallfahrtsorten ereignen, sind auf die Suggestionswirkung zurückzuführen, die die Fantasie und der blinde Glaube auf das Unterbewusstsein ausüben, wodurch sie dessen Heilkräfte aktivieren.
6. Sehr viele Krankheiten sind psychischen Ursprungs. Es gibt kaum eine körperliche Erscheinung, die nicht die Reaktion auf eine Vorstellung Ihres Geistes wäre.
7. Durch hypnotische Suggestion können die Symptome nahezu aller Krankheiten hervorgerufen werden. Dies beweist die Macht der Gedanken.
8. Das einzige Heilprinzip, das existiert, ist der Glaube. Es gibt nur eine Heilkraft und deren Quelle ist Ihr Unterbewusstsein.
9. Ihr Unterbewusstsein reagiert auf die Inhalte Ihres Geistes. Das entsprechende Ergebnis wird sich einstellen, gleichgültig, ob Sie einem wahren oder einem Irrglauben anhängen. Betrachten Sie Ihren Glauben als eine geistige Wirklichkeit und alles andere ergibt sich von selbst.

Heilung durch die unendliche Kraft

Sie tragen eine unendliche Heilgegenwart in sich, die um alle Prozesse und Funktionen Ihres Körpers weiß. Wenn Sie sich auf diese unendliche Kraft einstimmen, wird sie aktiv und wirksam. In der Bibel heißt es: *Ich bin der Herr, dein Arzt* (2. Mose 15, 26).

Es ist Ihr göttliches Geburtsrecht, gesund und vital zu sein, kräftig und dynamisch. Dieses Kapitel wird Ihnen auf lebendige Weise veranschaulichen, welche Schritte Sie unternehmen können, um ein strahlend gesunder Mensch zu werden und zu bleiben. Ich empfehle Ihnen sehr, die beschriebenen Methoden und Techniken regelmäßig anzuwenden, denn sie erschließen den Weg zu Gesundheit, Harmonie und Heiterkeit.

Beständige Gesundheit dank konstruktiven Denkens

Ein weiser Spruch lautet: Wie man im innersten Herzen denkt, so ist man. Mit dem Herzen ist hier das Unterbewusstsein gemeint. Die Gedanken, Meinungen und Überzeugungen, die Sie Ihrem Unterbewusstsein einpflanzen, werden in Ihrem Körper, Ihrem Berufsleben und in sämtlichen anderen Lebensbereichen sichtbar gemacht. Die Art, in der Sie den ganzen Tag lang denken, kontrolliert weitgehend Ihre Gesundheit. Wenn Sie Ihren Geist auf Gedanken der Unversehrtheit, Schönheit, Vollkommenheit und Vitalität lenken, wird Sie bald ein Gefühl des Wohlbefindens erfüllen. Doch wenn Sie sich Gedanken der Sorge, der Angst, des Hasses, der Eifersucht, Niedergeschlagenheit und Betrübtheit hingeben, werden Sie an Leib und Seele erkranken, und auch sonst wird es Ihnen schlecht ergehen. Sie sind, was Sie den ganzen Tag lang denken.

Eine junge Frau, die an chronischen Halsschmerzen und ständigem Fieber litt, suchte auf meine Empfehlung einen Arzt auf, mit dem ich befreundet bin. Er diagnostizierte eine Streptokokkeninfektion, gab ihr Antibiotika und eine Lösung zum Gurgeln. Sie sprach jedoch weder auf die Antibiotika noch auf ein zusätzliches fiebersenkendes Mittel an. Dem Arzt war es ein Rätsel, warum die Behandlung nicht wirkte. Ich bat die junge Frau noch einmal zu mir und fragte sie, ob sie mir etwas verheimliche. Wenn dem so sei, sagte ich, müsse sie offen darüber reden, dann werde sie vermutlich genesen.

Daraufhin stieß sie hervor: »Ich hasse meine Mutter und mein Zuhause. Sie ist tyrannisch und anspruchsvoll; sie will mein ganzes Leben beherrschen und mich zwingen, den Mann zu heiraten, den sie für den Richtigen hält.«

Der Gemütszustand dieser jungen Frau, ihre Feindseligkeit und das Schuldgefühl wegen des Hasses gegenüber der Mutter verursachten die fiebrige Halsentzündung. Ich erklärte ihr, zweifellos sei ihre Ambivalenz, das heißt ihr ständiges Schwanken zwischen Liebe und Hass in der Beziehung zur Mutter, die Ursache ihrer Krankheit. Sie wollte den von der Mutter ausgesuchten Mann nicht heiraten, also tat ihr Unterbewusstsein ihr den Gefallen, eine fiebrige Halsentzündung auszulösen. Damit sagte es zu ihrem Bewusstsein: »Du kannst ihn nicht heiraten, solange du krank bist.« Auf diese Weise entsprach ihr Körper ihrem unterbewussten Wunsch.

Auf meinen Rat sagte die junge Frau ihrer Mutter klipp und klar, dass sie den Mann nicht heiraten würde, weil sie ihn nicht liebte. Außerdem nahm sie sich eine eigene Wohnung und beschloss, künftig selbst über ihr Leben zu bestimmen. Ich konnte mit der Mutter reden und ihr begreiflich machen, dass es grundfalsch sei, auf einer Heirat zwischen der Tochter und einem Mann zu bestehen, den die Tochter nicht liebte, und dass eine Eheschließung aus einem anderen Grund als aus Liebe nichts anderes als Betrug, eine Farce und üble Maskerade sei.

Die Mutter zeigte sich einsichtig. Sie sprach sich mit der Tochter aus, sicherte ihr zu, dass sie heiraten könne, wen sie wolle, und dass sie von nun an in ihren Entscheidungen völlig frei sei. Die Beziehung zwischen den beiden Frauen änderte sich, Versöhnlichkeit, Liebe und Güte prägten nun ihr gegenseitiges Verhältnis. Die Tochter genas sofort und hatte seither keine gesundheitlichen Probleme mehr.

Ein Bankkaufmann befreite sich von seiner Grippe

Vor einiger Zeit unterhielt ich mich mit einem jungen Bankkaufmann, der mir sehr nervös und zappelig vorkam. Ganz offensichtlich war er körperlich und seelisch krank. Auf meine Frage nach seinem Befinden antwortete er: »Ich habe den asiatischen Virus aufgeschnappt. Diese Grippe macht mich ganz fertig.« Ich schrieb ihm ein seelisch-geistiges Rezept auf und betonte, wenn er die Formel beharrlich wiederhole, voll Glauben und Erwartung, werde die Vorstellung von Gesundheit, Unversehrtheit und Kraft in sein Unterbewusstsein sinken und er könne mit fantastischen Ergebnissen rechnen.

Hier die Formel, die ich ihm verordnete: »Ich bin stark, von Kraft, Liebe und Harmonie erfüllt. Ich bin vital, dynamisch, fröhlich und glücklich.« Er wiederholte sie drei- oder viermal täglich fünf Minuten lang, in der festen Überzeugung, dass er alles würde, was er an sein »Ich bin ...« anhängte.

Nach etwa einer Woche rief er mich an und sagte: »Die geistige Medizin, die Sie mir verordnet haben, hat ein Wunder bewirkt. Von jetzt an werde ich aufpassen wie ein Luchs, damit auch alles, was ich an die Wörtchen ›Ich bin‹ anfüge, gottgefällig und positiv ist.« Er hatte Ergebnisse erwartet und an die Verwirklichung seines neuen Persönlichkeitsbildes geglaubt.

Eine Mutter kam mit ihrem asthmakranken zehnjährigen Sohn zu mir. Sie berichtete, es träten, wenn der Junge während der Sommerferien bei den Großeltern in San Francisco sei, niemals Anfälle auf, aber wenn er nach Hause komme, erleide er unweigerlich einen Rückfall und müsse wieder die vom Arzt verschriebenen Medikamente nehmen, die ihm wenigstens Linderung verschafften.

Als ich mit dem Jungen allein sprach, bekam ich heraus, dass seine Eltern ständig stritten, dass er fürchtete, beide zu verlieren und bald kein Elternhaus mehr zu haben. Der Junge war in jeder Hinsicht normal; das Übel lag in der gespannten, unguten häuslichen Atmosphäre. Bei einer anschließenden Unterredung mit der Mutter erfuhr ich, dass sie gegenüber ihrem Mann große Feindseligkeit und unterdrückte Wut empfand. Sie bekannte, dass sie ihm schon des Öfteren Geschirr nachgeworfen und andererseits er sie zweimal verprügelt hatte. Der Junge, in diesem emotionalen Kreuzfeuer gefangen, hatte natürlich Angst und war zutiefst verunsichert.

Es gelang mir, die Eltern zu einem gemeinsamen Gespräch zu bewegen. Ich erklärte ihnen, dass Kinder unter einem schlechten geistigen und emotionalen Klima im Elternhaus leiden. Da sie den Jungen, den sie zweifellos beide liebten, in die Welt gesetzt hätten, sei es ihre moralische Pflicht, zu Hause ein Klima der Liebe, des Friedens und der Harmonie zu schaffen; außerdem sollten sie den Jungen merken lassen, dass er erwünscht war und geliebt wurde. Ich wies sie darauf hin, dass Kinder nach einem Gefühl der Sicherheit und Geborgenheit verlangen. Wenn zwischen ihnen beiden wieder Liebe und Harmonie herrschten, so sagte ich, würde das Asthma nach meiner Überzeugung verschwinden. Es sei lediglich ein Symptom seiner Besorgnis und Angst.

Ich schrieb den Eltern ein Gebet auf, das sie abends und morgens abwechselnd sprechen sollten, in dem tiefen Glauben, dass durch solches Beten aller angestaute Hass und jedwede Feindseligkeit in göttlicher Liebe aufgelöst würden. Das Gebet lautete:

»Uns beide verbindet das Wissen, dass Gott uns innewohnt und seine unendliche Heilkraft durch jeden von uns strömt. Jeder von uns strahlt gegenüber dem anderen Liebe, Frieden und Freundlichkeit aus. Jeder von uns sieht im anderen die Gegenwart Gottes und wir sprechen gütig und liebevoll miteinander. Wir erhöhen uns gegenseitig geistig und seelisch, weil wir wissen, dass jeder von uns das Licht, die Liebe und die Freude Gottes jeden Tag deutlicher zum Ausdruck bringen wird. Jeder von uns preist das Göttliche im anderen und unsere Ehe wird jeden Tag schöner und glücklicher. Unser Sohn ist für unsere liebevollen Gedanken empfänglich und offen. Er lebt und bewegt sich in Gott, er atmet den reinen Atem des göttlichen Geistes ein. Seine Bronchien, seine Lungen und sein ganzer Atemapparat werden von der belebenden, harmonisierenden unendlichen Heilkraft durchdrungen, sodass er künftig frei, leicht und mühelos atmen kann.«

Jeden Morgen und jeden Abend wiederholten sie dieses Gebet drei- oder viermal, am Morgen der Mann und am Abend die Frau.

Der Sohn betete jeden Abend: »Ich liebe meine Eltern. Gott liebt sie und sorgt für sie. Sie sind glücklich miteinander. Ich atme den Frieden Gottes ein und atme die Liebe Gottes aus. Ich schlafe in Frieden und erwache in Freude.«

Die Eltern glaubten an die Wunder wirkende Kraft ihres Unterbewusstseins. Nach etwa zwei Wochen hörten die schrecklichen Anfälle ihres Sohnes auf und er brauchte keine Medikamente mehr. Der Junge erzählte mir, er habe in der siebten Nacht einen Traum gehabt. Ein bärtiger Mann sei ihm erschienen und habe gesagt: »Söhnchen, du wirst jetzt gesund.« Er sei aufgewacht, habe den Eltern seinen Traum berichtet und hinzugefügt: »Ich weiß, dass ich bald geheilt sein werde.«

Als die Eltern füreinander und für ihren Sohn zu beten begannen, empfing das aufnahmebereite Gemüt des Jungen ihre heilenden Schwingungen des Friedens, der Harmonie und Liebe. Diese erweckten die seinem Unterbewusstsein innewohnende Unversehrtheit, Harmonie und Vollkommenheit zu neuem Leben. Die Eltern glaubten an die unendliche Heilkraft; sie glaubten an das, was sie taten, und wussten genau, warum sie es taten. Das Gebet des Sohnes beschleunigte den Heilvorgang. Als der Junge sein Gemüt mit Vertrauen in die Heilkraft Gottes und mit Liebe zu seinen Eltern füllte, dramatisierte sein Unterbewusstsein die fortschreitende Genesung in einem lebhaften Traum. In der Bibel sagt der Herr: *Ich will mich kundmachen in einem Gesicht, oder will … reden in einem Traum* (4. Mose 12, 6).

Eine geänderte Geisteshaltung verändert das Leben wunderbar

Ende des 19. Jahrhunderts traf William James, den man als Vater der amerikanischen Psychologie bezeichnet, die Feststellung: »Die größte Entdeckung meiner Generation ist, dass Menschen ihr Leben durch Änderung ihrer Geisteshaltung zu ändern vermögen.« Dies bedeutet, dass Sie mehr Gesundheit, Vitalität, Spannkraft und Lebensfreude erlangen können, wenn Sie Ihr Unterbewusstsein mit Leben spendenden Denkmustern »speisen«, die Harmonie und Freude, Energie, Begeisterung und Erfolg beinhalten.

Letztes Jahr sprach ich in Las Vegas vor 1500 Menschen über das Thema »Wie entwickelt man sein Heilbewusstsein«. Nach dem Vortrag kam ein junger Arzt zu mir und schilderte mir ein interessantes, erhebendes Erlebnis. Er war eines Abends zu einem kranken Mädchen gerufen worden, dessen Eltern weder an Krankheit noch an Ärzte irgendeiner Schule glaubten. Der Vater hatte zu ihm gesagt: »Meine Tochter Maria ist von Angst beherrscht und fürchtet, sterben zu müssen.« Der Arzt hatte das Mädchen untersucht und ihm erklärt, es habe zwar fast 40 Grad Fieber, aber es werde gesund, ihm fehle nichts Ernstes und es schwebe keineswegs in Lebensgefahr. Das Mädchen hatte ihn aufgefordert, mit ihm zu beten, und da er sehr religiös war, hatte er leise den 23. Psalm mit ihm gesprochen. Maria hatte keine Medizin nehmen wollen, weil dies gegen ihre Überzeugung verstieß. Der Arzt versicherte mir, er habe fest an ihre Genesung geglaubt und sie sich als unversehrten, vollkommenen Menschen vorgestellt.

Einen Monat später war der Bruder des Mädchens, ein sehr erfolgreicher Arzt und Chirurg, der sich von seiner Familie gelöst hatte, weil ihm die religiöse Überzeugung von Eltern und Schwester nichts gab, zu dem jungen Arzt gekommen und hatte gefragt, welche Therapie der Kollege bei seiner Schwester angewandt habe. Das junge Mädchen habe bisher regelmäßig zwei oder drei schwere epileptische Anfälle pro Woche gehabt, sei jetzt aber völlig frei von allen Symptomen. Er selbst habe jahrelang vergeblich versucht, sie zu bewegen, die zur Verfügung stehenden Arzneimittel gegen Epilepsie zu nehmen. Der junge Arzt antwortete dem Bruder der Patientin, er habe keinerlei Therapie angewandt, sondern dem Mädchen lediglich suggeriert, es würde gesund, es bestehe keine Lebensgefahr und die Genesung setze sofort ein.

Beide Ärzte brauchten eine Zeit lang, um ihrer Verblüffung Herr zu werden. Der Bruder des Mädchens brach schließlich das Schweigen: »Also haben Sie ihr nur eine ›Glaubenstransfusion‹ verabreicht, ihr nämlich Glauben an die Heilkraft Gottes eingeflößt. Die positiven Suggestionen haben den Weg ins Unterbewusstsein meiner Schwester gefunden und das Unterbewusstsein hat sie geheilt.«

Der junge Arzt sagte zu mir: »Hätte ich gewusst, dass sie epileptisch ist, wäre meine Haltung sicher nicht so positiv und zuversichtlich gewesen. Ich begreife jetzt, dass meine Vorstellung von vollkommener Gesundheit und mein unbedingter Glaube an ihre Genesung in ihr Unterbewusstsein gelangten und dass meine Überzeugung und die neue, veränderte Haltung des Mädchens die Heilung bewirkten. Inzwischen ist ein Jahr vergangen. Maria bekam keinen einzigen Anfall mehr, hat inzwischen geheiratet und fährt auch selbst Auto.«

Eine Änderung der Einstellung kann alles zum Guten wenden! Die Bibel sagt dazu: *... dein Glaube hat dir Heilung gebracht; gehe hin in Frieden!* (Lukas 8, 48).

Zusammenfassung

1. Die kosmische Heilgegenwart wohnt Ihnen inne und weiß um Ihren Körper, seine Funktionen und Prozesse und auch, wie Sie zu heilen sind.
2. Ihr Gesundheitszustand entspricht Ihrem Denken. Konzentrieren Sie Ihre Gedanken auf Gesundheit, Unversehrtheit, Vitalität, Kraft, Stärke und Harmonie, füllen Sie Ihren Geist mit solchen Denkinhalten. Ihr Körper wird Ihre Denkgewohnheit widerspiegeln.
3. Negative Emotionen können viele Krankheiten verursachen. Alle destruktiven Empfindungen setzen sich in Ihrem Unterbewusstsein fest und weil sie negativ sind, müssen sie auch einen negativen Ausdruck finden. Dies geschieht in Form verschiedenster organischer Störungen.
4. Sobald Sie einen klaren Entschluss fassen, ist jeder geistig-seelische Konflikt gelöst. Wenn Sie beschließen, sich nicht mehr von anderen beherrschen zu lassen, sondern künftig Ihr eigenes Leben zu führen und alle Entscheidungen selbst zu treffen, wenn Sie dazu noch Versöhnlichkeit und Wohlwollen gegenüber Ihren Mitmenschen entwickeln, kann Ihre Krankheit – sei sie körperlicher oder seelischer Natur – sehr rasch verschwinden.
5. Was immer Sie in Gedanken an die beiden Wörtchen »Ich bin« anfügen, das werden Sie. Wenn Sie sich strahlende Gesundheit wünschen, sollten Sie häufig bekräftigen: »Ich bin stark und glücklich, vital und fröhlich und kerngesund.« Machen Sie sich solches Denken zur Gewohnheit und Sie werden geradezu wunderbare Ergebnisse erzielen.
6. Das geistige und emotionale Klima in einer Familie hat Einfluss auf die Gesundheit und die allgemeine Verfassung der Kinder. Eltern sollten bedenken, dass sich ihre Kinder gemäß dem zwischen ihnen vorherrschenden Klima entwickeln. Jeder Elternteil sollte im anderen Gott preisen und jeder sollte gegenüber dem anderen Liebe, Frieden und Freundlichkeit ausstrahlen. Wenn Vater und Mutter zusammen um Gesundheit, Harmonie und Frieden beten, wenn sie ihre Kinder in das Licht der Liebe, Wahrheit und Schönheit hüllen, wird die friedliche, glückliche Atmosphäre zu Hause im Leben der Kinder zu Gesundheit und Heiterkeit führen.
7. Asthma kann bei jüngeren Kindern von Gefühlskonflikten verursacht sein, etwa infolge Uneinigkeit und Streit zwischen den Eltern. Solche Konflikte äußern sich bei einem Kind im Allgemeinen als Besorgnis und Angst, deren Folge häufig asthmatische Anfälle oder andere psychosomatische Leiden sind.

8. Ein wunderbares Gebet gegen Asthma lautet: »Ich atme den Frieden Gottes ein und atme die Liebe Gottes aus.« Wiederholen Sie es, wenn Sie unter Asthma leiden, möglichst oft in tiefem Gefühl und glauben Sie an Gottes Heilkraft.
9. Das Unterbewusstsein kann Ihnen durch einen lebhaften Traum enthüllen, dass Ihre Heilung erfolgen wird. Gleichzeitig werden Sie auch das subjektive, innere Wissen haben, dass Sie gesunden.
10. Ihre Vorstellung von vollkommener Gesundheit wird dem Kranken, den Sie unversehrt vor sich sehen, übermittelt und in seinem Unterbewusstsein das Wiedererwachen von Vitalität und Unversehrtheit auslösen.
11. Ändern Sie Ihre Einstellung und Sie verändern Ihr Leben. Eine geänderte Haltung kann alles zum Guten wenden! Ihnen widerfährt das, was Sie glauben.

Die reiche Quelle des Erfolgs

Das beglückende Gesetz des Wohlergehens

Es sind immer wieder dieselben Fragen, die sich die Menschen in ihrem Streben nach Glück und Wunscherfüllung stellen. Wie kann ich im Leben vorwärtskommen? Wie kann ich meine Lebensverhältnisse verbessern, mehr verdienen, ein Haus, eine Wohnung, ein neues Auto kaufen? Wie komme ich zu all dem Geld, das ich einfach brauche, um ans Ziel meiner Wünsche zu kommen?

Die Antwort auf diese und ähnliche Fragen kann nur lauten: Es liegt in der Hand eines jeden Einzelnen. Man muss allerdings die beherrschenden geistigen Gesetze kennen und lernen, die einem jeden Menschen innewohnenden geistigen Kräfte zu nutzen. Das Gesetz von Ursache und Wirkung sowie jene des Wachstums und der Anziehung beherrschen das menschliche Geistesleben. Sie gelten mit derselben Folgerichtigkeit wie etwa chemische oder physikalische Gesetze, denen das anorganische und organische Leben unterworfen ist. Sie sind ebenso wenig anzuzweifeln wie das Gesetz der Schwerkraft. Das Gesetz irdischen Wohlergehens ist auf die denkbar schönste Weise in einem Bibelwort ausgedrückt worden. *…der hat Lust am Gesetz des Herrn und sinnt über seinem Gesetz Tag und Nacht!* (Psalm 1, 2).

Zu Glück und Wohlstand zu gelangen bedeutet vor allem anderen die Steigerung unseres Leistungsvermögens, das heißt unserer geistigen Fähigkeiten und Möglichkeiten. Erst durch deren volle Entfaltung setzen wir unsere inneren Kräfte sinnvoll ein. Der von Ihnen erstrebte Lebenserfolg wird, wenn er Ihrem Unterbewusstsein eingepflanzt wurde, in Ihrem Leben seinen Niederschlag finden.

Das Rezept eines Börsenmaklers

Zu meinen guten Bekannten gehört ein Börsenmakler, der in Los Angeles lebt. Er verfügt über einen breiten Kundenkreis und ist bekannt für seine glückliche Hand in der Anlage der ihm anvertrauten Vermögenswerte.

Der Mann selbst schreibt seinen Erfolg Gesprächen zu, die sich nur in seiner Fantasie abspielen. Gesprächspartner ist dabei ein Freund, der Bankfachmann und Multimillionär ist. Mein Bekannter stellt sich vor, dass ihn dieser Bankfachmann zu seinem gesunden und weitblickenden Urteil beglückwünscht und ihm seine Anerkennung für die Richtigkeit seiner an der Börse getroffenen Entscheidungen ausspricht. In diese Unterhaltung mit seinem imaginären Freund vertieft er sich jeden Morgen, wenn er ins Büro geht, er prägt dadurch diese Vorstellung seinem Unbewussten ein.

Die Fantasiegespräche dieses Börsenmaklers stimmen mit seinem Ziel überein, die ihm von seinen Kunden anvertrauten Werte sowie auch seine eigenen Mittel sicher und gewinnbringend anzulegen. Er versicherte mir, dass er die größte Genugtuung daraus ziehe, aufgrund seiner Entscheidungen andere reich zu machen. Und weil es ihm gelingt, für andere Geld zu machen, geht es natürlich auch ihm selber sehr gut, ja besser als er es sich je zu erträumen wagte.

Es liegt auf der Hand, dass mein Bekannter seine geistigen Kräfte positiv einsetzt und dem Leben eines Börsenmaklers in göttlicher Fügung Freude und Genugtuung abgewinnt.

Er folgte der Eingebung des Unbewussten

»Ich werde alles verlieren – mein Haus, meinen Grundbesitz, mein Vermögen bis auf den letzten Heller. Ich kann den Forderungen meiner Bank nicht mehr nachkommen, die Bankleute werden meine Hypothek einklagen und mein Hab und Gut versteigern.«

Ich sagte dem völlig verzweifelten Mann, dass er die benötigten Geldmittel haben werde, wenn er nur sein Unterbewusstsein in dieser Richtung zu beeinflussen lerne. Er solle nicht neugierig sein, wie, wann oder wo die Quelle sich für ihn aufschließe. Sein Unbewusstes kenne Wege, die jenseits des Begreifens liegen.

Er begann in der Vorstellung zu leben, er hinterlege den fälligen Schuldbetrag in barer Münze bei seiner Bank. Er sah sich im Geiste dem Schalterbeamten die Summe auszahlen und hörte diesen zu ihm sagen: »Alles ist bezahlt. Ich freue mich, dass es Ihnen gelungen ist, das Geld zu beschaffen!« In diese imaginäre Szene steigerte er sich insbesondere immer vor dem Schlafengehen förmlich hinein und erlebte das Ganze innerlich als subjektive Wirklichkeit. Und je engagierter sein inneres Erleben war, umso wirksamer prägte sich der Inhalt dieser Vorstellung seinem Unbewussten ein. Sein inneres Erlebnis war so echt, dass sich eine objektive Verwirklichung geradezu aufdrängen musste.

Was nun weiter geschah, war wirklich nicht zu erwarten gewesen. Der Mann hatte eines Nachts einen Traum. Er sah auf einer ihm bekannten Rennbahn ein Pferd, auf dessen Sieg er gesetzt hatte, siegreich im Ziel einlaufen. Das Pferd, ein Außenseiter mit der Gewinnchance 50:1, gewann ihm ein kleines Vermögen. Er sah seinen Sieg am Totalisatorbrett und hörte den Mann, der ihm seinen Gewinn auszahlte, sagen: »Zehntausend Dollar – Sie haben aber Glück!« Von diesem Traum erzählte er seiner Frau. Und diese eröffnete ihm, sie habe vor sicher fünf Jahren zwei Hunderternoten in einem alten Teetopf versteckt. Er möge sich dieses Notgroschens bedienen, um auf sein Pferd zu setzen.

Sein Pferd gewann und er nahm zehntausend Dollar entgegen, die er zur Tilgung seiner Hypothek bei seiner Bank einzahlte. Sein Traum hatte sich bis in die Einzelheiten verwirklicht. So sagte ihm der Mann bei der Auszahlung seines Wettgewinns genau das, was er im Traum schon gehört hatte.

Das Wunder des Wachstums

Hier möchte ich Ihnen von einer Frau berichten, die drei Kinder hatte und arbeitslos war. Sie hatte kein Geld und keine Chance auf einen Kredit. Es fehlte ihr und den Kindern am Nötigsten.

Zunächst einmal fand sich für sie eine kleine Überbrückungshilfe.

Gleichzeitig aber fasste sie aufgrund meines Zuspruchs neuen Mut. Mehrmals am Tag entspannte sie sich und ließ sich, in einem bequemen Sessel sitzend, in jenen Dämmerzustand zwischen Schlafen und Wachen gleiten – mit dem Wort auf den Lippen: »Gott gibt mir mehr als ich brauche.«

In diesem einen Satz fand sich alles zusammengefasst, was diese einfache Frau bewegte: ihr Gottvertrauen, aber auch ihr Vertrauen in die Erfüllung ihrer Wünsche. Und sie wünschte sich sehnlichst einen neuen Arbeitsplatz, Nahrung und Kleider für die Kinder, Geld für so manche Bedürfnisse und auch einen Mann zum Lebensgefährten und als Vater ihrer Kinder. Wenn sie betete, versuchte sie, sich durch nichts ablenken zu lassen und ihre ganze Aufmerksamkeit auf die Bedeutung ihrer Worte und den darin zusammengefassten Inhalt ihres Gebetes zu richten. Und immer und immer wieder wiederholte sie für sich: »Gott gibt mir mehr als ich brauche.«

Sie betete nicht vergeblich. Sie bekam unerwarteten Besuch aus Neuseeland – ihres Bruders nämlich, der seit zwanzig Jahren nichts von sich hatte hören oder sehen lassen, inzwischen aber reich geworden war. Er schenkte ihr fünfzehntausend Dollar und ein paar wertvolle Diamanten! Er brachte sie überdies als Sekretärin bei einem Notar unter, dessen Frau sie wurde – die »glücklichste Frau dieser Erde«, wie sie mir versicherte.

Die Konzentration der Aufmerksamkeit auf den in einem einzigen Satz zusammengefassten Inhalt eines schlichten Gebetes stellt eine innere Sammlung dar, die, psychologisch begründet, ihre Wirkung kaum verfehlen kann. Der Inhalt Ihrer Suggestionen prägt sich durch die ständige Wiederholung, den unerschütterlichen Glauben und die freudige Erwartung Ihrem Unterbewusstsein ein, dessen Möglichkeiten menschliches Begreifen übersteigen. Was Sie säen, ernten Sie dreißigfach, sechzigfach, hundertfach. Dies ist das Wunder des Wachstums.

Der Schlüssel zum Wohlergehen

Man kann immer wieder nur staunen, was Dankbarkeit vermag. Sie ist ein Schlüssel zu Gesundheit, Glück und Wohlergehen.

Das erwies sich in wundervoller Weise an einem mir bekannten Häusermakler. Er befand sich in einem geschäftlichen Engpass. Natürlich war er darüber nicht glücklich, aber er ließ sich deshalb in seinem Gottvertrauen nicht beirren. Sein allabendliches Gebet brachte dies zum Ausdruck: »*Vater, ich danke dir, dass du mich erhört hast. Ich wusste wohl, dass du mich allezeit hörst.*« Diese dem Evangelium des Johannes (11, 41–42) entnommenen Worte fanden auf den Lippen des Einschlafenden ihre Kurzform: »Ich danke dir.« Und mit diesen Worten schlief er jeweils ein.

Eines Nachts träumte er von einem Mann, der ihm einen Scheck überreichte – als Anzahlung auf den Kaufpreis für ein aus vierzehn Parzellen zusammengesetztes Grundstück, das er dringend zu verkaufen wünschte. Eine Woche darauf kam der Mann, den er im Traum gesehen hatte, in sein Büro und kaufte die Liegenschaft.

Seit diesem erstaunlichen Erlebnis machte es sich der Realitätenhändler zur Gewohnheit, jede Nacht mit den Worten und mit dem Gefühl »Ich danke dir!« einzuschlafen. Dieser besonderen Art innerer Danksagung und Sammlung schrieb er die Besserung seines Gesundheitszustandes und auch den unerhörten Geschäftsaufschwung zu, der ihn nach der Überwindung seiner Liquiditätsenge erfreute.

Tun Sie es ihm gleich. Geben Sie sich jeden Morgen und Abend Rechenschaft, dass Gott für Ihr geistiges, körperliches und berufliches Wohl sorgt. Steigern Sie sich in diese Überzeugung bewusst hinein und leben Sie in diesem Gefühl. Ihr allabendliches Schlummergebet sei: »Ich danke dir, Vater.« Ihr Dank nimmt jenes glückliche Werden vorweg, zu dem Sie Ihr Gottvertrauen befähigt – kraft Ihres schöpferischen Unbewussten.

Wohlergehen kommt nicht von ungefähr

Die Frau, von der hier die Rede ist, hatte nach dem Tod ihres Mannes zwar ein Haus, aber weder Geld noch Kredit, und das eine oder andere benötigte sie dringend. Sie konnte ihrer Bank die Hypothekszinsen nicht mehr bezahlen. Immer mehr Rechnungen mussten ebenfalls unbezahlt bleiben.

Ich empfahl ihr, sich mehrmals täglich den nachfolgenden Satz einzuprägen: »Mein Haus ist schuldenfrei und mir fließt Geld überreichlich zu.« Sie möge sich, erklärte ich ihr, nicht fragen, woher das Geld kommen werde oder auf welche Weise sonst ihr Gebet erhört werde. Ihr Unterbewusstsein werde sie schon richtig leiten und wissen, wie ihre Wünsche zu erfüllen seien.

Geraume Zeit später setzte sich ein Bauunternehmer mit der Frau in Verbindung. Er interessierte sich für ihr Grundstück, weil er darauf einen großen Wohnblock errichten wollte. Sie wurden handelseinig. Aus dem Verkaufserlös, der den Realwert ihres Grundstücks weit überstieg, konnte sie mühelos alle ihre Schulden bezahlen und sich noch einen Notgroschen beiseite legen. Gleichzeitig kam sie mit dem Bauunternehmer überein, dass sie in dem Neubau eine schöne Wohnung beziehen und gegen eine sehr gute Entlohnung den Posten der Hausverwalterin übernehmen sollte.

Was dem Unterbewusstsein eingepflanzt wird, trägt früher oder später Früchte. Oder begreifen Sie es, wie es die Bibel sagt: *Was du dir vornimmst, lässt er dir gelingen, und das Licht wird auf deinen Wegen scheinen* (Hiob 22, 28).

Das Leben ist Zuwachs

Ein mir bekannter Kleiderhändler führt sein Privat- und Geschäftsleben unter dem Motto: »Alles, was ich unternehme, ist Addition. Der Subtraktion stehe ich fern.«

Damit will er sagen, dass er sein ganzes Leben unter dem Aspekt des Pluszeichens, das ihm Wohlergehen und Zuwachs bedeutet, einrichtet und führt. Mit der richtigen Einstellung kommt man tatsächlich ohne Subtraktion aus. Man ist gegen Verluste gefeit, dies schon allein deshalb, weil jeder Verlust durch einen größeren Gewinn aufgehoben wird. Das Pluszeichen steht hier für den Zuwachs an Weisheit und Kraft, an Glauben, Wissen, Gesundheit und Glück.

Konkret lebt man im ständigen Zuwachs, indem man sich an die positive Seite des Lebens hält und sich durch entsprechende Meditation auf innere Führung und Harmonie, richtiges Handeln und Erfolg einstellt. Wer sich selbst glücklich und erfolgreich vorstellt und fühlt, sorgt dafür, dass sein Leben mithilfe der schöpferischen Kraft des Unbewussten im Zeichen des Wohlergehens und des glücklichen Zuwachses steht.

Von da an ging es aufwärts

Ein Versicherungsvertreter klagte mir mit den folgenden Worten sein Leid: »Ich gebe mir die größte Mühe und plage mich bis spät in die Nacht ab, um es zu etwas zu bringen. Erfolg und Verdienst bleiben jedoch denkbar enttäuschend, ja mager.«

Wir vereinbarten eine wöchentliche Zusammenkunft. Zunächst legte ich es darauf an, dass er sich körperlich und geistig entspannen lernte. Sobald er sich im Zustand lockerer Gelöstheit befand, redete ich ihm wie folgt zu: »Sie sind jetzt entspannt und ausgeglichen, heiter und ruhig. Es geht Ihnen gut: geistig, körperlich und auch finanziell. Es geht Ihnen Tag und Nacht gut. Sie verkörpern in sich den Erfolg. Sie sind neuen Ideen gegenüber aufgeschlossen und empfänglich. Ihr Bestes ist mobilisiert und durchdringt Sie unaufhörlich, endlos, mit dem Gefühl der Freude und Freiheit. Für Sie arbeitet jetzt das Gesetz des Wachstums. Es bringt Ihnen das Gute.«

Danach sprach er diese Meditationsformel, die als Gebet aufzufassen ist, auf sich bezogen in der ersten Person.

Unsere gemeinsamen Bemühungen führten zu höchst erfreulichen Ergebnissen. Innerhalb weniger Wochen zeichnete sich bereits die Wendung zu seinem Besten ab. Es gelang ihm, die Anzahl seiner Versicherungsabschlüsse beträchtlich zu vermehren und dementsprechend immer besser zu verdienen. Er fand nun an seiner Arbeit Freude und hatte ein gutes Einkommen. Vor allem hatte er – was für seine Zukunft nicht weniger wog – die Erfahrung gemacht, dass eine positive Einstellung das Leben zu ändern vermag.

Er brachte es zum Millionär

An dieser Stelle scheint es mir angebracht zu sein, Ihnen noch einmal in Erinnerung zu rufen, wie Sie eine Ihnen vorschwebende Idee oder ein Vorstellungsbild dem Unterbewusstsein einverleiben können.

Jeder Mensch hat sein höchstpersönliches Bewusstsein. Sein individuelles Bewusstsein wählt und wägt ab, es unterscheidet, analysiert, forscht und ergründet. Es ist fähig, deduktiv und induktiv zu denken, das heißt fähig, vom Allgemeinen auf das Besondere zu schließen und umgekehrt. Jeder Mensch hat aber auch ein Leben, das unterhalb der Bewusstseinsschwelle abläuft: das Unbewusste. Das Unterbewusstsein ist der ständigen Beeinflussung durch das Bewusstsein ausgesetzt, es gehorcht ihm. Man könnte darum ohne Weiteres das Unterbewusstsein als eine Art Diener des Bewusstseins bezeichnen. Es dringt jedoch nicht alles, was unser Bewusstsein passiert, in die Tiefe des Unbewussten hinab. Nicht alles fällt gleich auf den Grund unserer Seele. Es bedarf einer bestimmten Intensität, damit sich etwas unserem Unterbewusstsein einprägt. Will man daher dem Unbewussten etwas einpflanzen, so muss unser gesteuertes Denken jenen Grad an Intensität aufweisen, dass es tatsächlich das Unterbewusstsein erreicht. Die erforderliche Intensität erzielt man durch innere Sammlung, durch geistige Konzentration.

Hier möchte ich ein Beispiel einschalten, das für sich selbst spricht und dessen Zeuge ich bin. Die Sache begann mit einem Brief, den ich von einem Mann erhielt. Er hatte mein Buch *Die Macht Ihres Unterbewusstseins* gelesen und schrieb mir in diesem Zusammenhang, er sei fest entschlossen, sein Geschäft – er besaß in einer entlegenen Provinzstadt eine bescheidene Imbissstube –

zu einem bedeutenden Unternehmen des Gastgewerbes auszubauen, das über viele Restaurationsbetriebe nicht nur in seiner amerikanischen Wahlheimat, sondern auch in seinem europäischen Herkunftsland verfügen würde. Er konzentriere sich jetzt, so versicherte er, auf eine Million Dollar; er sei sicher, diese eine Million einst auch zu haben.

Seither sind ein paar Jahre vergangen. Der Mann hat mir später selbst berichtet, wie er die in dem erwähnten Buch beschriebenen Techniken anwandte, um dem Unbewussten sein Ziel einzuprägen. Er versetzte sich jeweils vor dem Einschlafen in einen Zustand körperlicher und geistiger Entspannung und gelöster innerer Ruhe. Dann konzentrierte er alle seine Gedanken auf die Vorstellung eines Bankauszuges, der ein Guthaben von einer Million Dollar auswies. Seine ganze Aufmerksamkeit ging in diesem Vorstellungsbild auf. Seinem inneren Erleben nach war er der glückliche Besitzer dieses Bankguthabens. Und in dieses Bild steigerte er sich jede Nacht vor dem Schlafengehen hinein.

Zunächst trat in das Leben dieses Mannes eine Frau, die er später heiratete. Sie liebte ihn nicht zuletzt wegen seiner Begeisterungsfähigkeit und der sicheren Überzeugung, sein hochgestecktes Ziel zu erreichen. Sie selbst war zwar nicht gerade sehr reich, aber immerhin recht wohlhabend. Aus den vorhandenen Mitteln kaufte das Paar ein erstes Restaurant auf, das unter der Führung des Mannes bestens ging. Es dauerte nicht lange und der Mann führte bereits zwei angegliederte Restaurationsbetriebe und von da an machte er Geld. Zu den schon vorhandenen gesellten sich neue Restaurants in seinem Besitz. Er hatte aber auch eine sehr glückliche Hand in der Anlage eines Teiles seiner Geldmittel in Wertpapieren und machte mit Ölaktien ganz fantastische Gewinne. Er dankte mir als Autor des von ihm geschätzten Buches durch die Übersendung eines überaus großzügigen Geschenks, und ich darf wohl sagen, dass ich mich kaum je über ein Geschenk mehr gefreut habe.

Der Mann hat zum Zeitpunkt, da ich diese Zeilen schreibe, weit mehr als nur eine Million Dollar auf der Bank. Was er seinem Unbewussten eingeprägt hatte, verwirklichte sich in seinem

Leben mit Zins und Zinseszinsen. Dazu gehören insbesondere auch seine glückliche Frau und ein Kind, das dem Paar erst kürzlich geboren wurde.

Gebet um Wohlergehen

Dann wird es dir auf deinen Wegen gelingen und du wirst es recht ausrichten (Josua 1, 8).

»Ich präge jetzt meinem Unterbewusstsein das Vorstellungsmuster des Wohlergehens und Erfolges ein. Ich verbinde mich mit der unendlichen Quelle, der alles entströmt, was ich brauche. Ich lausche der Stimme Gottes in mir. Seine Stimme leitet mich und lenkt alles, was ich unternehme. Ich fühle mich Gottes Reichtum und Fülle verbunden. Ich glaube und weiß, dass es neue und bessere Möglichkeiten gibt, beruflich vorwärtszukommen. Gott wird mir diese offenbaren.

Ich entfalte meine geistigen Anlagen und verrichte meine Arbeit in Gott, der mich auf allen Wegen leitet. Die mir innewohnende göttliche Weisheit wird mir die Mittel und Wege zu beruflichem Erfolg zeigen.

Die Worte, die ich jetzt gläubig und überzeugt spreche, führen mich auf den Höhenweg zu Glück und Erfolg. Ich gehe den richtigen Weg, weil ich ein Kind Gottes bin. *Der Herr wird meine Sache hinausführen. Herr, deine Güte ist ewig.* (Psalm 138, 8).«

Zusammenfassung

1. Lernen Sie sich der Ihnen innewohnenden geistigen Kräfte zu bedienen. Stellen Sie sich auf Glück und Wohlergehen ein. Dann steht Ihnen die Fülle des Lebens offen.
2. Wenn Sie den Entschluss fassen, für andere Geld zu machen, dann werden auch Sie selbst es zu materiellem Wohlstand bringen, und zwar in einem Maße, wie Sie es selbst nicht erwarten.
3. Ihr Unterbewusstsein kennt Mittel und Wege, von denen Sie nichts wissen. Prägen Sie ihm die Idee des Wohlergehens ein. Sie wird in Ihrem Leben ihren Niederschlag finden.
4. Eine geradezu wunderbare Formel, die Ihnen zu Glück und Wohlstand verhilft, stellt der Inhalt des schlichten Gebetes dar: »Gott gibt mir mehr, als ich brauche.«
5. Das dankbare Herz steht immer nahe bei Gott. Drücken Sie Ihre Dankbarkeit mit dem Bibelwort aus: *Vater, ich danke dir, dass du mich erhört hast. Ich wusste wohl, dass du mich allezeit hörst* (Johannes 11, 41–42). Schlafen Sie immer mit dem Gebet auf den Lippen ein: »Ich danke dir.«
6. Was Sie Ihrem Unterbewusstsein intensiv und in gläubiger Überzeugung einprägen, wird in Ihrem Leben zum Ausdruck kommen. Das gilt auch für materielle Wünsche wie beispielsweise den folgenden Wunsch: »Mein Haus ist schuldenfrei und mir fließt Geld reichlich zu.«
7. Stellen Sie Ihr Leben unter den Aspekt des Pluszeichens. Die Addition steht für den Zuwachs an Weisheit und Kraft, an Glauben, Wissen, Gesundheit und Glück.
8. Wenn Sie sich immer wieder vergegenwärtigen: »Mein Bestes ist mobilisiert und durchdringt mich unaufhörlich, endlos!«, so wird Gottes Fülle Ihrem aufgeschlossenen, empfänglichen Geist einfließen.
9. Durch bewusste Konzentration und innere Sammlung erreichen Sie durch das auf seine eigene Weise reagierende Unbewusste auch das Ziel hochfliegender Pläne – genauso wie jener Mann, der Millionär werden wollte und es auch wurde.
10. *Dann wird es dir auf deinen Wegen gelingen und du wirst es recht ausrichten.* (Josua 1, 8).

Sie sind dazu geboren, sämtliche Hindernisse im Leben zu überwinden und zu bezwingen. Gott wohnt, wandelt und spricht in Ihnen, er ist das Lebensprinzip in Ihnen und Sie sind ein Kanal für das Göttliche. Sie sollen die Eigenschaften, Attribute, Kräfte und Aspekte Gottes auf dem Bildschirm des Raums, also in Ihrem Leben und in Ihrer Welt, sichtbar machen. Alles ist wunderbar sind Sie!

Was Gott beginnt, das vollendet er auch – sei es ein Stern, ein Baum oder ein ganzer Kosmos. Verbünden Sie sich mit der Ihnen innewohnenden kosmischen Kraft, damit Sie im Spiel des Lebens gewinnen. Wenn Sie sich gedanklich und gefühlsmäßig auf die unendliche Kraft ausrichten, werden Sie feststellen, dass diese für Sie wirksam wird und es Ihnen ermöglicht, ein erfülltes, geistig und materiell reiches Leben zu führen.

Sein neues geistiges Bild vom eigenen Ich verwirklichte sich

»Ich bin seit zehn Jahren bei meiner Firma, bin aber nie befördert worden und habe noch nie eine über die Geldentwertung hinausgehende Gehaltsaufbesserung bekommen. Mit mir muss irgendetwas nicht stimmen.« Das sagte ein Mann, den wir John nennen wollen, voll Bitterkeit, als er mich zur ersten Konsultation aufsuchte. Beim Gespräch mit ihm fand ich heraus, dass er sich in beruflichen Fragen von einem unterbewussten Versagensmuster leiten ließ.

John hatte die Gewohnheit, sich selbst ständig herabzusetzen. Er sagte zu sich: »Ich tauge nichts, ich werde immer übergangen, ich werde noch meinen Job verlieren, ich werde vom Pech verfolgt.« Er war voller Selbstkritik und Minderwertigkeitsgefühle. Ich erklärte ihm, beides gehöre zu den zerstörerischsten geistigen Giften, die ein Mensch produzieren könne; durch sie verliere er jede Vitalität, Begeisterung, Energie und auch Urteilsfähigkeit, sodass er schließlich ein geistig-seelisches wie auch ein körperliches Wrack werde. Außerdem, so sagte ich, seien diese negativen Behauptungen – »Ich tauge nichts, ich werde immer übergangen« – Befehle an sein Unterbewusstsein, das sie wörtlich nehme und folglich sein Leben mit Blockaden, Verzögerungen, Mängeln, Einschränkungen und Hindernissen aller Art behindere.

Das Unterbewusstsein ist wie der Erdboden, der Samen aller Sorten, gute und schlechte, aufnimmt und ihnen Nahrung für ihr Wachstum liefert.

John fragte: »Ist dies der Grund, warum ich bei unseren regelmäßigen geschäftlichen Konferenzen übergangen und ignoriert werde?« Ich bejahte. John hatte im Geiste ein völlig negatives Bild von sich etabliert und erwartete geradezu, übersehen und ignoriert zu werden. Das Gute blockte er tatsächlich selbst ab. Er stellte die uralte biblische Weisheit unter Beweis: *Denn was ich gefürchtet habe, ist über mich gekommen* (Hiob 3, 25).

Um John zu helfen, sich von den Mustern der Selbstablehnung und des Versagens zu befreien, riet ich ihm, über die große Wahrheit nachzusinnen: *Ich vergesse, was da hinten ist, und strecke mich zu dem, was da vorne ist, und jage – nach dem vorgesteckten Ziel – nach dem Kleinod, welches vorhält die himmlische Berufung Gottes…* (Philipper 3, 13–14).

John wollte wissen: »Wie soll ich die Abfuhren, Kränkungen und Zurückweisungen vergessen? Das ist sehr schwer.«

Man kann es, aber man muss zu der klaren Entscheidung kommen, die Vergangenheit fallen zu lassen, und mit dem inneren Auge beharrlich Erfolg, gute Leistung und Beförderung betrachten. Ihr Unterbewusstsein wird von dem geprägt, was Sie wirklich meinen, wenn Sie etwas denken oder sagen. Wenn Sie sich aus alter Gewohnheit wieder herabsetzen wollen, dann müssen Sie sofort Ihre Gedanken ändern und auf das Gute ausrichten.

John begriff, wie unlogisch und töricht es ist, eine geistige Last an Enttäuschungen und Fehlschlägen aus der Vergangenheit in die Zukunft mitzuschleppen. Das ist genauso, als würde man den ganzen Tag eine schwere Eisenstange auf den Schultern herumtragen, wodurch man natürlich in einen Zustand der Ermüdung oder gar völligen Erschöpfung gerät. Wenn in John von nun an Gedanken der Selbstkritik oder Selbstverurteilung aufkamen, richtete er sich sofort auf das Gute aus, indem er sich vorsagte: »Erfolg ist mir beschieden, Harmonie ist mir beschieden, ich werde befördert.« Im Lauf der Zeit hatte er so das negative Denkmuster durch positives, konstruktives Denken ersetzt.

Ich empfahl ihm eine einfache Technik zur Prägung seines Unterbewusstseins: Er solle sich seine Frau vorstellen, wie sie ihm zur Beförderung gratulierte und ihn voll Glück und Begeisterung umarmte. Diese Szene solle er sich sooft wie möglich und insbesondere immer vor dem Einschlafen vergegenwärtigen.

John machte sich ein sehr lebendiges geistiges Bild von der Szene, indem er seine Aufmerksamkeit von den Dingen des Alltags abwandte, seinen Körper entspannte und sein inneres Auge auf seine Frau richtete. Im Geiste führte er folgendes Gespräch mit ihr: »Du Liebe du! Ich bin heute befördert worden, es ist einfach großartig. Der Chef beglückwünschte mich und ich werde im Jahr fünftausend Dollar mehr Gehalt bekommen! Ist das nicht herrlich?« Dann stellte er sich die Antwort seiner Frau vor, hörte ihre Stimme, sah ihr Lächeln und ihre Gesten.

In seinem Geist spielte sich alles ganz wirklich ab. Nach und nach sank dieses geistige Bilderleben, das in seinem Bewusstsein wie ein Film ablief, in sein Unterbewusstsein. Vor ein paar Tagen nun kam John zu mir und sagte: »Ich muss es Ihnen einfach berichten: Ich bin zum Gebietsleiter befördert worden. Das geistige Kino hat das geschafft.«

John hat an sich selbst erfahren, wie der Geist arbeitet; er hat begriffen, dass das neue Denkmuster seiner positiven geistigen Vorstellungsbilder – das geistige Kino – allmählich in die Tiefenschichten seines Unterbewusstseins eingedrungen ist, dass sein Unterbewusstsein aktiviert worden ist und alles mobilisiert hat, was er zur Verwirklichung seines sehnlichsten Wunsches brauchte.

In der Bibel heißt es: *Alles, was ihr bittet in eurem Gebet, glaubet nur, dass ihr's empfangen werdet, so wird's euch werden* (Markus 11, 24). In solch einfachen Worten wird Ihnen hier enthüllt, dass Sie, wenn Sie glauben und in freudiger Erwartung des Besten leben, das Erstrebte erhalten. John hatte gelernt, felsenfest zu glauben, dass er befördert, eine Gehaltserhöhung bekommen, Respekt und Ansehen erringen würde. Ihm widerfuhr, was er glaubte.

Heute ist John ein anderer, ein glücklicher Mensch. Lebensfreude und Begeisterung erfüllen ihn. Seine Augen strahlen und seine Stimme hat einen neuen Klang, den Wohllaut, der von Selbstvertrauen und Selbstachtung kündet.

Eine Million Dollar kraft geistiger Vorstellung

In Palm Springs erzählte mir ein älterer Mann, er habe mit vierzig ein Leben der Enttäuschungen, Fehlschläge, Niedergeschlagenheit und tiefer Hoffnungslosigkeit geführt. Dann habe er in seiner Heimatstadt San Pedro einen Vortrag über »Das Wunder des Geistes« von dem mittlerweile verstorbenen Dr. Harry Gaze gehört, der seinerzeit die ganze Welt bereist und Seminare veranstaltet hatte.

Der Mann sagte, aufgrund des Vortrags, der ihn tief beeindruckte, habe er an sich selbst und seine inneren Kräfte zu glauben begonnen. Schon immer habe er sich gewünscht, ein Kino zu besitzen; aber ihm sei stets alles schiefgegangen und Geld habe er auch nie gehabt. Nun aber habe er beharrlich folgende positive Behauptung aufgestellt: »Ich weiß, dass ich es schaffen kann, mir wird ein Kino gehören.«

Heute besitzt er zwei Filmtheater und ist Millionär. Selbst scheinbar unüberwindliche Hindernisse hat er im Sturm genommen. Sein Unterbewusstsein verwirklichte, da er es aufrichtig meinte und wirklich erfolgreich sein wollte, seinen Wunsch.

Das Unterbewusstsein kennt Ihre innere Motivation und Ihre wirkliche Überzeugung, Sie können es nicht täuschen. Und in der

Bibel heißt es: *Was du wirst vornehmen, wird er dir lassen gelingen …* (Hiob 22, 28).

Die Zauberformel jenes Mannes war ein geistiges Bild. Dieses Bild trug er in sich und er blieb ihm treu, sodass es sich seinem Unterbewusstsein einprägte und dieses schließlich alles beisteuerte, was er zur Verwirklichung seines Wunsches benötigte.

Eine Schauspielerin überwand Lampenfieber und Rückschläge

Eine junge Schauspielerin suchte mich auf, weil sie schrecklich unter Lampenfieber beim Vorspielen und bei Probeaufnahmen geradezu unter panischer Angst litt. Dreimal sei sie bei den Proben schon durchgefallen.

Ich erkannte sehr schnell, dass ihr wirkliches Problem ihr geistiges Bild der Panik vor der Kamera war und dass sie sich selbst zum Scheitern verurteilte wie einst Hiob: *Denn was ich gefürchtet habe, ist über mich gekommen* (Hiob 3, 25).

Ich klärte die junge Schauspielerin über den Einfluss unseres Denkens und die Funktionsweise des Bewusstseins und des Unterbewusstseins auf. Schließlich erkannte sie, dass sie, wenn sie ihre Aufmerksamkeit auf konstruktive Gedanken richtete, die aus ihren Gedanken erwachsenden Segnungen automatisch in ihr Dasein würde bringen können. Sie entwarf selbst einen Plan, wie sie sich geradliniges, vertrauensvolles Denken angewöhnen würde. Sie wusste jetzt um das große Geistesgesetz, das alles, was man zu sein behauptet, Wirklichkeit werden lässt – vorausgesetzt natürlich, dass man von der Wahrheit der über sich selbst aufgestellten Behauptungen tief überzeugt ist. Je öfter man beispielsweise sich selbst gegenüber behauptet: »Ich habe Angst«, desto größere Angst wird man erzeugen. Je öfter man andererseits behauptet: »Ich bin voll Glauben und Selbstvertrauen«, desto mehr Sicherheit und Zutrauen zu sich wird man entwickeln.

Der Schauspielerin schlug ich vor, folgende erhebende Gedanken auf eine Karte zu tippen:

- Ich bin erfüllt von Frieden, Sicherheit, Ausgeglichenheit und Gemütsruhe.
- Ich fürchte nichts Böses, denn Gott ist in mir.
- Ich bin immer heiter, ruhig, entspannt und gelassen.
- Ich bin voller Glauben und vertraue auf die einzige Macht, die es gibt – Gott.
- Ich bin geboren, um das Leben zu meistern, Erfolg zu haben und zu triumphieren.
- Ich habe bei allen meinen Unternehmungen Erfolg.
- Ich bin eine großartige Schauspielerin und überaus erfolgreich.
- Ich bin liebevoll, mit mir selbst im Reinen und fühle mein Einssein mit Gott.

Diese »Merkkarte« trug sie ständig bei sich. In der Eisenbahn, im Flugzeug und während der häufigen Pausen tagsüber konzentrierte sie sich auf die angeführten Wahrheiten, die sie nach wenigen Tagen auswendig wusste. Aufgrund beharrlicher Wiederholung gelang es ihr, die Wahrheiten in ihr Unterbewusstsein zu senken. Sie stellte fest, dass ihre Behauptungen, von denen eine erhebende geistige Schwingung ausging, in ihrem Unterbewusstsein die schädlichen Muster von Angst, Zweifel und Unzulänglichkeit neutralisierten. Es dauerte nicht lange und sie wurde tatsächlich heiter, ruhig, gelassen und selbstsicher. Sie hatte die kosmische Kraft für ein erfülltes Leben entdeckt.

Etwa fünf oder sechs Minuten wandte sie morgens, nachmittags und abends eine einfache Technik an: Sie setzte sich ruhig auf einen Stuhl, entspannte ihren Körper und bildete sich ein, vor der Kamera zu stehen – gelassen, heiter, ruhig und entspannt. Sie sah sich als überaus erfolgreich und stellte sich voll Freude vor, die Glückwünsche des Drehbuchautors und ihres Agenten zu hören. Dann dramatisierte sie die Rolle, wie das eine gute Schauspielerin ja kann, machte sie in ihrem Geist wirklich und lebendig. Sie wusste, dass die unendliche Kraft, die unsere Erde bewegt, auch durch das geistige Bild in ihr strömte und sie zwingen würde, eine großartige Leistung zu bieten.

Ein paar Wochen später arrangierte ihr Agent wieder Probeaufnahmen für sie. Dieses Mal war sie so begeistert und so von der Vorstellung ihres Triumphs erfüllt, dass sie eine wunderbare Darbietung gab. Heute erringt sie einen Erfolg nach dem anderen und ist auf dem besten Weg, ein Star zu werden.

Erfolgreich und wohlhabend sind Sie durch Ihr inneres Sein

In der »Kona Inn« auf Hawaii hatte ich ein interessantes Gespräch mit einem Mann, der mir eine fantastische Geschichte aus seiner Jugend erzählte. Er war gebürtiger Londoner und seine Mutter hatte ihm in frühester Kindheit gesagt, er sei in ärmlichen Verhältnissen zur Welt gekommen, sein Vetter dagegen in einem reichen, vermögenden Haus; so gleiche Gott die Dinge aus. Später kam er darauf, dass sie damit gemeint hatte, er sei in einem früheren Leben sehr wohlhabend gewesen, jetzt rechne Gott mit ihm ab und schicke ihn auf dem Weg ausgleichender Gerechtigkeit zurück auf die Erde in ärmliche Verhältnisse.

»Ich sah dies als Unsinn an«, sagte er. »Mir war klar, dass Gott die Person nicht ansieht, sondern den Menschen gemäß ihren Überzeugungen gibt. So kann ein Mensch Multimillionär und dabei spirituell ausgerichtet und erleuchtet sein. Andererseits schließt materielle Armut noch lange nicht aus, dass ein Mensch böswillig, eigensüchtig, neidisch und habgierig ist.«

Als Junge hatte dieser Mann in London Zeitungen verkauft und Fenster geputzt; später hatte er Abendkurse besucht und sich durchs College gearbeitet. Heute ist er einer der namhaftesten Chirurgen Englands. Sein Lebensmotto lautet: »Man geht immer auf seine Vision zu.« Seine Vision war, Chirurg zu werden, und sein Unterbewusstsein reagierte, um das geistige Bild, das er in seinem Bewusstsein trug, im Leben zu verwirklichen.

Der Vater seines Cousins war Multimillionär und hatte den Cousin durch Privatlehrer ausbilden lassen, hatte ihm spezielle Bildungsreisen quer durch Europa ermöglicht und ihn auf die Universität Oxford geschickt. Er hatte seinen Sohn mit Dienern,

Autos und reichlich Geld ausgestattet. Doch der junge Mann erwies sich trotz solcher Voraussetzungen als Versager. Er war viel zu nachsichtig behandelt worden, hatte keinerlei Selbstsicherheit und Selbstvertrauen gewinnen können. Nie hatte er selbst die Initiative ergreifen, Hindernisse überwinden oder Hürden nehmen müssen. Niemand hatte ihm je gesagt, dass alles von seinem Denken und Glauben abhängt. Er wurde schließlich zum Alkoholiker und unfähig, das Leben zu meistern. Welcher der beiden Männer war und ist nun reich und welcher arm? Der Chirurg ist mit den Handicaps seiner Herkunft glänzend fertig geworden. Er sagte zu mir, er sei dankbar, dass er auf dem schweren Weg habe emporkommen müssen. »Gerechtigkeit ist eine Sache des Geistes und wenn ein Mensch damit einverstanden ist, sich für einen Penny am Tag abzuquälen, wird er nur diesen bekommen.«

Dieser Mann hatte früh erkannt, dass Reichtum, Erfolg, Leistung und Wohlstand Errungenschaften geistiger Natur sind, denn was ein Mensch in seinem Unterbewusstsein sät, das wird er ernten.

Der magische Schlüssel zum Erfolg

Vor Kurzem sagte ein Mann zu mir: »Ich hatte keine Chance im Leben. Meine Eltern waren sehr arm, wir hatten nie genug zu essen. In der Schule kam ich mit anderen Jungen zusammen, deren Väter schöne Häuser mit Swimmingpool, Autos und Geld im Überfluss besaßen. Das Leben ist einfach unfair!«

Ich erklärte ihm, dass die Härten der Armut oft Ansporn sind und einen Menschen auf den Gipfel des Erfolgs treiben können. Ein schönes Heim mit Pool, Reichtum, Ansehen, Erfolg – das alles sind Vorstellungen im menschlichen Geist, der eins ist mit dem unendlichen Geist Gottes.

Dann veranschaulichte ich ihm, wie unlogisch, irrational und unwissenschaftlich manche Menschen denken. Sie sagen beispielsweise, Helen Kellers Geburt sei eine Ungerechtigkeit, weil Helen als kleines Kind das Augenlicht und das Gehör verlor. Aber sie lernte die Reichtümer des Geistes nutzen. Sie »sah« mit ihren blauen Augen – besser vermutlich als die meisten Menschen – alle Farben einer prunkvollen Opernaufführung und »hörte« die Crescendos, Diminuendos des Orchesters, die Schönheit der Solostimmen und den vollen Klang des Gesamtorchesters, sie erfreute sich an den Koloraturen des lyrischen Soprans und bekam auch den Humor ihres im Geiste sich abspielenden Stücks voll und ganz mit.

Helen Keller leistete unendlich viel Gutes. Durch Meditation und Gebet erweckte sie das innere Auge und richtete Taube sowie Blinde auf der ganzen Erde seelisch und geistig auf. Tausenden von Invaliden und wie auch immer Behinderten verhalf sie zu Glauben, Selbstvertrauen, Freude und fantastischer spiritueller Erbauung. Tatsächlich erreichte und bewirkte sie weit mehr als viele Menschen, die sehen und hören. Sie fühlte sich, wie wir aus ihren Schriften und mündlichen Zeugnissen wissen, weder unglücklich noch aufgrund ihres Schicksals diskriminiert. So etwas wie Unterprivilegierte oder Überprivilegierte gibt es nicht!

Der Mann, der behauptete, im Leben keine Chance gehabt zu haben, war von Helen Kellers Geschichte zutiefst beeindruckt. Auf meinen Rat hin machte er sich einen Erfolgsplan und schrieb sich ein Gebet auf, das er dreimal täglich fünfzehn Minuten lang voll Überzeugung sprechen wollte.

Es lautete wie folgt: »Ich stehe im Leben auf dem richtigen Platz und tue, was ich immer gern tun wollte. Ich bin geradezu glücklich. Ich habe ein schönes Haus, eine gütige, wunderbare Frau und einen neuen, modernen Wagen. Ich gebe meine Talente auf breiter Basis weiter und Gott offenbart mir bessere Möglichkeiten, der Menschheit zu dienen. Ich akzeptiere ausdrücklich in gläubiger Bejahung die Tatsache, dass sich mir eine neue, herrliche Chance eröffnet. Ich weiß, dass Gott mich auf allen meinen Wegen zu höherer Selbstverwirklichung führt. Ich glaube an meinen Wohlstand, meine Sicherheit und freue mich über beides. Ich glaube, dass sich mir jetzt wunderbare Chancen bieten. Ich glaube, dass sich über mich Segnungen ergießen werden, die ich in meinen kühnsten Träumen nicht zu erhoffen wagte.«

Der Mann ließ sich diese positiven Suggestionen auf eine Karte tippen, die er ständig bei sich trug. Dreimal täglich wiederholte er sie regelmäßig und systematisch fünfzehn Minuten lang. Wenn ihn Angst oder Sorge erfassten, zog er die Karte heraus und wiederholte die Wahrheiten mehrmals, denn er wusste, dass negative Gedanken immer durch konstruktive, erhebende Gedanken vertrieben und ausgelöscht werden.

Er hatte begriffen, dass bildhafte Vorstellungen durch Wiederholung, Glauben und Erwartung an das Unterbewusstsein weitergegeben werden und dass das Unterbewusstsein die Dinge verwirklicht, die man ihm denkend und glaubend einprägt, weil es gemäß den Denkgewohnheiten eines Menschen reagiert und gleichsam selbstständig handelt.

Acht Monate später traf ein, worüber der Mann meditierte. Er ist jetzt verheiratet, hat ein schönes Haus und ein eigenes Geschäft, das seine Frau für ihn kaufte; er tut, was er schon immer gern tun wollte, und ist glücklich. Sogar Mitglied des Stadtrats ist er geworden, er unterstützt die amerikanischen Pfadfinder und verschiedene gemeinnützige Organisationen. Dieser Mann hat den magischen Schlüssel zum Erfolg gefunden und die große Chance, die jeder Mensch besitzt, sinnvoll genutzt.

Ein Vertreter brachte sich beruflich vorwärts

Der Vertreter einer pharmazeutischen Firma war in acht Jahren auf der beruflichen Erfolgsleiter keine einzige Sprosse emporgestiegen, ganz im Gegensatz zu einigen Kollegen, die viel weniger qualifiziert schienen als er. Sein Problem war, dass er an einem starken Minderwertigkeitskomplex litt und glaubte, überall zurückgewiesen und abgelehnt zu werden. Begreiflicherweise vermochte er mit dieser Einstellung seine Umsätze nicht zu steigern.

Ich gab ihm den Rat, nett zu sich selbst zu sein und sich lieber zu mögen, denn sein tiefstes Ich sei in Wirklichkeit Gott. Er sei das Haus, in dem Gott wohne, und müsse gesunden, aufrichtigen Respekt vor dem ihm innewohnenden Göttlichen haben, das ihn erschaffen, ihm das Leben gegeben und ihn mit gottgegebenen Kräften ausgestattet habe. Diese Kräfte würden es ihm ermöglichen, alle Hindernisse zu überwinden, zu Wohlstand und höchster Selbstverwirklichung zu gelangen und die Fähigkeit zu erwerben, ein erfülltes, glückliches Leben zu führen.

Der Vertreter erkannte sehr rasch, dass er mit gleichem Aufwand an geistiger Energie in Zukunft genauso gut konstruktiv wie früher destruktiv denken konnte. Er beschloss, nicht länger an die Gründe seiner Erfolglosigkeit zu denken, sondern an Glaubenstatsachen, die ihm Erfolg bescheren müssten.

Seine spirituelle Formel lautete folgendermaßen: »Von diesem Moment an gebe ich meinem Leben einen neuen Wert. Ich bin mir meines wirklichen Wertes bewusst. Ich höre auf, mich selbst abzulehnen, und werde mich nie mehr herabsetzen. Immer wenn mir ein zerstörerischer Gedanke kommt, werde ich sofort voll Nachdruck sagen: ›Ich preise Gott in meiner Mitte.‹ Ich achte und ehre mein Ich, das mit Gott eins ist. Ich hege gesunden, aufrichtigen Respekt vor der unendlichen Kraft in mir, die allwissend und weise ist; sie ist die ewig lebendige, sich selbst erneuernde Gegenwart und Allmacht Gottes. Tag und Nacht bewege ich mich jetzt vorwärts, ich komme voran, ich wachse geistig und seelisch und genauso wachsen meine beruflichen Erfolge.«

Dreimal täglich zog sich der Vertreter in einen stillen Winkel zurück und vergegenwärtigte sich diese Wahrheiten, wodurch er nach und nach sein ganzes Gemüt mit Ausgeglichenheit, Selbstsicherheit, Ruhe und dem Gefühl für seinen wirklichen Wert durchtränkte.

Etwa drei Monate später wurde er Verkaufsleiter für den mittleren Westen. Unlängst schrieb er mir: »Dank Ihnen bin ich geistig und materiell auf dem Weg nach oben.«

Diesem Mann hatte ich zusätzlich zu dem eben wiedergegebenen Meditationsinhalt die uralte Spiegelbehandlung empfohlen, um es ihm zu ermöglichen, seinen wirklichen Wert und seine Bedeutung im Lebensschema als ein Mensch, der mit außergewöhnlichen, einmaligen, aber noch nicht erweckten Talenten und Fähigkeiten begabt ist, rascher zu erkennen. Er schrieb in seinem Brief darüber:

»Jeden Morgen nach dem Rasieren betrachte ich mich im Spiegel und versichere mir inbrünstig und voll Überzeugung: ›Peter, du bist objektiv herausragend, du bist ein immens erfolgreicher Mensch, du bist voll Glauben und Selbstvertrauen und steinreich. Du bist voll Liebe und Harmonie und göttlich inspiriert. Ich bin eins mit Gott und zusammen mit Gott bildet man eine absolute Mehrheit.‹ Dieses Verfahren wende ich jeden Morgen an. Ich bin verblüfft über die vielen wunderbaren Veränderungen, die in meinem Berufsleben, meinen finanziellen Verhältnissen, in meinen Beziehungen zu Freunden und meinem häuslichen Leben stattgefunden haben. Es ist drei Monate her, dass Sie mir diese beiden Techniken erklärt haben, und jetzt hat man mich zum Verkaufsleiter befördert.«

Der Mann hatte sich mit den Wahrheiten identifiziert, die er sich vergegenwärtigte, und so ein neues Bild von sich selbst entwickelt und sein Gemüt mit Ausgeglichenheit, Selbstsicherheit und Selbstvertrauen verwandelt. Er hatte ausdrücklich an die Macht seines Unterbewusstseins appelliert und war von der Überzeugung durchdrungen, dass es auf seine bewusste geistige Aktivität reagieren werde. Er hat die großartige psychologische Wahrheit des Bibelworts an sich erfahren: *Wenn du könntest glauben! Alle Dinge sind möglich dem, der da glaubt* (Markus 9, 23).

Ein Abteilungsleiter überwand schlechte Eigenschaften

Der Leiter einer Verkaufsabteilung einer großen Gesellschaft, der beruflichen Rat suchte, gestand mir, dass ihn seine Untergebenen für rechthaberisch, übermäßig kritisch und mürrisch hielten; seine Mitarbeiter wechselten ständig und der Firmenchef hätte ihm schon Vorhaltungen wegen der vielen Kündigungen gemacht.

Ich erläuterte ihm, dass übertriebenes Pochen auf Autorität gewöhnlich ein Zeichen mangelnden Selbstvertrauens ist und den Anschein von Selbstsicherheit vermitteln soll. Ein Mensch könne sehr wohl ein ruhiges, zurückhaltendes Wesen haben und den Fehler meiden, die anderen arrogant herumzubefehlen, dabei aber dennoch überaus selbstsicher sein. Einem lärmenden, großtuerischen Menschen dagegen fehle es meist an Aufrichtigkeit und innerer Ausgeglichenheit.

Auf meinen Vorschlag hin begann der Mann seine Leute zu loben, wenn sie gute Arbeit geleistet hatten; zu seiner anfänglichen Überraschung erhielt er fast immer eine freundliche Antwort, denn mit seinem Lob stärkte er das Selbstvertrauen der Arbeiter. Er unterließ seine ständige Kritisiererei und Nörgelei, die das Klima in seiner Abteilung vergiftet hatten, und er setzte sich innerlich auch nicht mehr selbst herab – was die eigentliche Ursache seiner Schwierigkeiten gewesen war.

Um sein mürrisches Wesen zu ändern, wandte er eine besondere Atemtechnik an. Während er tief einatmete, bekräftigte er sich selbst gegenüber: »Ich bin ...« und während er langsam ausatmete: »... heiter.« Im Laufe der Zeit gelang es ihm, zwischen dem Ein- und Ausatmen die Luft lange anzuhalten. Diese Tiefenatmung machte er anfangs fünfzig- bis hundertmal, bis seine Stimmung sich besserte. Jetzt sagt er, dass er die besten Ergebnisse erzielt, wenn er während des Einatmens »Ich bin heiter« denkt und das während des Ausatmens wiederholt. Er hat den erstaunlichen physiologischen Wert tiefen Atmens erkannt, das automatisch ein Gefühl des Wohlbehagens vermittelt und die Prägung des Unterbewusstseins mit konstruktiven Gedanken begünstigt.

Zusätzlich zu den Atemübungen vollführte er mehrmals täglich eine spirituelle Übung; er sprach sich voll Überzeugung vor: »Ab sofort unterlasse ich jede Selbstbeschuldigung. Ich weiß, dass niemand auf der Welt vollkommen ist und dass auch meine Mitarbeiter und Kollegen nicht in jeder Hinsicht perfekt sein können. Ich freue mich über ihr Selbstvertrauen, ihre Einsatzbereitschaft und ihr Interesse an guter Leistung. Ich identifiziere jeden meiner Mitarbeiter ständig mit diesen Qualitäten.

Ich bin felsenfest überzeugt, dass ich alles, was ich unternehme, gut mache, und ich gewinne täglich in einem neuen Bereich größeres Selbstvertrauen. Ich weiß, dass Selbstsicherheit und Selbstbewusstsein Angewohnheiten sind, die ich mir auf ähnliche Weise aneignen kann, wie ich unlängst das Rauchen aufhörte. Ich ersetze Schüchternheit durch Sicherheit und durch gläubiges Vertrauen auf die mir innewohnende unendliche Kraft, die auf meine neuen positiven Denkgewohnheiten reagieren wird. Ich rede freundlich mit meinen Untergebenen, preise das Göttliche in ihnen und wiederhole ständig: ›Durch die Kraft Gottes, die mich stärkt, kann ich alles schaffen.‹ Wenn mir Gedanken des Zweifels kommen, ersetze ich sie sofort durch die Worte: ›Ich preise Gott in meiner Mitte.‹«

Dreimal täglich wiederholte der Abteilungsleiter diese Wahrheiten je sechsmal; er vergegenwärtigte sich ihren Inhalt und sprach Wort für Wort ruhig und gefühlvoll, wobei er sich stets bewusst machte, was er tat und warum er es tat. So entwickelte er neue, aufbauende Denkgewohnheiten.

Bereits sechs Wochen später war er ein anderer Mensch, heiter und seelisch ausgeglichen. Er stieg im Verlauf weniger Jahre bis zum Vizepräsidenten der Gesellschaft auf und hat heute ein Einkommen, das ein Vielfaches von jenem ausmacht, das er als Abteilungsleiter hatte.

Die Bibel hat recht, wenn sie sagt: ... *verändert euch durch Erneuerung eures Sinnes* (Römer 12, 2).

Zusammenfassung

1. Der Mensch ist dazu geboren, alle Hindernisse durch die Kraft des Allmächtigen zu überwinden, die ihm innewohnt und darauf wartet, von ihm erweckt und genutzt zu werden.
2. Menschen, die in ihrem Beruf scheitern, haben gewöhnlich ihr Unterbewusstsein mit dem Versagensmuster geprägt, das sie im Bewusstsein tragen. Solche Menschen müssen das geistige Bild von sich selbst ändern und sich gute Leistung, Erfolg und das Erreichen des Lebensziels lebhaft vorstellen; dann wird ihr Unterbewusstsein reagieren und sie sozusagen zum Erfolg zwingen, denn das Gesetz, dass das Unterbewusstsein verwirklicht, was man sich bildhaft vorstellt und zutiefst wünscht, wirkt zwingend.
3. Unterlassen Sie jede Selbstverurteilung. Vergessen Sie die Vergangenheit und betrachten Sie mit Ihrem inneren Auge Dinge, die Sie voranbringen und erheben, wie gute Leistung, Triumph und Erfolg. Sie werden das erlangen, was Sie geistig anvisieren.
4. Wenn Sie versucht sind, sich herabzuwürdigen, sollten Sie sofort Ihre negativen Gedanken ins Gegenteil umkehren und mit Nachdruck das Gute in Ihnen bejahen.
5. Sie werden zu dem, was Sie zu sein behaupten – vorausgesetzt natürlich, Sie halten das für wahr, was Sie von sich behaupten. Vorstellungen werden durch Wiederholung, Glauben und Erwartung der Verwirklichung an das Unterbewusstsein weitergegeben.
6. Sagen Sie sich: »Ich weiß, dass ich Erfolg haben kann. Ich werde erreichen, was ich mir vorgenommen habe. Ich werde sein, was ich sein will. Und ich weiß, dass meine ehrliche Entscheidung und tiefe Überzeugung Folgen haben wird. Ich weiß, dass das Unterbewusstsein nie versagt und dass von ihm alles, was ich ihm durch mein Denken und Glauben einpräge, zum Ausdruck gebracht und in meinem Leben sichtbar gemacht wird.
7. Wenn Sie Lampenfieber haben, stellen Sie sich vor, dass Sie sehr erfolgreich seien und jemand, den Sie lieben, Ihnen zu Ihrer großartigen Leistung und Selbstsicherheit gratuliert.
8. Sie gehen immer auf Ihre Vision zu, gleichgültig, ob Sie in einem Armenviertel oder einem Palast zur Welt gekommen sind. Reich ist man durch das, was man im Inneren ist. Gott sieht die Person nicht an; jedem geschieht nach seinem Glauben.
9. Helen Keller verlor in früher Kindheit das Augenlicht und das Gehör und vollbrachte dennoch Wunderdinge – dank des inneren kosmischen Lichts, das sie erleuchtete.

10. Eine wunderbare Erfolgsformel besteht darin, sich voll Gefühl und mit Nachdruck zu sagen: »Gott offenbart mir bessere Wege, der Menschheit zu dienen.«
11. Werden Sie sich Ihres wahren Wertes bewusst. Erkennen Sie jetzt sofort, dass Sie ein besonderer, einmaliger Brennpunkt für die Sichtbarmachung der Kraft Gottes sind.
12. Wenn Sie Minderwertigkeitsgefühle oder zu wenig Selbstvertrauen haben, prägen Sie Ihrem Unterbewusstsein die folgenden Wahrheiten ein, indem Sie sie durch Wiederholung zu Ihrer Denkgewohnheit machen: »Ich ehre und preise Gott in meiner Mitte. Ich habe aufrichtigen, großen Respekt vor dem Göttlichen in mir.« Diese Einstellung baut Selbstvertrauen und Selbstsicherheit auf.
13. Lob stärkt das Selbstvertrauen Ihrer Mitarbeiter oder Kollegen. Loben Sie jeden, wenn er gute Arbeit geleistet hat, und denken Sie daran, dass auf dieser Welt niemand vollkommen ist. Eine solche Einstellung verbannt Nörgelei und aggressive Manieren, die ein Anzeichen von Unsicherheit und Selbstverurteilung sind.

Wie Sie wirksam um die unendlichen Reichtümer beten

Wenn Sie die Weisheit bekräftigen: *Die Freude am Herrn ist meine Stärke*, so wird unweigerlich Freude in Ihr Leben einziehen. Analysieren Sie die Freude jedoch nicht, denn sie ist der eigentliche Lebensschwung, die Lebensäußerung, die Sie zu tragen vermag. Versuchen Sie auch nicht, Freude herbeizuzwingen. Wenn Sie beten, soll weder Willenskraft noch irgendein innerer oder äußerer Zwang im Spiel sein. Seien Sie einfach überzeugt und bekräftigen Sie ruhig, dass die Freude des Herrn Sie jetzt durchströmt und dass deshalb Wunder eintreten werden. Das Ergebnis werden tiefer Seelenfrieden und innere Freiheit sein.

Beten befreite sie von finanziellen Sorgen

Eine seit Längerem verwitwete Frau erzählte mir einmal: »Ich war finanziell am Ende, denn ich besaß nicht einmal mehr genug Geld, um meine Kinder ausreichend mit den wichtigsten Lebensmitteln zu versorgen. Meine Barschaft betrug noch ganze fünf Dollar. Ich nahm sie in die Hand und sagte: ›Gott wird dieses Geld entsprechend seiner unendlichen Güte um ein Vielfaches vermehren, denn ich werde jetzt mit den Reichtümern Gottes gesegnet. Meine Bedürfnisse werden jetzt und alle Tage meines Lebens erfüllt.‹ Das bekräftigte ich etwa eine halbe Stunde lang, dann überkam mich ein Gefühl tiefen Friedens.

Am Tag darauf gab ich die fünf Dollar für Nahrungsmittel aus. An der Kasse fragte mich der Inhaber des Geschäfts, ob ich nicht als Kassiererin bei ihm anfangen wolle. Ich nahm das Angebot, weil es für mich ein Angebot Gottes war, sofort an. Schnell bereitete mir meine Arbeit große Freude und diese Freude beherrschte bald mein ganzes Wesen. Ich war innerlich ausgeglichen und daher strahlte uneingeschränkte Zuversicht auf meine ganze Umgebung aus. Mein Glück war vollkommen, als mich, kaum ein Jahr später, mein Chef zum Standesamt führte. Seit dieser Zeit genießen wir alle Reichtümer des Lebens.«

Diese Frau hatte sich gläubigen Herzens an Gott als den Ursprung aller Wohltaten gewandt und daraufhin seine Segnungen empfangen. Das Gute war für sie fantastisch vergrößert und vermehrt worden.

Das Gebet einer Lehrerin zeitigte erstaunliche Wirkungen

Vor einiger Zeit unterhielt ich mich während eines Fluges nach Hawaii mit einer jungen Lehrerin. Sie erzählte mir, dass sie an einer Klosterschule Spanisch und Französisch unterrichte. Doch dies ist nicht der eigentliche Grund, warum ich jene Begebenheit hier niederschreibe. Nach einiger Zeit kamen wir auf den täglichen Unterrichtsablauf zu sprechen. Interessiert hörte ich zu, wie die Lehrerin erklärte, dass sie jeden Morgen den Unterricht mit einem gemeinsamen Gebet des folgenden Inhalts einleite: »Ich bin ein Kind Gottes. Die unendliche Weisheit Gottes führt und leitet mich bei meinen Studien. Ich bestehe alle Prüfungen in göttlicher Fügung. Ich strahle gegenüber meinen Klassenkameraden Wohlwollen und Freundlichkeit aus. Ich bin fröhlich, glücklich und frei. Gott liebt mich und sorgt für mich.«

Die Lehrerin sagte, in ihren Schülern sei durch das Beten eine ungeheure Veränderung vorgegangen: Es herrsche kein Neid mehr untereinander, jeder Schüler sei bestrebt, seinen Mitschülern zu helfen und die Klasse als eine echte Gemeinschaft anzusehen. So sei auch in den letzten drei Jahren kein Einziger aus ihren Klassen bei irgendeiner Prüfung durchgefallen. Wie sie mir berichtete, gibt sie ihren Schülern täglich eine »Transfusion« des Glaubens an den Allmächtigen, indem sie ihnen versichert, sie würden in ihren Studien göttlich gelenkt und geleitet und hätten ein vollkommenes Gedächtnis für alles, was sie wissen müssen. Die Schüler hören zu und nehmen ihre Worte in sich auf. Die darin enthaltenen Wahrheiten sinken ins Unterbewusstsein der Kinder und zwangsläufig wird all das, was sie ihrem Unterbewusstsein eingeprägt haben, in ihrem Leben sichtbar zur Geltung kommen.

Diese Lehrerin ist eine Frau, die vielen Lehrern als Vorbild dienen könnte. Sie hat entdeckt, dass die Hinwendung zu Gott in Form eines Gebets, das psychologisch fundiert ist, erstaunliche Wirkungen zeitigt.

Dieses Erlebnis bescherte mir noch eine besondere Freude. Die Frau, die da Sitz an Sitz mit mir nach Hawaii flog, sagte mir, sie verdanke ihre Überzeugung dem Buch *Die unendliche Quelle Ihrer Kraft*, das »ein Landsmann, ein gewisser Joseph Murphy«, geschrieben habe …

Die Erkenntnisse des Göttlichen im Menschen brachte die Wende

Ein völlig verzweifelter Abteilungsleiter eines bedeutenden Handelsunternehmens suchte bei mir Rat und Hilfe. Er war entlassen worden, weil er trank und weil er mit einer der Sekretärinnen in seinem Büro ein Verhältnis angefangen hatte. Der Mann machte sich große Sorgen wegen seiner Frau und seiner beruflichen Zukunft.

Als ich anschließend mit seiner Frau sprach, fand ich bald heraus, dass sie die Tendenz hatte, ihn ständig zu bevormunden, ihm ihren Willen aufzuzwingen, ihn regelrecht zu beherrschen. Sie war maßlos eifersüchtig und kontrollierte genau, wann er abends nach Hause kam. Sehr oft machte sie ihm auch wegen belangloser Kleinigkeiten eine Szene.

Der Mann verhielt sich, wie eben ein emotionell und spirituell unreifer Mensch, der sich in einer Sackgasse befindet, reagiert: Da ihm die Bevormundung durch seine Frau zuwider war, nahm er Zuflucht beim Alkohol und bei einer anderen Frau. Er sagte zu mir: »Ich wollte mich einfach an ihr rächen.«

Nach einigen mit mir geführten Gesprächen beschlossen die beiden, füreinander zu beten. Sie erkannten, dass es zwischen ihnen nicht länger Bitterkeit oder gar Feindseligkeit geben konnte, wenn sich jeder von ihnen das Göttliche im anderen vergegenwärtigte. Denn: Gottes Liebe merzt alles aus, was ihr nicht gleicht.

Die Frau betete jeden Abend und jeden Morgen: »Mein Mann ist ein Sohn Gottes. Gott führt ihn zum richtigen Platz. Was er sucht, das sucht auch ihn. Gottes Liebe erfüllt seine Seele, Gottes Friede erfüllt sein Herz und sein Gemüt. Gott lässt ihn in jedem Augenblick richtig handeln. Zwischen uns herrschen Harmonie, Frieden, Liebe und Verständnis. Unser beider Leben ist in der Hand Gottes.«

Der Mann wiederum betete jeden Abend und jeden Morgen: »Meine Frau ist ein Kind Gottes. Gott liebt sie und sorgt für sie. Gottes Liebe, Frieden, Harmonie und Freude durchströmen sie zu jeder Zeit und sie wird auf allen Wegen göttlich geführt. Zwischen uns herrschen Harmonie, Frieden, Liebe und Verständnis. Wir beide sehen in dem anderen das in jedem Menschen innewohnende Göttliche.«

Da sich beide Ehepartner ihrer zunehmenden Ausgeglichenheit gewahr wurden, gelangten sie zu der festen Überzeugung, dass daraus nur Gutes erwachsen könne. Sie hatten sich eine neue, eine positive Erwartungshaltung angeeignet. Einige Zeit verging, dann rief der Firmenchef an und teilte seinem ehemaligen Abteilungsleiter mit, dass er auf seinen Posten zurückkehren könne, nachdem er sich mit seiner Frau ja wieder versöhnt und er, der Chef, seine in der Vergangenheit erworbenen großen Verdienste um die Firma nicht vergessen habe. Tatsächlich hatte die Frau ohne Wissen des Mannes den ehemaligen Firmenchef aufgesucht und diesem die Geschichte ihres Auseinanderlebens und glücklichen Wiederfindens erzählt und den tief beeindruckten Chef zur Wiedereinstellung ihres Mannes bewogen.

Dieses Ehepaar hat an sich erfahren, welchen inneren und äußeren Reichtum man durch Beten zu erlangen vermag.

Bekräftigen Sie möglichst oft voll Gefühl und zutiefst von der Richtigkeit Ihrer Ansicht überzeugt, dass Gott das Gute für Sie vervielfacht und dass Sie jeden Augenblick des Tages reicher werden, und zwar geistig, seelisch und auch materiell, denn der jedem Menschen innewohnenden unendlichen Fülle und Weisheit Gottes sind keine Grenzen gesetzt. Wenn Sie Ihrem Unterbewusstsein diese Wahrheiten einprägen, werden Sie die Basis für eine erfolgreiche, glückliche Zukunft schaffen.

Achten Sie sorgfältig auf das, was Sie tagtäglich denken. Ihre Ansichten und Überzeugungen gestalten Ihr Leben. Sprechen Sie deshalb nie von wirtschaftlicher Not. Hören Sie sofort auf zu klagen, Sie seien arm; hören Sie auf, ständig von schweren Zeiten, finanziellen Problemen und dergleichen zu sprechen. So dramatisieren Sie nur das Befürchtete, so bringen Sie das Unerwünschte in Ihr Leben.

Vergegenwärtigen Sie sich stattdessen die guten Dinge in Ihrem Leben. Denken Sie voll innerer Ruhe über die Reichtümer Gottes nach, die überall gegenwärtig sind. Erkennen Sie, dass das Gefühl, reich zu sein, Reichtum hervorbringt. Wenn Sie davon reden, dass Sie wenig besitzen, dass Sie sich »nach der Decke strecken müssen«, dass Sie arm sind, machen Sie selbst sich arm, denn der Inhalt Ihres Denkens und gefühlsbesetzten Glaubens wirkt schöpferisch, bestimmt und gestaltet Ihr Leben.

Geben Sie das Geld, das Sie haben, großzügig und freudig aus – in der Überzeugung, dass Ihnen Gottes Reichtum in Fülle zuströmt. Wenden Sie sich an Gott, denn er sorgt für Sie. Bald werden Sie feststellen, dass Nachbarn, Kollegen und nicht zuletzt fremde Menschen zu Ihrer Entwicklung beitragen, auch in materieller Weise. Machen Sie es sich zur Gewohnheit, um göttliche Führung zu beten, und glauben Sie fest, dass Gott in seiner Weisheit und Güte all Ihre Bedürfnisse erfüllen wird. Ist diese Einstellung – eine durch und durch positive Geistes-, Gefühls- und Erwartungshaltung – erst einmal tief in Ihnen verwurzelt, wird Ihnen alles zuteilwerden, was Sie sich wünschen.

Wie sich eine Kosmetikerin betend auf Erfolg einstimmt

Das ganze »Wunder«, dem eine Kosmetikerin ihren Erfolg verdankt, schreibt sie ihrem täglichen Beten zu. Die junge Frau, die ich seit Jahren vom Besuch meiner Vorträge her kenne, erzählte mir, dass sie jeden Morgen vor dem Öffnen ihres Salons still Einkehr hält und wie folgt betet: »Gottes Frieden erfüllt meine Seele und Gottes Liebe durchdringt mein ganzes Wesen. Gott führt mich, inspiriert mich und lässt mich gedeihen. Seine alles heilende Liebe strömt von mir zu allen meinen Kunden. Wer meinen Salon betritt, ist gesegnet und inspiriert. Die unendliche Weisheit Gottes durchdringt alles. Ihr verdanke ich alle Wohltaten, die mir zuteilwerden.«

Die Kosmetikerin glaubt zutiefst an die Wahrheiten ihres morgendlichen Gebets. Abends dankt sie für die Kunden, die ihr Geschäft aufgesucht haben, und bekräftigt, dass alle glücklich und zufrieden sind, von Gott geleitet und von Gottes Liebe durchströmt werden.

Wie sie mir berichtete, hatte sie, nachdem sie sich dieses Gebet zur täglichen Gewohnheit gemacht hatte, bereits nach drei Monaten mehr Kunden, als sie behandeln konnte. Im Laufe der Zeit musste sie drei weitere Mitarbeiterinnen einstellen. Diese Frau hat die Wohltat, die wirksames Beten zu verschaffen vermag, kennengelernt und schreibt ihrem Beten den Erfolg und die Prosperität ihres Geschäftes zu.

Eine Ärztin lebt »in freudiger Erwartung des Besten«

Eine Internistin in Beverly Hills, die eine heitere Zufriedenheit ausstrahlt, nannte mir ihr ständiges Gebet: »Ich lebe in freudiger Erwartung des Besten und täglich widerfährt mir unweigerlich nur Gutes. Mein Lieblingsvers aus der Bibel, der mich seelisch-geistig unendlich stärkt, findet sich in der Apostelgeschichte und lautet: *Gott gibt … allem Leben und Odem und alles* (17, 25)«.

Diese Ärztin hat erkannt, was die unversiegbare Quelle allen inneren und äußeren Reichtums wie Freude, Glück, Gesundheit und Erfolg ist. Sie wendet sich an den ihr innewohnenden allmächtigen, lebendigen Geist und erhält, was sie sich wünscht. *Wohl dem, der sich auf den Herrn verlässt!* (Sprüche 16, 20).

Wundert es Sie, dass diese Frau nach ihren eigenen Worten gesund, erfolgreich und glücklich ist? In ihrem Leben kommt sichtbar zur Geltung, was sie denkt und glaubt.

Auch Sie können sich in freudiger Erwartung des Besten neue Türen öffnen und ungeahnte Möglichkeiten erschließen.

Die Wohltat sinnvollen Betens

Wie man sinnvoll arbeitet, kann man auch sinnvoll beten. Vermeiden Sie beim Beten jede Anstrengung und jede krampfhafte Bemühung. Tatsächlich zeugt eine angespannte, verkrampfte Haltung nur davon, dass Sie das, was Sie bewusst bekräftigen, innerlich bezweifeln. Sie müssen zutiefst überzeugt sein, dass Sie über Ihr Unterbewusstsein Zugang zu und Anteil an der unendlichen Weisheit und Schöpferkraft Gottes haben, die jedes nur denkbare Problem für Sie zu lösen vermag. Entspannen Sie sich darum, bevor Sie beten, körperlich und seelisch-geistig und denken Sie an die unumstößliche Wahrheit: Mit tiefer innerer Ruhe bewältige ich all meine Probleme. Auch wenn Sie einen Wunsch haben, ist innere Ruhe wichtig: Beten Sie ruhig und glauben Sie intensiv, dass die Ihrem Unterbewusstsein innewohnende unendliche Weisheit sich Ihres Wunsches in göttlicher Fügung annehmen wird.

Beten Sie also in einem ausgeglichenen Zustand körperlicher Entspannung und seelisch-geistiger Ruhe. Beten Sie, bis Sie innerlich zufrieden sind und fühlen, dass Sie im Augenblick nicht mehr tun können. Bestärken Sie in sich die Erwartung, dass Ihr Gebet erhört wird. Wenn Sie danach einen tiefen inneren Frieden in sich spüren, können Sie sicher sein, dass Ihr Gebet erhört wird.

Wenn Sie sich zum Beispiel enttäuscht und angeschlagen fühlen, dann vergegenwärtigen Sie sich, dass Sie in Gottes Allgegenwart eingebettet sind, dass der unendliche Strom des Lebens, der

Liebe, der Wahrheit und der Schönheit Sie durchfließt und Ihr ganzes Wesen verwandelt. Fühlen Sie in sich den wunderbaren Zustand der Harmonie und unsäglichen Friedens. Identifizieren Sie sich mit dem Strom göttlicher Liebe. Dieses Gefühl des Einsseins mit Gott wird Sie körperlich und seelisch-geistig heilen und Ihnen neue Kraft geben. *Er erquicket meine Seele* (Psalm 23, 3).

Das tägliche Gebet in freudiger Erwartung des Besten

Durch das nachfolgende Gebet, das Sie sich zur täglichen Gewohnheit machen sollten, schaffen Sie sich eine hervorragende Grundlage für eine wunderbare Zukunft.

»Ich weiß, dass ich mein Schicksal selbst gestalte. Mein Glaube an Gott ist mein Schicksal und Gott ist der Inbegriff aller Wohltaten und aller guten Dinge. Ich lebe in freudiger Erwartung des Besten.

Ich weiß: Gutes kommt auf mich zu. Ich kenne die Ernte, die ich künftig einbringen werde, denn meine Gedanken an das Gute sind Gottes Gedanken. Gott ist der Inbegriff der Liebe und Güte, der Wahrheit und Schönheit. Ich säe jetzt Samen der Liebe und des Wohlwollens gegenüber allen Menschen, des Friedens und der Freude in den Garten meines Geistes, meiner Seele. Es ist Gottes Garten und er wird reiche Früchte tragen.

Die Weisheit und die Schönheit Gottes werden in meinem Leben sichtbar zur Geltung kommen. Von diesem Augenblick an bringe ich Lebensfülle, Liebe und Wahrheit zum Ausdruck. Ich bin voll Freude und danke Gott für alle Wohltaten, die mir zuteilwerden.«

Zusammenfassung

1. Auch wenn Sie noch so wenig Geld haben, sollten Sie tief überzeugt bekräftigen: »Gott wird dieses Geld entsprechend seiner unendlichen Güte um ein Vielfaches vermehren, denn ich werde jetzt mit den Reichtümern Gottes gesegnet. Meine Bedürfnisse werden jetzt und alle Tage meines Lebens erfüllt.«
2. Schüler (und Lehrer) sollten sich das Gebet mit dem Kernsatz: »Die unendliche Weisheit Gottes führt und leitet mich bei meinen Studien (bei meinem Unterricht)« zunutze machen. Es zeitigt erstaunliche Wirkungen.
3. Ein zerstrittenes Ehepaar kann wieder zu Harmonie und Glück finden, wenn jeder im anderen das Göttliche erkennt und um Frieden, Liebe und Verständnis betet. Jegliche Bitterkeit wird sich auflösen.
4. Richten Sie Ihre Aufmerksamkeit auf Dinge, die gut, schön und wünschenswert sind, dann werden sich Ihnen die Reichtümer des Lebens erschließen. Denken Sie daran, dass Sie ernten, was Sie Ihrem Unterbewusstsein einpflanzen.
5. Achten Sie auf Ihre Gedanken, denn diese sind schöpferisch. Sprechen Sie nie von wirtschaftlicher Not; so dramatisieren Sie nur das Befürchtete und bringen das Unerwünschte in Ihr Leben. Denken Sie vielmehr an die Reichtümer Gottes und bekräftigen Sie beharrlich, dass Gott das Gute für Sie vervielfacht und Sie täglich reicher werden – geistig, seelisch und auch materiell.
6. Eine Kosmetikerin spricht jeden Morgen vor dem Öffnen ihres Salons das folgende Gebet: »Gottes Frieden erfüllt meine Seele und Gottes Liebe durchdringt mein ganzes Wesen. Seine alles heilende Liebe strömt von mir zu allen meinen Kunden. Wer meinen Salon betritt, ist gesegnet und inspiriert.« Die Kosmetikerin hat die Wohltat wirksamen Betens für sich entdeckt.
7. Das Gebet einer Ärztin kann auch für Sie »Wunder« wirken: »Ich lebe in freudiger Erwartung des Besten, und täglich widerfährt mir unweigerlich nur Gutes. *Gott gibt ... allem Leben und Odem und alles* (Apostelgeschichte 17, 25).«
8. Wie man sinnvoll arbeitet, kann man auch sinnvoll beten. Machen Sie sich das Gebet in freudiger Erwartung des Besten zur täglichen Gewohnheit. So schaffen Sie sich die Grundlage für eine erfüllte und reiche Zukunft.

Wie Sie sich seelisch-geistig auf den Wohlstand einstimmen

Ich spreche gern von »Gedeihen«, damit meine ich die stetige positive Entwicklung eines Menschen auf allen Gebieten. Wenn Sie also gedeihen, entwickeln Sie sich seelisch, geistig, auf materiellem und gesellschaftlichem Gebiet. Doch um so gedeihen zu können, müssen Sie ein Kanal für das Positive werden, das Sie ungehindert durchströmt. Ich empfehle Ihnen daher, sich die hier beschriebene Methode des Denkens und Glaubens anzueignen und diese Methode systematisch anzuwenden.

Immer setzt sich die vorherrschende Vorstellung durch

Ein Textilverkäufer, der bei mir Rat suchte, litt seit vielen Jahren an einem regelrechten »Armutskomplex«. Er betete seit Langem um Wohlstand, doch sein Bitten wurde nicht erhört. Verzweifelt fragte er mich nach dem Grund. Dieser Mann betete zwar, aber die Angst vor Armut lastete ständig auf seinem Gemüt. Dadurch zog er nur immer noch mehr Mangel an. Das Unterbewusstsein nimmt von zwei unterschiedlichen Ideen immer nur die im Denken eines Menschen tatsächlich vorherrschende auf.

In unserem Gespräch wurde dem Verkäufer klar, dass jeder Gedanke schöpferisch ist – wenn er nicht durch einen intensiveren Gegengedanken neutralisiert wird. Und er erkannte, dass seine Gedanken an Armut stärker waren als sein Glaube an die ihn umgebenden unendlichen Reichtümer. Zwangsläufig wurde ihm bewusst, dass er die Inhalte seines Denkens ein für allemal ändern musste. Zur Unterstützung seiner Erkenntnis schrieb ich ihm das nachfolgende Gebet auf.

»Ich weiß, dass es nur eine einzige Quelle gibt, aus der alles Gute kommt: der lebendige göttliche Geist. Er erschuf das Universum und alles, was da ist und lebt.

Ich bin ein Brennpunkt der göttlichen Gegenwart. Mein Geist ist offen und aufnahmebereit. Ich bin ein freier Kanal für den Zustrom von Harmonie, Schönheit und all die Reichtümer des Unendlichen. Ich weiß, dass Gesundheit, Wohlstand und Erfolg innerlich freigesetzt werden und dann äußerlich zutage treten werden.

Ich stehe jetzt im Einklang mit den inneren und äußeren Reichtümern des Unendlichen und ich weiß, dass diese Vorstellungsbilder in mein Unterbewusstsein sinken und auf dem Bildschirm des Raums in meinem Leben zutage treten werden. Ich wünsche jedem Menschen die Fülle der Segnungen des Lebens. Ich bin offen und empfänglich für die Reichtümer Gottes, die geistigen und materiellen, die mir nun in Fülle zuströmen.«

Der Verkäufer konzentrierte seine Gedanken künftig auf die Reichtümer Gottes und achtete besonders darauf, innerlich nicht zu bezweifeln, was er bewusst betend bekräftigte. Er sprach dieses Gebet morgens und abends in dem Wissen, dass er seinem Unterbewusstsein die Inhalte dieses Denkens und Glaubens zutiefst einprägte und es somit aktivierte, die in ihm schlummernden Kräfte freizugeben.

Im Laufe eines Monats änderte sich sein Leben grundlegend: Er wurde zum Verkaufsdirektor ernannt, bezieht nun ein hohes Jahresgehalt und ist zusätzlich an den Umsatzsteigerungen des Unternehmens beteiligt.

Ihre Herzenswünsche erfüllten sich

Während einer Geschäftsreise lernte ich eine junge Spanierin kennen, die schon seit mehreren Jahren mit ihrer Mutter in den USA lebte. Sie erzählte mir, wie sie durch intensives und aufrichtiges Beten zwei lang gehegte Wünsche ihrem Unterbewusstsein sozusagen eingravierte und wie diese Wünsche auf wunderbare Weise zur Realität wurden.

Ihr erster Wunsch lautete: »Meine Mutter und ich werden für zwei Wochen nach Mexiko reisen und dort herrliche Urlaubstage verbringen. Wir wissen, dass uns die unendliche Weisheit Gottes den Weg dorthin in göttlicher Fügung öffnet.« Mutter und Tochter stellten sich bildhaft die Reise vor: Sie sahen sich in Mexiko City landen und in mehreren ausgesuchten Hotels wohnen, von wo aus sie die historischen Stätten der Azteken und Maya besuchten. Beide stellten sich die Reise bildhaft vor.

Nachdem sie ihren Wunsch immer wieder aufrichtig bekräftigt hatte, fand sie zwei Wochen später einen Umschlag auf der Straße. »Stellen Sie sich vor!«, erzählte sie mir. »Er enthielt zwanzig Hundertdollarscheine und einen Zettel, auf dem stand: ›Wer das findet, soll es behalten. Gott segne Sie.‹ Das war alles.«

Weder der Umschlag noch der Zettel gaben irgendeinen Hinweis auf den Spender. Die beiden Frauen traten nach kurzer Zeit die Reise durch Mexiko an, die sie sich vorgestellt hatten.

»Und Ihr zweiter Wunsch?«, fragte ich sie interessiert.

»Mein zweiter Wunsch, den ich meinem Unterbewusstsein eingravierte, hatte folgenden Inhalt: ›Ich möchte heiraten und ich weiß, dass mein Wunsch nach einer Eheschließung die Stimme der meinem Unterbewusstsein innewohnenden unendlichen Weisheit ist, die mich drängt, ein erfülltes, glückliches Leben zu führen. Ich weiß, dass ich jetzt mit dem Göttlichen in mir eins bin, dass ein Mann darauf wartet, mich zu lieben, dass ich zu seinem Glück und Seelenfrieden beitragen kann. Ich werde ihn schätzen, lieben und zu Großem inspirieren. Zwischen uns herrschen gegenseitige Liebe, Freiheit und Achtung. Diese Worte sende ich aus und sie kommen dort an, wohin ich sie sende. Ich graviere die Bitte um Heirat voll Glauben und Vertrauen meinem Unterbewusstsein ein. Wenn ich an Heirat denke, werde ich mich immer daran erinnern, dass die mir innewohnende unendliche Weisheit sie in göttlicher Fügung zustande bringen wird.‹« Mehrere Wochen vergingen. Eines Tages lud sie der sympathische Zahnarzt, bei dem sie in Behandlung war, zum Essen ein. Sie verliebten sich und schon nach kurzer Zeit verschickten sie ihre Vermählungskarten.

Die junge Spanierin hatte die göttlichen Kräfte ihres Unterbewusstseins aktiviert und diese Kräfte ließen ihre Wünsche auf wahrhaft unerforschliche Weise Realität werden. Füllen auch Sie Ihr Denken mit Inhalten des Gedeihens und Ihr Beten wird wunderbar belohnt werden.

»Ich bin …« – so nehmen Sie Ihre Zukunft vorweg!

Eine geschiedene kaufmännische Angestellte, die mit ihren knapp vierzig Jahren noch auf viele erlebnisreiche Jahre in ihrem weiteren Leben hoffen konnte, wehrte sich innerlich gegen ihre Zukunft, was daran zu erkennen war, dass sie ständig klagte: »Ich führe ein klägliches Dasein, ich bin einsam, enttäuscht und habe keine wirklichen Freunde. Deshalb sind auch meine Tage eintönig und meine Zukunftsaussichten ohne jede Hoffnung.«

Meine Erläuterungen brachten ihr zu Bewusstsein, dass sie durch ihre negative Geistes- und Gefühlshaltung ihr Elend nur steigerte. Ihr Unterbewusstsein bringe, so erklärte ich ihr, ganz einfach alles das in ihr Leben, was sie erwarte.

Die Frau verstand nun, wie die Gesetze des Denkens und Glaubens funktionieren, und sie beschloss, ihre Haltung zu ändern. Statt bei ihren Enttäuschungen zu verweilen, bekräftigte sie künftig mehrmals täglich: »Ich bin glücklich, froh und frei. Ich bin voll Freude, Harmonie, Frieden und Liebe. Ich singe das Loblied des Herrn, der meine Stärke ist.«

Sie hatte begriffen, dass sie alles, was sie den beiden Wörtern »Ich bin« als Ausdruck einer vorweggenommenen Tatsache ihres Lebens anfügte, sichtbar zum Ausdruck bringen würde. Die Frau machte sich die Vergegenwärtigung dieser Inhalte zur Gewohnheit und ihr sogenanntes klägliches Dasein verwandelte sich in ein Leben der Fülle.

Ich habe die Bekannte vor Kurzem zufällig in einem Park wieder getroffen. Ich bin einem neuen Menschen begegnet. Sie kam begeistert auf mich zu und strahlte vor Freude, als sie mit mir redete. Heute zählt sie »wirkliche Freunde« zu ihrem Bekanntenkreis, sie leitet die Filiale eines bedeutenden Versicherungsunternehmens, besitzt eine herrliche Penthouse-Wohnung – und ihr Einblick in die »Wunder« des ihr innewohnenden Reichtums eröffnen ihr ungeahnte Perspektiven.

Eine Hausfrau änderte ihr Leben

Vor einigen Jahren besuchte mich eine gute Bekannte. Sie schien sehr deprimiert und nach kurzer Zeit klagte sie: »Für mich gibt es kein Glück. Ich befinde mich auf der Schattenseite des Lebens und stecke in einer endlosen Tretmühle. Ich wasche, koche, bügle, schrubbe, spüle Geschirr, putze Fenster und versorge drei Kinder.« Sie verabscheute ihre Umgebung und versicherte mir: »Das Schicksal ist gegen mich.«

Im Laufe unseres Gesprächs wurde ihr klar, dass sowohl Glück als auch Wohlstand zunächst vor allem eine Geisteshaltung ist. Als sie diese Weisheit erkannt hatte, fasste sie Mut und gelobte sich selbst, die Inhalte ihres Denkens und Glaubens gründlich zu ändern. Künftig vergegenwärtigte sie sich täglich: »Göttliches rechtes Tun ist mir beschieden. Erfolg ist mir beschieden. Gottes Frieden beherrscht meinen Geist, mein Gemüt, meinen Körper und alle meine Aktivitäten. Was ich tue, wird mir gelingen. Ich weiß, dass meine Gedanken schöpferisch sind. Wie ein Ingenieur eine Brücke plant, so plane ich jetzt Wohlstand, Glück, Zufriedenheit. Ich glaube zutiefst an die Heilswahrheit der Bibel: *Bittet, so wird euch gegeben; suchet, so werdet ihr finden; klopfet an, so wird euch aufgetan* (Matthäus 7, 7).«

Kraft dieses Betens weckte die Frau die ihr innewohnende unendliche Kraft des Geistes, durch den jeder Mensch Zugang zu der unendlichen Weisheit Gottes hat. Sie gewann ein neues Verhältnis zu ihrer Arbeit, ihrem Heim, ihren Kindern; sie setzte erstaunliche innere Reichtümer frei und von völlig unerwarteter Seite floss ihr plötzlich auch Geld zu, das ihr ein sorgenloses Leben sicherte.

Schönheit und Fülle sind vor allem dort, wo Sie sind

Gott ist allgegenwärtig. Doch er ist – begreifen Sie das – vor allem auch in Ihnen. Er, der Inbegriff allen Geistes und unbeschreiblicher Schönheit, ist »in Ihrer Mitte«, er wandelt mit Ihnen und spricht in Ihnen. Ihr Geist und Ihre Seele, Ihr Denken und Fühlen verkörpern das Ihnen innewohnende Göttliche. Dieses Göttliche lebt unsichtbar in Ihnen. Und da Ihr Denken und Glauben schöpferisch sind, müssen Sie das Ihnen innewohnende Göttliche in Ihrem Leben zum Ausdruck bringen.

Meditieren Sie darüber, dass Gottes Schönheit und Reichtümer von Ihren Gedanken, Worten und Taten ausgehen, dann werden Sie die Schönheit und die Reichtümer Gottes an Ihre Familie, an Ihre Freunde und an Ihre Nachbarn weitergeben. Danken Sie für alles Schöne, das Sie haben, und für alle Segnungen, die Ihnen zuteilwerden. Sie können Ihr eigenes Leben verschönern und andere an den inneren und äußeren Reichtümern Ihres Daseins teilhaben lassen.

Sie sind der kreative Gestalter Ihres Lebens.

Seien Sie sich der Reichtümer des Unendlichen bewusst. Sie können des Nachts die Sterne bewundern, am Tag die Kumuluswolken mit ihren veränderlichen Formen bestaunen, und der Himmel leuchtet für Sie genauso herrlich blau wie für jeden anderen Menschen. Sie können sich am Sonnenuntergang erfreuen, können den Gesang der Vögel in sich aufnehmen und sich verzaubern lassen von all der Schönheit der Natur, die Sie umgibt. Erkennen Sie die göttliche Gegenwart in allen Erscheinungen Ihrer Umwelt – in der wärmenden Sonne, im silbern scheinenden Mond, im Firmament, in jedem Berg, jedem Fluss, in jedem Baum, jeder Blume. Betrachten Sie die Schönheit der ganzen Natur und versäumen Sie es nicht, das Göttliche auch in den Augen eines Tieres wahrzunehmen.

Das Leben ist ein Spiegel, es »reflektiert« genau das, was wir denken, glauben, fühlen. Schauen Sie voll Liebe auf Ihre

Umwelt, dann werden Liebe, Schönheit und die Reichtümer des Unendlichen in Ihr Leben kommen. Der amerikanische Dichter Henry W. Longfellow schrieb vor etwa einhundert Jahren: »Blickt nicht trauervoll in die Vergangenheit; sie kommt nicht wieder. Verbessert klug die Gegenwart; das ist die richtige Einstellung.« Und Seneca, der bedeutende römische Philosoph, erklärte im ersten Jahrhundert nach Christi Geburt: »Zukunftssorgen macht sich nur jemand, für den die Gegenwart unergiebig ist.«

Gott ist das ewige Jetzt! Erbitten Sie jetzt das für Sie Beste und alle Reichtümer des Lebens. Was Sie sich bildhaft vorzustellen und geistig vorwegzunehmen vermögen, das können Sie durch die Kraft und Weisheit Ihres Unterbewusstseins, durch das Sie Zugang zum unendlichen Geist kosmischer Dimension haben, auch erlangen.

»Die Lage ändert sich jetzt!«

Ein mir bekannter, sehr erfolgreicher Geschäftsmann betrieb zusammen mit seinem Bruder einen gut gehenden Supermarkt. Vor einigen Jahren musste er dann einen schweren Schicksalsschlag hinnehmen: Sein Bruder verunglückte tödlich.

Bei der Testamentseröffnung stellte sich heraus, dass der Verstorbene seine Geschäftsanteile seinen zwei Nichten vermacht hatte. Die beiden Frauen, die sich nun aufgrund ihrer Teilhaberschaft in die Geschäftsführung einmischten, verursachten dem Geschäftsinhaber nicht geringe Probleme. Andererseits weigerten sie sich auch, ihm die geerbten Anteile zu verkaufen.

Der Mann erzählte mir, dass er nach einem Streit, bei dem es um Fragen der Geschäftsführung und die Höhe der Kaufsumme im Fall eines Verkaufs ging, folgende Sätze auf einen Zettel geschrieben hatte: »Ich gebe die Frauen voll und ganz in die Hand Gottes. Sie sind an dem für sie richtigen Platz. Alles kann sich ändern. Die Lage ändert sich jetzt in göttlicher Fügung.« Er legte den Zettel in eine Schreibtischschublade, an deren oberem Rand er ein Klebeband mit der Inschrift »Bei Gott sind alle Dinge möglich« befestigt hatte, und dachte nicht mehr an den Vorfall.

Zwei Wochen später stimmten die Nichten dem von ihm angestrebten Verkauf zu, der zur vollsten Zufriedenheit aller Beteiligten rasch abgewickelt wurde.

Schreiben Sie Ihre Herzenswünsche auf

Jedes Jahr nehme ich auf die Bitte mehrerer Ehepaare an deren Silvesterzusammenkunft teil und spreche dort ein Neujahrsgebet. Bei diesen Treffen im Freundeskreis ist es Brauch, dass jeder Beteiligte seine Herzenswünsche klar und deutlich aufschreibt.

Es gibt eigentlich nur vier Kategorien von Wünschen, die wir Menschen alle hegen. Es ist der Wunsch nach Gesundheit, nach Wohlstand, nach Liebe und Selbstverwirklichung.

Was immer Sie ersehnen, es fällt in eine dieser Kategorien. Wünschen Sie sich beispielsweise mehr Weisheit, so ist dies Teil des Wunsches nach Selbstverwirklichung; in die gleiche Kategorie würde Ihr Wunsch nach Ausgeglichenheit und innerem Frieden fallen.

Bei diesen Silvestertreffen empfehle ich übrigens den Anwesenden regelmäßig, in einen ihrer Wünsche eine verwandte oder befreundete Person einzubeziehen. So soll zum Beispiel jemand, dessen Freund oder Verwandter in einen Prozess verwickelt ist, folgendes aufschreiben: »Dank der unendlichen Gerechtigkeit, Weisheit und Güte Gottes kommt es zu einer gottgefälligen harmonischen Lösung für …«

Jede der Wunschlisten wird in einen gesonderten Umschlag gesteckt; dieser wird zugeklebt und einem der Anwesenden zur Verwahrung ausgehändigt. Am nächsten Silvesterabend erhalten die Anwesenden ihren Umschlag zurück und lesen das Aufgeschriebene still durch.

Es ist verblüffend, wie viele der aufgeschriebenen Wünsche vor Ablauf eines Jahres in Erfüllung gehen, oft sogar in einer umfassenderen Weise als erbeten. Einmal zeigte mir ein Mann seine Liste und sagte, seine Wünsche hätten sich in göttlicher Fügung erfüllt. Unter anderem hatte er sich gewünscht, über mehr Geld für seine heranwachsenden Söhne, für lange ersehnte Reisen mit seiner Frau und mehr Zeit für seine Entspannung zu verfügen. Und seine Wünsche gingen in Erfüllung: Nur drei Monate nach Silvester war er versetzt und befördert worden, bekam nun sechs Wochen Urlaub im Jahr und hatte bereits mit seiner Frau an einer fünfwöchigen Kreuzfahrt teilgenommen. Außerdem erlaubte es sein Beruf, dass er sich nun auch unter der Woche öfter seiner Familie widmen konnte.

Eine Mutter zum Beispiel hatte folgenden Wunsch aufgeschrieben: Ihre Söhne sollten nicht zum Militär eingezogen werden. Die beiden jungen Männer verabscheuten aus tiefer innerer Überzeugung den Krieg. Der genaue Wortlaut des Wunsches lautete: »Meine Söhne sind Gottes Söhne. Gott stellt sie an ihren wahren Platz, wo sie tun können, was sie gerne tun möchten. Gott weiß alles und sorgt für sie.« Ihre Söhne sind nicht eingezogen worden und leben in der Gewissheit, dass sie auch später nicht mehr eingezogen werden.

Die Mitglieder dieser Freundesgruppe schreiben ihre Herzenswünsche in dem Glauben und Vertrauen auf, dass die ihrem Unterbewusstsein innewohnende unendliche Weisheit sie in göttlicher Fügung verwirklichen wird. Und ich beende mein Gebet an jeder Jahreswende mit den Worten: »Wir sind gewiss, dass sich unsere Wünsche zutiefst dem Unterbewusstsein einprägen, das von selbst dafür sorgen wird, dass sich alle in göttlicher Fügung erfüllen.«

Durch die klare, schriftliche Formulierung unserer Wünsche in der richtigen, gläubigen Erwartungshaltung und das Aufbewahren eines solchen Wunschgebetes wird dessen Inhalt dem Unterbewusstsein eingepflanzt und in dem Wissen, dass »bei Gott nichts unmöglich ist«, seiner Erfüllung anheimgestellt. Bei einer derartigen Geisteshaltung, die man auch schlicht als »Gottvertrauen« bezeichnen könnte, werden Gebete immer erhört. Es beruht auf der Überzeugung, dass ein inbrünstiges Gebet nicht vergebens sein kann, weil geschrieben steht: *… der Herr, dein Gott … wird die Hand nicht abtun noch dich verlassen* (5. Mose 31, 6).

Ein Meditationstext zur aufbauenden Prägung Ihres Unterbewusstseins

Die nachstehende, täglich durchzuführende Meditationsübung prägt Ihr Unterbewusstsein, durch das Sie die unendlichen Fähigkeiten und Kräfte des Göttlichen in Ihnen freisetzen können:

»*Seid aber Täter des Worts und nicht Hörer allein, dadurch ihr euch selbst betrüget*. Mein schöpferisches Wort geht aus meiner stillen Überzeugung hervor, dass mein Gebet erhört wird. Wenn ich die Worte Heilung, Gedeihen oder Erfolg ausspreche, bin ich mir ihrer gestaltenden Kraft bewusst, und ich weiß, dass meine Worte Kraft haben, weil sie im Einklang mit der Allmacht des unendlichen Geistes stehen. Die Worte, die ich spreche, sind deshalb immer aufbauend und tatsächlich schöpferisch. Wenn ich bete, sind meine Vorstellungen bildhaft und meine stets liebevollen Worte voll Leben und Gefühl. Diese Tatsache macht meine Bekräftigungen wirksam, verleiht meinem Denken und Glauben kreative Kraft.

Ich weiß: Je intensiver ich von der Wahrheit dessen, was ich bekräftige, überzeugt bin, desto mehr Kraft hat mein Wort. Die von mir geäußerten Worte sind die gestaltannehmende Form der Struktur meines kreativen Denkens und Glaubens. Göttliche Weisheit wirkt jetzt durch mich und offenbart mir, was ich wissen muss. Ich habe die Antwort jetzt erhalten. In mir herrscht Frieden. Gott ist Frieden.«

Zusammenfassung

1. Sie gedeihen, wenn Sie sich in allen Bereichen positiv entwickeln und entfalten, und zwar seelisch, geistig, auf materiellem und auf gesellschaftlichem Gebiet.
2. Ihr Unterbewusstsein hält sich immer an Ihre tatsächlich vorherrschende Vorstellung. Denken Sie deshalb positiv. Denken Sie an die Sie umgebenden Reichtümer aller Art, an die unermesslichen Schätze des Universums, und ein solches aufbauendes, zur Gewohnheit gewordenes Denken wird sich unfehlbar in Ihrem Leben niederschlagen. Ersetzen Sie jeden Gedanken an Armut sofort durch Gedanken an Gottes Fülle und an seine unermesslichen Reichtümer. Seien Sie offen und aufnahmebereit und lassen Sie den Strom göttlicher Fülle ungehindert in Ihr Leben strömen.
3. Durch intensives und aufrichtiges Beten können Sie Ihre Wünsche Ihrem Unterbewusstsein sozusagen eingravieren. Die Ihrem Unterbewusstsein innewohnende unendliche Weisheit wird Ihre Wünsche auf wunderbare Weise realisieren.
4. Erlauben Sie sich nie, an Mangel, Not, Einsamkeit und Enttäuschung zu denken, sondern machen Sie sich eine bildhafte Vorstellung dessen, was Sie sich ersehnen. Seien Sie sich bewusst, dass alles, was Sie dem Wort »Ich bin« anfügen, in Ihrem Leben eintreten wird. Was Sie in Ihr Unterbewusstsein säen, das werden Sie auch ernten.
5. Klagen und jammern Sie nicht über herrschende Zustände, sondern kehren Sie Ihre Geisteshaltung ins Gegenteil um und bekräftigen Sie: »Göttliches rechtes Tun ist mir beschieden. Göttlicher Erfolg ist mir beschieden. Göttliche Liebe erfüllt meine Seele. Und was ich tue, wird mir gelingen.« Ihre Gedanken sind schöpferisch, Ihr Denken nimmt Gestalt an in Ihrem Gebet.
6. Meditieren Sie darüber, dass Gottes Schönheit und Fülle frei durch Ihre Gedanken, Worte und Taten strömen, und Sie werden die wunderbaren Ergebnisse solchen Denkens und Glaubens erleben.
7. Sollten Sie in eine prekäre Lage mit schwierigen Menschen geraten, dann empfiehlt es sich, sich folgende Weisheit ins Gedächtnis zu rufen: »Auch dieses wird vorübergehen. Nichts währt ewig. Die Lage ändert sich jetzt in göttlicher Fügung. Die Sache kommt zu einer harmonischen Lösung. Ich löse mich von der Problematik und bin frei.« Die Freigabe eines Problems im Bewusstsein »Bei Gott sind alle Dinge möglich« wirkt wahre Wunder.

8. Das Leben ist ein Spiegel, es »reflektiert« für jeden von uns genau das, was er denkt und glaubt und sich auf diese Art einverleibt.
9. Bei einer Silvesterfeier formulierten die Anwesenden ihre Herzenswünsche und hoben die Niederschrift derselben bis zum folgenden Silvesterabend auf. Sie überantworteten die Wünsche voll Glauben und Vertrauen dem Göttlichen in ihnen, das alles sieht und alles weiß. Bei solchem Gottvertrauen werden Gebete immer erhört. Gottvertrauen ist nicht mit Interesse- oder Sorglosigkeit gleichzusetzen; es entspringt der Gewissheit, dass sich alles, was man überzeugt bekräftigt und im Herzen als wahr empfindet, verwirklichen wird.
10. Prägen Sie durch die angegebene Meditationsübung Ihr Unterbewusstsein. Wenn Ihr Denken und Glauben im Einklang mit der Allmacht des unendlichen Geistes stehen, erlangen Sie inneren Frieden und Gottes unendliche Fülle.

Für harmonische Beziehungen

Das begeisternde Gesetz der Partnerschaft

Die Ehe ist die segensreichste aller Gemeinschaften dieser Welt. Der Lebensbund zwischen Mann und Frau sollte nur in tiefer Ehrfurcht und im Bewusstsein der Heiligkeit dieser Verbindung geschlossen werden. Ehe und Familie sind und bleiben die Grundpfeiler unserer Gesellschaft und Zivilisation.

Jede Ehe muss auf einer geistigen Grundlage beruhen. Ohne eine tiefe geistige Verbundenheit gibt es für die Partner kein glückliches und wirklich erfülltes Zusammenleben. In einer Verbindung zweier Menschen für ihr ganzes Leben kommt ihrer geistigen Beziehung und Übereinstimmung im Grundsätzlichen wie auch im Einzelnen größte Bedeutung zu. Das glückliche Paar vergegenwärtigt sich die göttlichen Ideale und lebt auch danach, es bemüht sich um die Erkenntnis und Einhaltung der Lebensgesetze und strebt die bewusste Einheit der Partner in Gedanken und Werken, im Fühlen, Wünschen und Vollbringen an. Der geheiligten Gemeinschaft im Geiste fließt aller Segen zu, der das innere Erlebnis und die äußere Gestaltung der Ehe zur Freude und zu einem harmonischen Glück macht.

Liebe vereint so, wie Angst trennt

Ich kannte eine Frau, die in ständiger Angst lebte, ihr Mann könnte sie verlassen. Diese Angst, die ihr ganzes Gefühlsleben beherrschte, musste sich unbewusst auf ihren Gatten übertragen haben.

Dieser Mann nun war keineswegs mit den Gesetzen des bewussten Lebens und der unbewussten seelisch-geistigen Vorgänge vertraut. An die Möglichkeit einer unbewussten Übertragung hätte er nie gedacht. Es drängte sich ihm einfach das Gefühl auf, er müsse seine Frau verlassen. In diesem Gefühl, das ihm zu Bewusstsein kam, sah er jedoch nicht die Angst seiner Frau, sondern – von ihm subjektiv umgedeutet – ihren Wunsch.

Eines Morgens sagte er zu ihr: »Ich habe das sichere Gefühl, dass du nicht länger mit mir zusammenleben möchtest. Ich sollte also gehen. Dieses Gefühl habe ich nicht erst seit heute. Heute Nacht aber hatte ich einen Traum, in dem du zu mir sagtest: ›Geh weg. Ich kann dich nicht länger um mich haben, also geh, bitte, weg.‹«

Der Mann war zutiefst niedergeschlagen, die Frau völlig überrascht und zunächst sprachlos. Sie verstand, dass sie in dieser Lage das streng gehütete Geheimnis ihrer Beängstigungen zur Rettung ihrer Ehe preisgeben musste. So gestand sie denn ihrem Mann ihre zur Denkgewohnheit gewordene Angst, er könnte sie verlassen, freimütig ein. Sie erklärte ihm auch, dass sein Gefühl sowie sein Traum nur eine unbewusste Dramatisierung der ihrem eigenen Gefühlsleben entstammenden Angst darstellen könne. Die Frau gestand ihm ihre Angst und ihre Liebe. Und der Mann verstand sie.

Unter dem Eindruck dieses Erlebnisses wünschte die Frau lebhaft, ihre unbegründete Angst abzulegen und alles zu tun, um ihre Ehe glücklich zu gestalten. Dabei ließ sie es nicht beim bloßen Vorsatz; sie betete vielmehr allabendlich vor dem Einschlafen um die Erfüllung ihres Wunsches. Sie wollte ihren Mann strahlend und glücklich sehen. Daher stellte sie ihn sich so vor und intensivierte bei dieser Vorstellung das entsprechende Gefühl.

Auch ergriff sie jede Gelegenheit, ihm ihren guten Willen zu zeigen. Durch all die kleinen Liebenswürdigkeiten und aufmerksamen Handreichungen, die sie ihm täglich erwies, verbreitete sie eine Atmosphäre der Liebe und friedlichen Eintracht und gab ihrem Mann immer wieder zu verstehen, was sie selbst fühlte und für wahr hielt: dass er nämlich sie liebte und wieder geliebt wurde und ein liebenswürdiger, gütiger Ehemann war.

Die Frau erlebte an sich die große Wahrheit, dass eine glückliche Ehe mit der Liebe und dem Vertrauen steht und fällt.

Die inzwischen verstorbene Frau Dr. Hester Brunt machte mich im Anschluss an einen Vortrag, den ich in Kapstadt gehalten hatte, mit einem Mann bekannt. Den Mann belastete seine Vergangenheit. Er hatte in seiner Jugend eine zweijährige Gefängnisstrafe in einem englischen Gefängnis abgebüßt. Nach seiner Entlassung war er in Johannesburg bei einer Bank untergekommen und hatte dort Karriere gemacht. Er hatte eine Frau, die einer angesehenen südafrikanischen Familie entstammte, geheiratet. Der Ehe waren zwei Söhne entsprossen. Nach äußeren Kriterien hätte ihm nichts zu seinem Glück gefehlt.

Im Hinblick auf seine dunkle Vergangenheit lebte er jedoch in ständiger Angst. Er fürchtete sich nicht nur vor einer möglichen Aufdeckung seines Vorlebens durch Frau und Söhne, sondern auch vor den damit verbundenen Folgen: Die Presse würde sich für seinen Fall interessieren und sicher würde sich seine Frau im Falle eines solchen bloßstellenden Skandals sofort von ihm scheiden lassen; und durch unfreiwillige Reklame dieser Art wäre wohl auch die Zukunft seiner Söhne ruiniert. Angst und Sorge überschatteten sein ganzes Dasein. Seine chronisch gewordene Angst führte zu einer schweren Neurose. Gefühlsausbrüche und Wutanfälle gegenüber seiner Frau und den Söhnen waren an der Tagesordnung.

Frau Dr. Brunt hatte mir aus seiner Vergangenheit erzählt. Aber auch ohne dieses Wissen hätte mir nicht entgehen können, dass bei diesem Mann etwas nicht stimmte. Tatsächlich ging es ihm sehr schlecht, zumal er sich hartnäckig weigerte, sich die ihm von seinem Arzt verordneten Injektionen geben zu lassen; mit der gleichen Halsstarrigkeit widersetzte er sich der Einnahme von Medikamenten. Spontan stellte ich ihm, als wir allein waren, die Frage: »Was nagt innerlich so an Ihnen?«

Er erzählte mir seine Geschichte; wie zu erwarten war, drehte sich alles um seinen Jugendfehler und die verbüßte Haftzeit.

Frau Dr. Brunt und die Frau des Mannes hatten mich aber auch über jene Tatsachen aufgeklärt, von denen der Mann nichts wusste. Im Einvernehmen mit ihnen erklärte ich ihm nun, dass nicht nur seine Frau und die Söhne, sondern auch Frau Dr. Brunt und die Vorgesetzten der Bank, für die er arbeitete, seit Langem schon über seinen ehemaligen Fehltritt Bescheid wussten. Tatsächlich hatte seine Frau diesen wunden Punkt seiner Vergangenheit bereits gekannt, bevor sie sich mit ihm verehelichte. Nur hatte sie davon nie etwas erwähnt, weil sie schließlich wusste, dass er sich vollständig geändert und mit dem Rechtsbrecher von einst nichts mehr gemein hatte. Seine Vergangenheit stand auf einem anderen Blatt und ging sie nichts mehr an. Jegliches Zurückkommen auf diese Geschichte hätte ihn nur verletzen können.

Als der Mann erfuhr, dass alle Menschen, auf die es ihm in seinem Leben ankam, seine Vergangenheit kannten und ihn gleichwohl nicht hatten fallen lassen, wurde er sich der Tatsache bewusst, dass er um seiner selbst willen, nämlich so, wie er jetzt war, geliebt wurde. Sein Arzt konnte sich nur noch wundern, wie rasch, ja beinahe schlagartig, sich der Kranke erholte. Die Störung seines Gemütslebens und die damit verbundenen Krankheitssymptome waren einzig und allein auf seine von Angst verzerrten Zwangsvorstellungen zurückzuführen. Die Befreiung von seinem seelischen Druck änderte sozusagen über Nacht seine gesamte Einstellung und ermöglichte ihm ein harmonisch-einträchtiges und glückliches Leben im Kreise seiner Familie.

Das Geheimnis ihrer Freiheit

Anlässlich einer Reise begegnete ich auf Hawaii einer überaus attraktiven jungen Dame, die nicht nur hübsch, sondern zweifellos auch intelligent war. Umso mehr überraschte mich das Problem, das sie bedrückte.

Sie hatte einen unvorstellbaren Horror vor jeder größeren Schiffsreise, weil sie das Meer fürchtete. Nun war aber ihr Verlobter, ein wohlhabender Geschäftsmann und glücklich-stolzer Besitzer einer schönen Privatjacht, bereits intensivst mit den Vorbereitungen zu einer außerordentlichen Hochzeitsreise beschäftigt. Es sollte eine Ozeanreise werden, die das Paar auf seiner Jacht buchstäblich rund um die Welt führen würde. Sie aber hatte bis zur Stunde nicht gewagt, ihm ihre Angst und Abscheu vor dem Meer einzugestehen. Die Lage spitzte sich zu. Die junge Frau fühlte sich so sehr in die Enge getrieben, dass sie keinen anderen Ausweg als die Auflösung ihres Verlöbnisses sah. »Wie kann ich ihm meine Angst erklären?«, fragte sie mich. »Ich schäme mich zu Tode, ich müsste mich demütigen. Ich kann es ihm einfach nicht sagen. Lieber noch will ich mich zurückziehen. Ich kann doch mit einem Meerbegeisterten keine Ehe führen.«

Ich erklärte ihr, so groß sei das Dilemma nicht; sie könne sich von ihrer zweifellos abnormalen Angst vor dem Meer befreien: durch ein besonderes Gebet. Ich händigte ihr den Wortlaut eines Gebetes aus, das J. Rogers, ein Kapitän eines amerikanischen Handelsschiffes, während des Zweiten Weltkrieges als »Marine-Version des 23. Psalms« geschrieben und an seine Besatzungsmitglieder verteilt hatte (der Text wurde veröffentlicht vom Navy Chaplains Bulletin in Washington).

Da die junge Frau auf Anhieb keineswegs überzeugt zu sein schien, setzte ich ihr auch auseinander, dass sich durch die ständige Wiederholung des Gebetes, das sie täglich mehrere Male laut sprechen sollte, der Inhalt zunächst ihrem Bewusstsein und dann auch ihrem Unterbewusstsein einprägen werde, sodass ihre ins Unbewusste verdrängten Angstgefühle ausgemerzt würden. Die Marine-Version des 23. Psalms (»Der gute Hirte«) lautet wie folgt:

»Der Herr ist mein Steuermann, ich werde nicht steuerlos treiben. Er leuchtet mir durch die dunklen Wasser, er steuert mich an den Untiefen vorbei, er hält mein Log. Er führt mich durch den Stern des Heils um seines Namens willen. Und ob ich schon segle in finsteren Stürmen des Lebens, fürchte ich kein Unglück; denn du bist bei mir, deine Liebe und deine Obhut beschirmen mich. Du bereitest vor mir einen Hafen in der ewigen Heimat. Du salbtest die Wellen mit Öl und ruhig gleitet mein Schiff. Sonne und Sterne werden mir folgen auf meiner Seefahrt und ich werde bleiben im sicheren Hafen des Herrn immerdar.«

Die junge Frau folgte meinem Rat und es gelang ihr, die Heilswahrheiten ihres täglichen Gebetes ihrem Unbewussten einzuprägen und ihrem Gefühlsleben einzuverleiben. Sie pflanzte, wo einst ihre Angst verwurzelt war, den Glauben an Gott, der uns sicher durch das Leben steuert, ein und tilgte in sich jegliche Angst, die sich wie die Dunkelheit vor dem Licht auflöst.

Er wollte sich scheiden lassen

Betrachten wir hier den Fall von May, die seit vierzig Jahren verheiratet war. Sie hatte im Geschäft ihres Mannes mitgearbeitet und wesentlich zu dem, was es nunmehr war, beigetragen. Auch hatte sie ihm vier Kinder geboren und aufgezogen.

Völlig unerwartet für die Frau wurde sie eines Tages von ihrem Mann gebeten, in die Scheidung einzuwilligen, damit er seine Cousine heiraten könne. May fühlte sich vernichtet, niedergeschlagen und sah völlig schwarz für ihre Zukunft.

So furchtbar der Schlag für sie zunächst erschien, so rasch erholte sie sich wieder. Sie vertraute den ihr innewohnenden geistigen Kräften und bediente sich der Techniken, die Sie in diesem Buch beschrieben finden. Und sie erschloss sich eine Quelle der Kraft, der Ermutigung und Inspiration.

Sie verkaufte ihren Geschäftsanteil und begab sich auf eine Weltreise. Wenn sie sich einsam und verlassen fühlte, fand sie immer Trost im Gebet. Sie betete regelmäßig: »Die mir innewohnende göttliche Weisheit wird mir einen Mann zuführen, mit dem ich mich vollkommen verstehen werde.«

Sie traf diesen Mann, noch ehe ihre Reise zu Ende war. Das Paar heiratete in Paris. Der ungebrochene Lebensmut dieser Frau brachte ihr nicht nur ein neues, besseres Glück, sondern auch eine neue Wertschätzung und Anhänglichkeit seitens ihrer Kinder und Freunde ein. Was so niederschlagend begonnen hatte, führte bald zu einem edleren, erfüllteren und gottgefälligen Leben. Sie hatte der Verzweiflung und Einsamkeit den Schrecken zu nehmen verstanden, indem sie sich vertrauensvoll ihrer inneren Führung überließ.

Fünfmal verheiratet

Eine knapp achtundzwanzig Jahre alte Frau überraschte mich mit folgenden Worten: »Das ist jetzt meine fünfte Ehe und mein ›Jetziger‹ ist ärger als meine vier ›Verflossenen‹! Ich warte nur noch auf das Scheidungsurteil, in wenigen Monaten ist alles wieder vorbei.«

Sie war zutiefst verbittert und konnte an ihre Ehegatten nur hasserfüllt denken. Ich versuchte, ihr das Grundübel aufzuzeigen. Die Ursache der von ihr durchlebten unglücklichen Kettenreaktion lag an der Frau selbst oder – genauer ausgedrückt – an ihrer unversöhnlichen, von Hass und Bitterkeit gekennzeichneten Haltung gegenüber ihren früheren Ehemännern. Mit jeder neuen Enttäuschung hatte sie sich noch mehr verhärtet. Ihre Hasshaltung wurzelte tief im Unbewussten. Daher war es auch ganz klar, dass sie immer wieder Männer des gleichen Schlages anzog und dass jeder neue Ehemann – entsprechend ihrer zunehmenden inneren Verhärtung – gerade noch um ein paar Grade schlimmer war als sein Vorgänger. Sie musste darum, wollte sie nicht für immer auf eine glückliche Ehe verzichten, ihren früheren Partnern von innen heraus verzeihen lernen. Natürlich hatte die Frau bis zum Tag meiner Erklärung nicht die leiseste Ahnung von diesen tieferen Zusammenhängen. Es hätte ihr ja auch völlig ferngelegen, sich bewusst einen noch ärgeren Ehemann aufzuladen. Das geschah selbstverständlich ganz unbewusst. Unbewusst also und ungewollt wirkte sich ihre Hasshaltung nach dem Gesetz der Anziehung folgerichtig aus. Ich habe dieses Gesetz in diesem Buch bereits erwähnt und möchte hier nur noch einmal an die zum geflügelten Wort gewordene Wahrheit erinnern: »Gleich und gleich gesellt sich gern.«

Sie musste also den Partnern ihrer missglückten Ehen und sich selbst vergeben. Vergeben aber heißt, sich selbst den Frieden schenken, indem man auf dem Grunde des Gemütslebens anstelle von Hassgefühlen die Liebe einpflanzt. Nur so wird man frei.

Die Frau nahm sozusagen friedlichen Abschied von ihren ehemaligen Partnern, indem sie betete: »Ich lasse euch in Frieden ziehen und wünsche euch Gesundheit und Wohlergehen, Liebe und Glück.« Ihre Vorstellungen von Liebe und Ehe änderten sich zugunsten einer vertieften Auffassung, in der auch die geistige Seite den ihr gebührenden Platz erhielt. Das nachfolgende Gebet half ihr, sowohl ihre innere Haltung als auch ihre Auffassung von der Ehe zu ändern.

»Ich fühle mich jetzt mit Gott eins. In ihm lebe ich, in ihm habe ich mein ganzes Sein. Gott ist das Leben. Dieses Leben ist das Leben aller Menschen – aller Männer und Frauen. Wir alle sind Söhne und Töchter des einen Vaters. Ich glaube und weiß, dass es einen Mann gibt, der mich lieben und umsorgen wird. Ich weiß auch, dass ich zu seinem Glück und Frieden beitragen kann. Er schätzt meine Ideale. Er will mich nicht umerziehen und ich will ihn nicht umerziehen; das ist nicht nötig. Denn unser Verhältnis beruht auf Liebe, Freiheit und gegenseitiger Wertschätzung.

Ich stelle mir die Eigenschaften, die ich an meinem Mann schätzen und lieben möchte, lebhaft vor und identifiziere mich geistig mit diesen Eigenschaften, sodass diese auch mir zu eigen werden. Wir kennen und lieben einander im gottgegebenen Geiste. Ich sehe durch ihn und er sieht durch mich hindurch Gott. Da ich meinem Mann innerlich begegnet bin, werde ich ihn auch in der Außenwelt antreffen. So will es das Gesetz meines dynamisch-schöpferischen Geistes.

Diese Worte gehen von mir aus und werden erhört. Mein Wunsch erfüllt sich jetzt. Es ist vollbracht. Gott, ich danke dir.«

Einige Wochen darauf musste sich die Frau einen Weisheitszahn ziehen lassen. Das war der Anfang einer Freundschaft, die sich zwischen ihr und dem Zahnarzt anbahnte und die sie bald innig miteinander verband. Der Mann will sie nun heiraten. Sie meinte dazu: »Ich wusste intuitiv, dass ich in ihm dem Mann begegnet bin, um den ich gebetet habe. Es war Liebe auf den ersten Blick und wir sind einander durch tief-inniges Verständnis verbunden.«

Die Frau hat sich stark gewandelt. Alles spricht dafür, dass sie mit ihm – einem geistig hochstehenden, gütigen Menschen – eine glückliche Ehe führen wird.

Wie er die richtige Frau fand

Es muss ein aufreibendes Leben gewesen sein, das der Mann in New York geführt hatte. Denn er war zutiefst unglücklich, verzweifelt, am Ende seiner Kraft. Was war geschehen? Was hatte ihn so völlig aus der Bahn geworfen?

Eine Frau. Oder vielmehr: die Frau, ohne die er »nicht mehr leben konnte«. Er war drei Jahre lang mit ihr gegangen, sie hatte ihn an sich gefesselt und zugleich auch immer wieder hingehalten. Nun hatte er auf einer Entscheidung bestanden, sie aber hatte seinen Heiratsantrag zurückgewiesen. Er sagte zu mir: »Ohne diese Frau kann ich nicht mehr leben, ich bringe mich um.«

Ich gab mir alle Mühe, den gebrochenen Mann wieder aufzurichten, und er fand sich bereit, von Neuem Vertrauen zu fassen und seine Zuflucht im Gebet zu suchen. Ich bat ihn, sich an den folgenden Wortlaut zu halten:

»Gott ist eins und unteilbar. In ihm leben wir, in ihm haben wir unser ganzes Sein. Ich glaube und weiß, dass Gott jedem Menschen innewohnt. Ich fühle mich mit Gott und allen Menschen eins. Ich ziehe jetzt die Frau an, die mich versteht, die zu mir passt. Ich bin ihr durch Gott geistig verbunden. Ich weiß, dass ich dieser Frau Liebe und Erleuchtung zu schenken vermag. Ich weiß, dass ich ihr Leben erfüllt und glücklich machen kann.

Ich spreche eine Frau mit bestimmten Eigenschaften an – die Frau, die geistig hochstehend, aufrichtig, glaubensstark und treu ist, die ausgeglichen, glücklich und im Frieden mit sich selbst lebt. Unwiderstehlich ziehen wir einander an. In meinem Leben kann sich nur das verwirklichen, was im Strom der Liebe und Wahrheit und was ganz ist. Ich akzeptiere dankbar, dass es die für mich ideale Frau gibt.«

Er vergegenwärtigte sich geistig und gefühlsmäßig den Inhalt seines Gebetes, das er jeden Abend und jeden Morgen betete; er durchlebte das alles innerlich und so gedieh es ihm zur subjektiven Erfahrung, zu einer Tatsache seines inneren Erlebens.

Sein Wunsch ging nicht heute, nicht morgen in Erfüllung, aber nach wenigen Monaten. Im Empfangsraum eines Hotels, in dem er abstieg, begegnete er einer Hotelangestellten, von der er sich sofort angezogen fühlte. Er fand in ihr die Frau, die er wahrhaftig liebte, und heiratete sie nach kurzer Bekanntschaft. Sie waren füreinander geschaffen: ein ideales Paar.

Es bleibt hier noch nachzutragen, wie die Frau, die ihn an den Rand des Selbstmordes getrieben hatte, wirklich beschaffen war. Sie hatte, wie sich bei ihrer Verhaftung herausstellte, mehr als nur ein Doppelleben geführt. Sie hatte sich mehrmals heiraten lassen, ohne sich auch nur die Mühe einer Scheidung zu machen, und war wegen verschiedener Delikte von der Polizei gesucht worden. Zudem hatte sie meinen Bekannten – wie alle anderen Männer ihres Umganges – hintergangen und betrogen.

Sie stellte sich auf den richtigen Mann um

Eine junge Sekretärin, die bei einem Londoner Anwalt arbeitete, schüttete mir ihr etwas verstörtes Herz aus. »Ich liebe meinen Chef«, beteuerte sie. »Zwar ist er verheiratet und hat vier Kinder, aber darum kann ich mich nicht kümmern. Ich will ihn und ich werde ihn mir kapern, ob er will oder nicht.«

An diesem Punkt musste ich die Sache ernst nehmen, denn das Mädchen machte durchaus Miene, ohne Rücksicht auf Verluste in das Familienleben ihres Chefs einbrechen und ihren Willen durchsetzen zu wollen. Dieser allerdings wusste noch gar nichts von dem verliebten Ehrgeiz seiner Sekretärin. Ich redete ihr ins Gewissen. Ich glaube ihr nicht, sagte ich, dass sie ausgerechnet ihren Chef, einen verheirateten Mann, liebe; worauf es ihr ankäme, sei doch vielmehr, zu heiraten und Kinder zu haben, geliebt, umsorgt und bewundert zu werden. Sie könne doch ohne Weiteres ihren idealen Partner finden, einen noch freien, ungebundenen Mann, der ihr das alles frei von jeglicher Belastung zu bieten vermöge. Sie möge um Erfüllung dieses Wunsches beten.

Ich schloss nicht aus, dass ihr die »Eroberung« dieses Mannes unter Umständen gelänge; aber selbst in dem für sie günstigsten Fall würde sie sich Problemen und Schwierigkeiten gegenübersehen, die nicht leicht genommen werden könnten. Ihr Glück würde niemals vollständig sein können, weil Schuldgefühle und Selbstverachtung die unvermeidbaren Folgen einer derart verantwortungslosen Handlungsweise wären. *Du sollst nicht begehren deines Nächsten Weib* (2. Mose 20, 17).

Und sanft erinnerte ich sie auch an jenes andere große Gesetz: *Alles nun, was ihr wollt, dass euch die Leute tun sollen, das tut ihnen auch!* (Matthäus 7, 12). In diesem Gebot ist die goldene Regel für ein glückliches und erfolgreiches Leben zusammengefasst. Wer blind Selbstsucht und seine Begierden lebt, setzt sich zum eigenen Nachteil darüber hinweg.

Ich stellte ihr die folgenden Fragen: »Was sollte die Familie des Mannes, den Sie von Frau und Kindern wegholten, von Ihnen denken? Wie sollten die Eltern und Geschwister Ihres Mannes Sie, seine neue Frau, empfangen?« Und ohne ihre Antwort auf diese meine rhetorischen Fragen abzuwarten, fuhr ich fort: »Sie wünschen natürlich, dass die Familie Ihres Mannes Sie für eine edle, liebenswürdige und Ihres Mannes würdige junge Dame hält, die aufrichtig und ehrenhaft denkt und handelt. Und dasselbe sollte Ihrer Meinung nach sogar auch die verlassene Ehefrau von Ihnen denken. Nun geben Sie sich über das alles Rechenschaft und sehen Sie, ob Sie dann noch immer in diese Familie einbrechen möchten.«

Mit einem Mal sah sie ein, dass sie nicht auf dem richtigen Weg war. Sie begann herzerweichend zu weinen. Ihr Chef schied für sie aus. Sie wollte den für sie passenden Mann durch bewusste Einstellung auf ihn finden, ohne durch ihre Wahl Unglück über andere zu bringen. In täglichem Gebet suggerierte sie sich fortan: »Ich bin im Begriff, den Mann anzuziehen, der geistig, gefühlsmäßig und körperlich zu mir passt. Er kommt auf mich zu ohne Nachteil und in göttlicher Fügung.«

Sie heiratete bald darauf einen jungen Chemiker. Sie hat an sich erfahren, dass es ein geistiges Gesetz gibt, demzufolge im Leben verwirklicht wird, was man innerlich als gegeben durchlebt und wahr angenommen hat.

Ein Mann betrügt seine Frau. Was muss daraus gefolgert werden? Wir müssen aus seiner Handlungsweise schließen, dass es ihm an Liebe und Achtung seiner Frau gegenüber mangelt. Hätte er nämlich die zu ihm passende, in jeder Hinsicht ideale Partnerin für eine auch geistig unterbaute Ehegemeinschaft gefunden, so verlangte er nicht nach einer anderen Frau. Liebe ist ausschließlich und verbindet ein liebendes Paar zu einer Einheit. Die vollkommene Liebe zwischen zwei Menschen schließt andere Partner aus.

Ein verheirateter Mann, der es mit anderen Frauen treibt – die ja nie zufällig die Partnerinnen seines Ehebruchs sind, sondern sein darauf gerichtetes Bestreben geradezu verkörpern –, »erheiratet« sich (indem er sich geistig und gefühlsmäßig damit identifizieren muss) einen ganzen Fächer negativer Gemütskonflikte: Er wird sich frustriert fühlen, wird zur inneren Ablehnung und Geringschätzung der Frau an sich neigen, wird übel gelaunt und zynisch werden und so weiter. Ist ein Mann seiner Frau in wahrer Liebe verbunden, so führt er ein erfülltes, sinnvolles Leben. Nur wer die wahre Liebe und das wunderbare Gefühl des Einsseins nie gekannt hat, verlässt um dieses oder jenes Abenteuers willen die Frau, die er geheiratet hat. Ein solcher Mann ist frustriert, leidet an einem Minderwertigkeitskomplex und – fraglos – immer auch unter tief in seinem Gemütsleben verwurzelten Schuldgefühlen.

Zwangsläufig sind die Frauen, die ein solcher Mann trifft und anzieht, gleichsam das Spiegelbild seiner eigenen seelisch-geistigen Verfassung: Sie sind innerlich unausgeglichen und zerrissen, ihnen haften die gleichen neurotischen Züge an wie ihm selbst. Der Mann kann in seinen Partnerinnen den unruhigen Wellengang seines eigenen Gemütslebens sehen und spüren. Mit einem Wort: Die von ihm erwählten und auf ihn eingehenden Partnerinnen sind nicht weniger frustriert, seelisch-geistig unausgeglichen und gefühlsmäßig unsicher wie er selbst. »Gleich und gleich gesellt sich gern.«

»Vier Jahre lang bin ich mit einem verheirateten Mann gegangen. Noch immer ist er mir teuer. Ich liebe ihn. Ich kann ihn nicht aufgeben.«

Die Frau, die so sprach, hatte nicht erlebt, von einem Mann, der ihr gehörte und zukam, geliebt und geheiratet zu werden. Sie gab sich mit einem Glück zufrieden, das nur Ersatz wirklichen Glücks war, indem sie dem Ehebruch, mit dem sie einer anderen Frau den Mann wegnahm, eine Ersatzbefriedigung abgewann. Sie litt unter einem tief sitzenden Minderwertigkeitskomplex. Ihre gesamte Lebensführung zeugte von Unsicherheit und Unbeständigkeit.

Nur allzu oft endet ein solches Leben in einer Sackgasse. Der Weg ist gewöhnlich von Betäubungs- und Beruhigungsmitteln gepflastert und endet nicht selten bei einer Überdosis Schlaftabletten. Es bedurfte keiner großen Überredungskunst, sie von dieser Gefahr zu überzeugen; halbwegs kannte sie dies ja schon aus eigener Erfahrung. Und hatte dieser Mann im Laufe von vier Jahren nicht bewiesen, dass er seine Frau nicht zu verlassen gedachte? Sie konnte doch längst nicht mehr erhoffen, von ihm je noch geheiratet zu werden. Nein, bestimmt nicht! Ich machte der Frau klar, dass dieser Mann das Verhältnis mit ihr so lange fortsetzen werde, wie er dem körperlichen Umgang mit ihr ein Vergnügen abgewänne; einmal ihrer überdrüssig, werde er sie mit leeren Händen stehen lassen, ohne sie für ihre verschwendete Zeit und Jugend entschädigen zu können.

»Auch Sie wünschen«, sagte ich ihr, »nichts sehnlicher als einen Ehemann, der Sie liebt, ein Heim, Kinder und Lebensverhältnisse, in denen Sie von Ihren Nachbarn, Freunden und Verwandten geachtet werden.«

Ja, das wollte sie. Zunächst brach sie von sich aus ihr Verhältnis ab. Dann stellte sie sich darauf ein, dem für sie passenden Ehemann zu begegnen. Sie ließ sich nicht länger treiben, sondern bereitete sich bewusst auf ihr Glück vor. Dabei bediente sie sich des Gebetes am Ende dieses Kapitels.

Die Frau ist heute glücklich verheiratet. Sie weiß um die ihr innewohnenden geistigen Kräfte und ist längst von ihrem Minderwertigkeitskomplex befreit.

Soll ich mich scheiden lassen?

Diese Frage wird mir häufig gestellt. Aber sie ist zweifellos nicht so einfach zu beantworten. Vor allem kann sie nicht generell beantwortet werden, weil ja die im Hintergrund dieser Frage stehenden Probleme und Motive individuell sehr verschieden gelagert sind. Sicher ist, dass die Scheidung in so manchen Fällen keine Lösung darstellt. Es ist ja auch für einen alleinstehenden Mann nicht notwendigerweise eine Heirat die Lösung all seiner Probleme.

Was für den einen richtig ist, muss nicht auch für den anderen richtig sein. Das gilt auch in der Frage einer Scheidung. Fest steht auch, dass geschieden zu sein an sich nichts Ehrenrühriges ist. Es gibt sicher genügend Geschiedene, die ein edles, gottgefälliges Leben führen; und ebenso gibt es genug Verheiratete, die ein Leben der Lüge einer Scheidung vorziehen.

Leider gibt es auch Fälle, bei denen von Anfang an nicht von einer wirklichen Ehe die Rede sein konnte. Wo Zwietracht und Abscheu regieren, ist es, zumal wenn Kinder da sind, bestimmt vorzuziehen, wenn sich die Partner trennen. Es ist für ein Kind weit besser, in der Obhut nur des einen Elternteiles aufzuwachsen, von diesem aber geliebt zu werden, als im Elternhaus dem Hass und Widerwillen streitender Eheleute ausgesetzt zu sein und tagtäglich Zeuge schlimmster Auseinandersetzungen zu werden. Wo die Eltern nicht von gutem Willen geleitet sind und keine Atmosphäre der Liebe und Eintracht verbreiten, sind Kinder niemals glücklich. Der beherrschende Umwelteinfluss wird auf das Kind im Elternhaus ausgeübt. Und oft genug greift der Mangel an Liebe zwischen den beiden Elternteilen das Gemütsleben eines Kindes an. Die Folgen sind bekannt. Sie finden ihren Niederschlag in Neurosen, Anpassungsschwierigkeiten gegenüber der Gesellschaft und Jugendkriminalität.

Wo im Verhältnis zwischen Mann und Frau nicht die auf Freiheit gegründete Liebe vorherrscht, zusammen mit aufrichtiger Wertschätzung der Partner füreinander, da wird eine Ehe zur Farce und zu billigem Betrug. Wo die gegenseitige Liebe infrage steht, darf ganz einfach nicht geheiratet werden. Denn Gott ist die Liebe. Und Gott vereinigt ja die Liebenden. Ihr Herz ist das Haus Gottes, der die Liebe ist. Gottgewollte Liebe im Herzen ist die Voraussetzung für jede wahre Ehe.

Es liegt an Ihrer Auffassung von sich selbst

Das Gefühl des Ungenügens und des Scheiterns degradiert. Ihm liegt immer innere Unsicherheit und Angst zugrunde. Angst steckt an. Die Angst eines Mannes überträgt sich auf seine Frau. Meistens geschieht das unbewusst. Aber sie reagiert dementsprechend. Sie erkennt ihren Mann nicht mehr. Das ist auf die Änderung seiner Gefühlsverfassung zurückzuführen. Eine Frau kann ihren Mann immer nur so sehen, wie er selbst sich sieht. Ebenso kann ein Mann seine Frau nur so sehen, wie sie selbst sich sieht.

Fühlt sich ein Mann sicher und würdig, so achtet er sich selbst und wird auch von anderen geachtet. Lebt ein Mann im Vollgefühl des Glücks und Erfolges, so übt er dadurch auf die ganze Familie einen bestimmenden Einfluss aus: Er hält Frau und Kinder, alle Familienmitglieder, unzertrennlich zusammen und sorgt allein dadurch schon für Frieden und harmonische Eintracht in seinem Familienkreis.

Vermöge Ihrer vorherrschenden Überzeugungen prägen Sie Ihren Lebensverhältnissen den Stempel Ihrer Persönlichkeit auf. Und Ihre Mitmenschen fassen Sie als den Menschen auf, für den Sie selbst sich halten.

Tun Sie etwas für Ihr Eheglück?

Als Sie heirateten, muss es bestimmte Eigenschaften, Tugenden und Vorzüge gegeben haben, die Sie an Ihrem Ehegatten ganz besonders schätzten und bewunderten.

Halten Sie sich diese guten Eigenschaften vor Augen. Heben Sie diese hervor, begeistern Sie sich für diese Vorzüge und identifizieren Sie sich damit. Sie wollen doch bestimmt nicht der Straßenkehrer der Unzulänglichkeiten Ihres Ehepartners sein? Wer verheiratet ist, hat vornehmere Aufgaben. Machen Sie eine Art geistiger Bestandsaufnahme über die Vorzüge Ihres Partners und wenden Sie diesen Ihre Aufmerksamkeit und Bewunderung zu. Sie werden Ihren Mann – oder Ihre Frau – von Neuem und immer mehr wertschätzen: zum Segen Ihrer Ehe, die auf diese Art mit den Jahren nur immer noch glücklicher wird.

Und die Bibel hat recht

Was nun Gott zusammengefügt hat, das soll der Mensch nicht scheiden (Matthäus 19, 6).

Eine wahrhaftige Ehe kann einer geistigen Beziehung der Partner nicht entbehren und muss aus vollem Herzen geschlossen werden. Wo sich ein Paar in einer reinen, aufrichtigen Ehe in Liebe verbindet, dort segnet Gott den Bund, dort wird die Ehe tatsächlich im Himmel geschlossen und darum harmonisch sein. Jeder Mensch weiß und spürt, wenn Liebe ihn bewegt. Die Liebe kommt aus dem Herzen. Das Herz ist das Haus Gottes. Und Gott ist die Liebe.

Nicht alle Ehen werden in Liebe geschlossen. Nicht selten sind äußerliche Beweggründe für die Verehelichung eines Paares ausschlaggebend. Es ist und bleibt aber falsch und eine Lüge, wenn ein Mann eine Frau um ihres Geldes, einer Position oder um anderer egoistischer Gründe willen, wie zum Beispiel zur Befriedigung seines Ehrgeizes, heiratet. Dasselbe gilt für die Heirat einer Frau aus Gründen ihrer Sicherheit, des Reichtums oder der hohen beruflichen oder sozialen Stellung ihres Mannes oder gar aus purer Abenteuerlust. Eine Eheverbindung aus Beweggründen dieser Art kommt nicht von Herzen und daher nicht von Gott – Gott, der die Wahrheit und Liebe ist. Der Liebe allein erfließen ja auch Aufrichtigkeit und Treue sowie die gegenseitige Achtung, ohne die sich eine Ehe nicht harmonisch und glücklich gestalten lässt.

Für zwei Menschen, die einander in einer wahrhaftigen Ehe – einer Einheit von Herz, Seele und Körper – verbunden sind, kann es die Frage einer Scheidung nicht geben; denn sie sind gefühlsmäßig und geistig eins, in Liebe vereint. »Was nun Gott zusammengefügt hat, das soll der Mensch nicht scheiden.«

Das verbindende Gebet für Mann und Frau

»Wir sind in der Gegenwart Gottes vereint. Es gibt nur einen Gott, nur ein Leben, ein Gesetz, einen Geist, nur einen Vater – unseren Vater. Wir sind uns in Liebe verbunden, mit uns sind Eintracht und Harmonie. Ich erfreue mich des Glücks und Friedens meines Partners. Wir beide sind von Gott geleitet, jederzeit. Wir sprechen zueinander aus dem Herzen, dem Gott innewohnt. Unsere Worte sind für uns wie Honig – süß und erquickend. Wir eifern einander gegenseitig in unseren guten Eigenschaften nach, an ihnen begeistern wir uns, in ihnen identifizieren wir uns.

Gottes Liebe durchdringt uns und strömt auf die Familie und alle Menschen dieser Welt aus. Wir glauben und wissen, dass wir an der allgegenwärtigen Kraft und Weisheit des unendlichen Einen Anteil haben; wir sind körperlich und seelisch-geistig gesund und heil. Das Göttliche ereignet sich in jeder Zelle unserer Körper und in jeder Funktion von Leib und Seele und bringt sich für uns zur Entfaltung als Gesundheit, Frieden und Harmonie.

Wir glauben, dass wir alle im Kreis unserer Familie vom Göttlichen geleitet sind. Gott, der immer Rat weiß, führt uns auf die Höhenwege des Friedens und der Freude.

Die Worte, die wir jetzt sprechen, werden uns zu glücklichem Vollbringen gedeihen. Wir freuen uns darüber und sind von Dankbarkeit erfüllt, denn wir wissen, dass unser Gebet des Glaubens erhört wird.«

Zusammenfassung

1. Die Ehe ist die segensreichste aller irdischen Verbindungen. Sie sollte nur in tiefer Ehrfurcht und im Bewusstsein ihrer Heiligkeit eingegangen werden.
2. Lebt eine Frau in ständiger Angst um ihren Mann, so kann sich dies unbewusst auf ihn übertragen und viel Kummer und Sorgen verursachen.
3. Legen Sie die Vergangenheit ab. Die Gegenwart und die Zukunft sind es, die zählen. Ändern Sie Ihr Denken und halten Sie daran fest; das wird Ihr Leben ändern. Unwissenheit hält Sie in den Klauen der Angst, und angstverzerrte Vorstellungen bringen Ihnen Leiden.
4. Verleiben Sie sich geistig und gefühlsmäßig die Wahrheit des 23. Psalms ein; dadurch vermögen Sie jegliche abnormale Angst zu zerstreuen.
5. Begegnen Sie allen Anwandlungen der Einsamkeit und Verzweiflung, indem Sie voll Vertrauen auf die Ihrem Unbewussten innewohnende Weisheit bauen.
6. Die im Unbewussten vorherrschende Gefühlshaltung bestimmt ausschlaggebend, wer wen anzieht. Enttäuschte Menschen sollten sich selbst und allen Mitmenschen vergeben und sodann um den idealen Partner beten. Man kann die Eigenschaften und Vorzüge, die man am Partner bewundern möchte, sich selbst suggerieren und dadurch innerlich aufbauen.
7. Sie werden dem idealen Partner begegnen, wenn Sie aufrichtig beten und im Vertrauen leben, dass Ihr Unterbewusstsein Ihren Wunsch verwirklichen wird.
8. In eine fremde Ehe sollten Sie nicht einbrechen. Machen Sie sich klar, was Sie wirklich wollen; glauben Sie, dass Sie erreichen werden, was Sie wollen; und Sie werden an Ihr Ziel kommen.
9. Die Liebe verbindet das liebende Paar zu einer Einheit. Wenn Sie Ihren Mann oder Ihre Frau wahrhaftig lieben, sind Sie gegen Treuebrüche gefeit.
10. Ein lediges Mädchen, das sich mit einem verheirateten Mann einlässt, obwohl es nie auf eine Heirat hoffen kann, handelt dem zuwider, was es eigentlich sucht. Es sehnt sich nach einem Ehemann, nach einem Heim sowie nach Liebe und Wertschätzung. Ein Mädchen in dieser Lage muss zuerst den verheirateten Mann aufgeben, um den Mann ihrer eigentlichen Sehnsucht anziehen zu können.

11. Die Beziehungen so mancher Eheleute haben mit Liebe, Freundlichkeit, Verständnis und gutem Willen, mit Eintracht und Harmonie nichts mehr zu tun. Eine solche Gemeinschaft ist eine Farce, ist eine Lüge. Die Trennung ist einem Leben in Lüge vorzuziehen.
12. Ein Mann, der unter auf Angst und innerer Unsicherheit beruhenden Minderwertigkeitsgefühlen leidet, degradiert sich selbst; in den meisten Fällen wird seine Frau dementsprechend reagieren.
13. Halten Sie sich die guten Eigenschaften Ihres Partners vor Augen. Begeistern Sie sich für seine Vorzüge und identifizieren Sie sich damit. Ihre Ehe wird sich auf diese Art mit den Jahren nur immer noch glücklicher gestalten.
14. *»Was nun Gott zusammengefügt hat, das soll der Mensch nicht scheiden«* (Matthäus 19, 6). Gott ist die Liebe. Wenn darum die Liebe zwei Herzen verbindet, dann gibt es keine Scheidung. Liebe in Gott vereint Mann und Frau für immer.

Das Unterbewusstsein und Ihre Mitmenschen

Im Laufe meiner bisherigen Ausführungen konnte ich Ihnen zeigen, dass das Unterbewusstsein eine Art Speicher ist, der alle Eindrücke festhält. Aus diesem Grund sollten wir in unseren Beziehungen zu unseren Mitmenschen eines besonders beachten: *Alles, was ihr also von anderen Menschen erwartet, das tut ihnen auch* (Matthäus 7, 12).

Dieser Satz stellt nicht nur eine praktische Verhaltensregel dar, sondern hat eine tiefere Bedeutung: Wie Sie wollen, dass die Menschen über Sie denken, genauso sollten Sie über die anderen denken. Was Sie wollen, dass die Menschen für Sie fühlen, das sollten Sie für andere fühlen. Wie Sie wollen, dass die Menschen sich Ihnen gegenüber verhalten, so sollten Sie sich anderen gegenüber verhalten.

Vielleicht geben Sie sich einem Arbeitskollegen gegenüber in seiner Gegenwart freundlich und höflich, aber kaum ist er zur Tür hinaus, sind Sie ihm gegenüber kritisch. Vermeiden Sie das um jeden Preis! Negative Gedanken schaden Ihnen selbst am meisten. Sie schädigen Ihr Denken, sodass Sie Ihre Lebenslust, Begeisterung, Kraft, innere Einsicht und Verständnisbereitschaft verlieren. Diese Gedanken und Gefühle sinken in Ihr Unterbewusstseins ein und führen – destruktiv, wie sie sind – Schwierigkeiten und Probleme herbei.

Beziehungen zu Ihren Mitmenschen

Richtet nicht, damit ihr nicht gerichtet werdet. Denn mit dem Urteil, mit dem ihr richtet, werdet ihr gerichtet werden, und mit dem Maß, mit dem ihr messt, werdet ihr gemessen werden (Matthäus 7, 1–2).

Wer diese Bibelstelle verstanden hat und sie in seinem Leben berücksichtigt, hat den richtigen Umgang mit seinen Mitmenschen gefunden. Urteilen ist ein gedanklicher Prozess, der zu bestimmten Schlussfolgerungen hinsichtlich eines Menschen oder eines Umstands führt. Ihr Urteil über Ihre Umwelt ist die Leistung Ihres eigenen Denkens, weil Sie selbst das Urteil fällen. Gedanken besitzen jedoch eine dynamisch-schöpferische Kraft, die in Ihnen selbst alles das verwirklicht, was Sie über andere denken und fühlen. Ebenso beeinflusst alles, was Sie einem anderen suggerieren, Sie selbst.

Darum sagt die Bibelstelle: *Denn mit dem Urteil, mit dem ihr richtet, werdet ihr gerichtet werden.* Wer mit diesem Prinzip und der Wirkungsweise des Unterbewusstseins vertraut ist, wird dafür sorgen, über seine Umwelt nur das Beste zu denken, zu fühlen und zu tun.

Und mit dem Maß, mit dem ihr messt, werdet ihr gemessen werden

Wenn Sie Ihren Mitmenschen helfen, dann werden sie auch Sie unterstützen. Betrug und Täuschungen fallen am Ende auf Sie zurück. So wie Sie anderen begegnen, so werden auch Ihre Mitmenschen auf Sie zukommen.

Ihr Unterbewusstsein ist überpersönlich und unveränderlich. Es handelt ohne jede Rücksicht auf Person, Religion oder Stellung. Es kennt weder Mitleid noch Rache. Die Art und Weise, wie Sie Ihren Mitmenschen gegenüber denken, fühlen und handeln, bestimmt letztlich den Verlauf Ihres eigenen Lebens.

Die Schlagzeilen der Tagespresse

Beginnen Sie von nun an, sich selbst zu beobachten und Ihre Reaktionen auf Menschen, Umstände und Tatsachen zu prüfen. Welchen Eindruck hinterlassen die Ereignisse und Neuigkeiten des Tages auf Sie? Es ist völlig gleichgültig, ob Ihre Ansichten berechtigt sind oder nicht. Falls eine Nachricht Sie erregt, so sollten Sie sie schon allein deshalb ablehnen, um Ihren inneren Frieden und das Gleichgewicht nicht zu stören.

Eine Frau schrieb mir einmal, ihr Mann gerate regelmäßig in Zorn, wenn er in der Tageszeitung die Schlagzeilen und die Artikel eines bestimmten Journalisten lese. Sie fügte hinzu, dieser dauernde Ärger und die jeweils nur mühsam unterdrückte Wut hätten bei ihrem Mann zu Magengeschwüren geführt, sodass der Hausarzt dringend eine psychotherapeutische Behandlung empfohlen habe. Ich bat den Mann, mich aufzusuchen, setzte ihm die Wirkungsweise des menschlichen Geistes auseinander und zeigte ihm, wie unreif es sei, sich über von der eigenen Meinung abweichende Zeitungsartikel so zu erregen.

Bald sah er ein, dass er einem Journalisten die Freiheit zugestehen müsse, seine Meinung auszudrücken, auch wenn sie im Widerspruch zu seinen eigenen Ansichten stand. Schließlich räume ihm ja die Zeitungsredaktion ebenso selbstverständlich die Freiheit ein, in einem Leserbrief eine Gegendarstellung zu verfassen. Dieser Mann musste lernen, dass man anderer Meinung sein kann, ohne deshalb ausfallend zu werden. Schließlich verstand er die grundlegende und einfache Wahrheit, dass für ihn nicht die Worte oder Taten der anderen wichtig sind, sondern ausschließlich seine eigene Reaktion.

Dank dieser Einsicht war er geheilt und bald gehörten seine morgendlichen Tobsuchtsanfälle der Vergangenheit an. Später erzählte mir seine Frau, er nehme die Artikel mit Humor hin und lächle über seine früheren Wutanfälle. Der zuvor so verhasste Journalist konnte ihn nicht mehr reizen. Kurz nachdem er sein inneres Gleichgewicht wiedergefunden hatte, verschwanden auch seine Magengeschwüre.

»Ich mag Frauen nicht, mir sind nur Männer sympathisch.«

Eine Sekretärin stand mit einigen ihrer Arbeitskolleginnen auf Kriegsfuß, da diese ständig über sie klatschten und angeblich Lügen verbreiteten. Sie gab mir gegenüber offen zu, dass sie

Frauen nicht leiden könne. Ihre eigenen Worte waren: »Ich mag Frauen nicht, mir sind nur Männer sympathisch.« Ich bemerkte, dass sie gegenüber ihren Kolleginnen einen sehr hochmütigen, dominanten und gereizten Ton anschlug. Sie rechtfertigte diese Verhaltensweise damit, dass ihr diese Frauen das Leben schwer machten. Allerdings hatte sie eine Art an sich, die geeignet war, ihre Umgebung gegen sie aufzubringen. Ich fragte: »Wenn Ihnen Ihre Arbeitskolleginnen auf die Nerven gehen, wäre es da nicht möglich, dass die Spannungen von Ihnen selbst ausgehen, durch eine unterbewusste Ablehnung?«

Manche Tiere, insbesondere Hunde, haben eine feine Witterung für feindlich gesinnte Menschen und reagieren mit Gereiztheit. Auch viele Menschen besitzen eine Art sechsten Sinn für seelische Schwingungen dieser Art.

Ich empfahl der Sekretärin, es mit wirksamen Gebeten zu versuchen. Außerdem erklärte ich ihr, die Erkenntnis und Anwendung der grundlegenden Prinzipien des Lebens würden sehr bald ihr Wesen, ihre Sprechgewohnheiten und andere Verhaltensweisen ändern und ihre Abneigung gegenüber Frauen verschwinden lassen. Sie war überrascht zu hören, dass sich Hass in den Worten, Handlungen, Schriftzügen und anderen Lebensäußerungen eines Menschen verrät. Sie arbeitete eine Gebetsübung aus, der sie sich regelmäßig und systematisch unterzog.

Ihr Gebet lautete: »Ich denke, spreche und handle voller Liebe, Ruhe und Ausgeglichenheit. Von nun an begegne ich allen Kolleginnen, die mich kritisieren und über mich klatschen, mit Sympathie, Verständnisbereitschaft und Güte. Mein Denken konzentriert sich ausschließlich auf innere und äußere Ausgeglichenheit, auf Verständnisbereitschaft und Eintracht. Sobald ich mich zu einer negativen Reaktion versucht fühle, rufe ich mich zur Ordnung – nach dem Grundsatz: ›Ich werde immer und überall auf der Grundlage des in mir wohnenden Prinzips der Harmonie, der Gesundheit und des Friedens denken, sprechen und handeln.‹ Mein Unterbewusstsein führt und leitet mich.«

Nachdem sie sich dieses Gebet zur täglichen Gewohnheit gemacht hatte, veränderte sich ihr Leben von Grund auf. Die

Reibereien hörten auf. Ihre früheren »Untergebenen« wurden zu echten Mitarbeitern und Freundinnen. Das verdankte sie der Entdeckung, dass man nur sich selbst ändern kann.

Der innere Monolog verhinderte die Beförderung

Eines Tages suchte mich ein Vertreter auf und erzählte mir von seinen Schwierigkeiten mit dem Leiter der Verkaufsabteilung. Obwohl er schon zehn Jahre lang für das Unternehmen tätig war, sei er nie befördert worden, außerdem werde seine Arbeit kaum gewürdigt. Anhand seiner Verkaufsziffern zeigte er mir, dass er vergleichsweise mehr Abschlüsse getätigt hatte als mehrere seiner Kollegen. Er war davon überzeugt, der Verkaufsleiter habe etwas gegen ihn, er werde ungerecht behandelt, sein Vorgesetzter lehne von ihm kommende Vorschläge grundsätzlich ab und mache sich bei Meetings höchstens darüber lustig.

Ich erklärte ihm, dass ein Teil der Schuld bei ihm selbst liege und das Verhalten des Verkaufsleiters nichts anderes sei als die unbewusste Reaktion auf die negative Einstellung seines Mitarbeiters. In der Einschätzung meines Besuchers war der Verkaufsleiter ein engstirniger und streitsüchtiger Mensch, den er einfach nicht mochte. Schon auf dem Weg zur Arbeit dachte sich der Vertreter in Wut, indem er den Verkaufsleiter innerlich beschimpfte.

Die verheerende Auswirkung dieser negativen Einstellung war offensichtlich. Der Vertreter war sich nicht bewusst, dass sein innerer Monolog und seine starke Abneigung sich seinem Unterbewusstsein einprägten und somit zur Ursache nicht nur der feindseligen Einstellung seines Vorgesetzten wurden, sondern auch bei ihm selbst verschiedene körperliche und emotionale Störungen verursachten.

Er machte sich folgendes Gebet zur täglichen Gewohnheit: »Ich schaffe meine eigene Welt. Ich allein entscheide und bin dafür verantwortlich, was ich über meinen Vorgesetzten denke. Ich kann dem Verkaufsleiter nicht meine eigenen Denkmuster zum Vorwurf machen. Hiermit spreche ich jedem Menschen, jedem Ort, jedem Ding, jedem Umstand das Recht und die Macht ab, mich irgendwie innerlich zu treffen. Ich wünsche meinem Vorgesetzten Gesundheit, Erfolg, Zufriedenheit und Glück. Ich wünsche ihm alles Gute.«

Ich riet ihm, sich seinen Geist als Garten vorzustellen, in dem jeder Samen entsprechende Früchte entwickelt, und empfahl ihm, vor dem Einschlafen in seiner Fantasie wie in einem Film zu sehen, wie der Leiter der Verkaufsabteilung ihm mit herzlichen Worten zu seinen hervorragenden Leistungen, seinem Engagement und der außerordentlich guten Zusammenarbeit mit den Kunden gratuliert. – Diese Szene visualisierte der Vertreter so stark, dass er den Handschlag zu spüren, die Stimme seines Gegenübers zu hören und sein Lächeln zu sehen meinte. Nacht für Nacht ließ er diesen Film vor seinem geistigen Auge ablaufen.

Aufgrund der Veränderungen, die in seinem Unterbewusstsein wirkten, wurde aus der Vision Wirklichkeit. Eines Tages rief ihn sein Vorgesetzter zu sich, sprach ihm seine Anerkennung aus und beförderte ihn gleichzeitig mit einer bedeutenden Aufbesserung seines Gehalts zum Abteilungsleiter, dem mehr als 100 Mitarbeiter unterstellt waren. Die veränderte innere Einstellung zu seinem Chef hatte auch bei Letzterem einen entsprechenden Gesinnungswandel bewirkt.

Der Weg zur emotionalen Reife

Die Worte oder Handlungen eines anderen besitzen – außer in dem von Ihnen selbst zugestandenem Maß – keine Macht, Sie zu treffen oder zu reizen. Für jede negative Reaktion ist ausschließlich Ihre eigene Denkweise verantwortlich. Wer sich ärgert, muss die folgenden Stadien durchlaufen: Man denkt über das Gehörte nach. Man sieht einen Anlass zum Ärger und versetzt sich selbst in Wut. Die Wut drängt zum Handeln und man entscheidet sich, es dem Gegner heimzuzahlen. Alle diese Vorgänge nehmen ihren Ursprung ausschließlich in Ihrem eigenen Geist.

Ein emotional gereifter Mensch reagiert auf Kritik oder Angriffe nie negativ. Wer sich hinreißen lässt, jemandem etwas mit gleicher Münze heimzuzahlen, sinkt ganz automatisch auf die seelisch-geistige Stufe seines Gegners herab. Verlieren Sie nie Ihr Lebensziel aus den Augen und gestatten Sie es keinem Menschen, Sie so zu beeinflussen, dass Sie Ihre Ausgeglichenheit verlieren.

Die Bedeutung der Liebe

Sigmund Freud, der Begründer der Psychoanalyse, sagte, dass die menschliche Persönlichkeit ohne Liebe verkümmert und abstirbt. Zur Liebe gehören Verständnis, Offenheit und Achtung für die Persönlichkeit unserer Mitmenschen. Je mehr Liebe und guten Willen Sie ausstrahlen, umso mehr erleben Sie dies auch von anderen.

Wer die Selbstachtung eines anderen verletzt, wird ihn niemals zum Freund gewinnen. Vergessen Sie nie, dass jeder Mensch geliebt, geschätzt und geachtet werden will. Denken Sie immer daran, dass sich Ihr Gegenüber seines wahren Wertes bewusst ist. Wer seine Mitmenschen aus diesem Blickwinkel betrachtet und behandelt, wird deren Selbstbewusstsein stärken und mit Liebe und gutem Willen belohnt werden.

Er hasste das Publikum

Ein Schauspieler erzählte mir einmal, das Publikum habe ihn bei seinem ersten Auftritt ausgepfiffen. Er fügte hinzu, dass es sich um ein schlechtes Stück gehandelt und auch er selbst seine Rolle nicht besonders gut gespielt habe. Er gestand offen ein, das Theaterpublikum sei ihm noch nach Monaten verhasst gewesen – eine Ansammlung von Dummköpfen, Ignoranten, Besserwissern und Banausen. Völlig angewidert gab er seine Bühnenlaufbahn auf und arbeitete ein Jahr lang als Verkäufer.

Eines Tages lud ihn ein Freund ein, einen Vortrag zum Thema »Wie man sich mit sich selbst verträgt« zu besuchen. Was er dort hörte, gab seinem Leben eine neue Richtung. Er wandte sich wieder der Bühne zu und begann, für sich und seine Zuhörer zu beten. Jeden Abend vor seinem Auftritt dachte er an das Publikum voll Liebe und gutem Willen. Damit schlug er von der Bühne zu seinen Zuschauern eine Brücke und seine Ausstrahlung löste ein entsprechendes Echo aus. Heute ist er ein großer Schauspieler, der die Menschen liebt und achtet. Seine positive Einstellung teilte sich den anderen mit und wird von ihnen erwidert.

Wie man schwierige Menschen behandelt

Leider gibt es viele schwierige Menschen, die eine eigenartige Einstellung zum Leben haben. Mangelnde Hilfsbereitschaft, Unfreundlichkeit, Streitsucht oder Verbitterung sind Anzeichen einer seelischen Erkrankung. Psychische Schäden dieser Art gehen oft auf traumatische Kindheitserlebnisse zurück, andere sind ererbt oder später entstanden. Kein vernünftiger Mensch würde einem anderen vorwerfen, an Tuberkulose zu leiden. Ebenso unangebracht ist es, einen geistig oder seelisch Kranken zu verachten oder zu verurteilen. Man muss ihnen mit Mitgefühl und Verständnisbereitschaft begegnen.

Unglück liebt Gesellschaft

Wer von Hass, Neid oder anderen negativen Gefühlen beherrscht ist, ist seelisch krank und steht im Widerspruch zur Harmonie des Universums. Besonders glückliche und fröhliche Menschen werden ihm unangenehm sein. Oft kritisiert so ein Mensch jene, denen er Gutes verdankt. Die Grundeinstellung ist verkehrt. Warum – sagt sich so ein Unglücklicher – sollen die anderen glücklich sein, wenn es mir schlecht geht? Er würde am liebsten alle ihm gleichmachen. Unglück liebt Gesellschaft. Sobald Sie sich dies bewusst machen, wird es Ihnen leichtfallen, eine solche Einstellung zu vermeiden und eventuellen Angriffen dieser Art mit Ruhe zu begegnen.

Die Bedeutung des Einfühlungsvermögens

Vor Kurzem besuchte mich eine junge Frau, die mir erzählte, sie habe einmal eine Kollegin geradezu gehasst, weil sie nicht nur hübscher, glücklicher und reicher als sie gewesen sei, sondern auch noch mit dem Chef verheiratet war. Eines Tages aber – so fuhr sie fort – sei das Töchterchen der Rivalin im Büro erschienen. Das Kind stammte aus deren erster Ehe und war behindert. Dieses Mädchen umarmte ihre Mutter und sagte: »Mutti, Mutti, ich liebe meinen neuen Vati! Schau nur, was er mir gegeben hat!« Dabei zeigte es glücklich ein neues Spielzeug.

Meine Besucherin fuhr fort: »Plötzlich öffnete sich mein Herz für das kleine Mädchen mit den strahlenden Augen. Ich versetzte mich in die Lage der anderen Frau und verstand, wie glücklich sie sein musste. Ich ging zu ihr hinüber und wünschte ihr mit ehrlicher Zuneigung alles Gute.«

Was die junge Frau an den Tag legte, nennen die Psychologen Empathie oder Einfühlungsvermögen; das ist die Fähigkeit, sich in einen anderen hineinversetzen zu können. Die junge Frau hatte versucht, die Lage aus dem Blickwinkel der unmittelbar Beteiligten zu sehen. So war es ihr gelungen, sich nicht nur mit dem Denken und Fühlen der anderen Frau, sondern auch mit dem des Kindes zu identifizieren.

Sobald Sie beginnen, schlecht von einem Mitmenschen zu denken oder ihn zu verletzen, überprüfen Sie Ihr Verhalten und versetzen Sie sich an seine Stelle.

Nachgiebigkeit lohnt sich nicht

Erlauben Sie niemandem, Sie auszunutzen oder zu manipulieren mit Zornausbrüchen, Weinkrämpfen oder angeblichen Herzanfällen. Menschen dieser Art sind Tyrannen. Weigern Sie sich freundlich, aber entschieden, nachzugeben. Nachgiebigkeit lohnt sich nicht. Geben Sie sich nicht dazu her, den Egoismus und die Unkontrolliertheit anderer Menschen zu unterstützen. Sie sind auf diese Welt gekommen, um sich selbst zu verwirklichen und ein gutes, glückliches Leben zu führen. Räumen Sie keinem Menschen das Recht ein, Sie von Ihren Zielen abzubringen. Bleiben Sie Ihrem Ideal treu. Halten Sie sich immer vor Augen, dass alles, was Ihrem Glück und Ihrer Selbstverwirklichung dient, auch dem Allgemeinwohl nützt. Die Harmonie des Einzelnen ist die Harmonie des Ganzen, denn das Ganze ist im Einzelnen gegenwärtig und der Einzelne im Ganzen.

Zusammenfassung

1. Ihr Unterbewusstsein gleicht einem Speicher, der Ihre Gedanken aufzeichnet und festhält. Denken Sie positiv von Ihrem Nächsten und Sie denken dadurch letztlich positiv von sich selbst.
2. Jeder hass- oder neiderfüllte Gedanke ist geistiges Gift. Denken Sie nichts Negatives von Ihrem Nächsten, denn sonst fällt das auf Sie zurück. Sie schaffen Ihre eigene Welt und dynamisch entfalten Ihre Gedanken ihre schöpferische Kraft.
3. Ihr Geist ist ein schöpferisches Medium. Was Sie über andere denken und fühlen, verwirklicht sich in Ihrem eigenen Leben. Wie Sie wollen, dass Ihre Mitmenschen über Sie denken, so müssen auch Sie über Ihren Nächsten denken.
4. Einen anderen zu täuschen, zu betrügen oder zu berauben hat nur negative Auswirkungen. Das Unterbewusstsein hält alle Gedanken, Gefühle und Beweggründe fest. Sind die Motive negativer Art, dann wirken sie destruktiv. Was Sie Ihrem Nächsten tun, tun Sie sich selbst.
5. Jede Freundlichkeit, jeder Beweis des guten Willens wird Ihnen auf hundertfache Weise vergolten.
6. Sie schaffen Ihre eigene Welt. Sie allein entscheiden und verantworten, was Sie über Ihre Mitmenschen denken. Denken Sie immer daran: Die Verantwortung für Ihre eigene Denkweise können Sie nicht anderen anlasten. Ihre Gedanken und Gefühle fallen auf Sie selbst zurück.
7. Reagieren Sie auch in Ihrem Gefühlsleben als reifer Mensch. Gestehen Sie den Mitmenschen das Recht auf eine eigene Meinung zu. Das gleiche Vorrecht können Sie für sich selbst beanspruchen. Man kann seinen Standpunkt wahren, ohne deshalb grob zu werden oder unhöflich zu erscheinen.
8. Tiere haben ein feines Gespür für Abneigung und reagieren darauf widerspenstig oder angriffslustig. Wer Tieren mit Liebe begegnet, wird niemals angegriffen werden. Viele Menschen haben für Gefühlslagen einen ähnlichen sechsten Sinn.
9. Vorstellungen, die Sie von anderen haben, und Gespräche, die Sie im Geist mit ihnen führen, lösen bei den Betroffenen die entsprechenden Reaktionen aus.
10. Wünschen Sie den Mitmenschen, was Sie sich selbst wünschen. Dies ist der Schlüssel zu harmonischen zwischenmenschlichen Beziehungen.
11. Wandeln Sie Ihre Einstellung zu Ihrem Chef oder Ihrer Chefin. Den-

ken und fühlen Sie, dass er beziehungsweise sie dem Gesetz der Liebe gehorcht. Die positive Reaktion wird nicht lange auf sich warten lassen.

12. Worte und Taten Ihrer Mitmenschen können Sie nur dann treffen, wenn Sie es zulassen. Ihr Denken hat schöpferische Kraft – segnen Sie also Ihren Nächsten.
13. Liebe löst alle Probleme zwischenmenschlicher Beziehungen. Liebe bedeutet Verständnis, Offenheit und Achtung vor dem anderen.
14. Ein kranker Mensch würde in Ihnen niemals Hass, sondern nur Mitleid auslösen. Zeigen Sie Menschen, deren Geist und Seele krank ist, das gleiche Mitgefühl.
15. Freuen Sie sich über Erfolge, Gewinne, Beförderungen Ihrer Mitmenschen. Diese Gesinnung öffnet die Tür zum eigenen Glück.
16. Lassen Sie sich in Ihren Entscheidungen niemals manipulieren. Nachgiebigkeit lohnt sich nicht. Geben Sie sich nicht als Fußabtreter für andere her. Lassen Sie sich nicht von Ihrem Weg abbringen. Halten Sie an Ihren Idealen fest, denn nur eine positive Weltsicht bringt Glück und Freude. Was für Sie selbst ein Segen ist, hilft auch anderen Menschen.
17. Alles, was Sie Ihrem Nächsten schulden, ist Liebe. Und Liebe besteht in nichts anderem als darin, jedem dasselbe zu wünschen, was Sie selbst sich erträumen: Gesundheit, Glück und Zufriedenheit.

Unendliche Kraft für die Harmonisierung Ihrer Beziehungen

Dieses Kapitel habe ich auf der schönen Insel Maui geschrieben, die zur Inselkette des amerikanischen Bundesstaates Hawaii gehört. Die Menschen dort sagen: »Man hat nicht gelebt, bevor man Hawaii nicht gesehen hat.« Einer der größten Anziehungspunkte auf Maui ist der über dreitausend Meter hohe erloschene Vulkan Haleakala, was »Haus der Sonne« bedeutet. Er bietet einen atemberaubenden Anblick. Und zu seinen Füßen spielt sich das ruhige Leben der Menschen ab. Die Hawaii-Insulaner bearbeiten ihre kleinen Taro-Felder immer noch nach Art ihrer Vorfahren, der Fisch ist immer noch ihre Hauptnahrung.

Auf den Hawaii-Inseln begegnet man Menschen vieler Volksgruppen und unterschiedlicher religiöser Überzeugungen. Aber alle leben friedlich zusammen und genießen die Sonne der gesegneten Insel. Der Einheimische, der mich vom Flugplatz ins Hotel fuhr, erzählte mir, seine Vorfahren seien Iren, Portugiesen, Deutsche, Japaner und Chinesen gewesen; seit vielen Generationen hätten Angehörige verschiedener Völker geheiratet und Rassenprobleme seien unbekannt.

Wie man mit anderen zurechtkommt

Einer der Hauptgründe, warum viele Menschen im Leben nicht vorankommen, liegt darin, dass sie mit ihren Mitmenschen nicht zurechtkommen. Sie scheinen andere fast zwangsläufig zu verärgern oder vor den Kopf zu stoßen. Oft ist ihre Haltung großspurig, taktlos und kränkend.

Der beste Weg zu einer harmonischen Beziehung mit anderen Menschen besteht darin, das Göttliche in ihnen zu preisen und sich klarzumachen, dass jeder Mann und jede Frau ein Inbegriff oder Beispiel der gesamten Menschenrasse ist. Jeder Mensch, der auf Erden wandelt, ist ein Kind des lebendigen Gottes; und wenn wir das Göttliche in uns selbst achten und ehren, werden wir automatisch auch die göttliche Gegenwart in anderen Menschen achten und ehren.

Ein Kellner brachte sich selbst voran

In einem Hotel an der Koanapali-Bucht auf der Insel Maui führte ich ein höchst aufschlussreiches Gespräch mit einem Kellner. Er erzählte mir, dass seit Jahren ein exzentrischer amerikanischer Millionär die Insel besuchte, ein grässlicher Mensch, der keinem Ober oder Pagen Trinkgeld geben mochte. Nicht nur geizig war dieser Gast, sondern dazu griesgrämig, grob und ungehobelt. Nichts stellte ihn zufrieden, ständig beschwerte er sich über das Essen und den Service, und er fauchte jeden Kellner an, der ihn bediente. »Ich erkannte«, sagte der Kellner zu mir, »dass der Mann krank war. Unser Kahuna (hawaiischer Eingeborenenpriester) behauptet, wenn ein Mensch so sei, fresse ihn innerlich etwas auf. Ich beschloss darum, ihn durch Freundlichkeit zu besiegen.«

Der Kellner behandelte den Mann stets mit ausgesuchter Höflichkeit, freundlich und respektvoll. Dabei dachte er: »Gott liebt ihn. Ich sehe das Göttliche in ihm und er sieht das Göttliche in mir.«

Diese Technik wandte er etwa einen Monat an. Eines schönen Tages dann begrüßte ihn der exzentrische Millionär: »Guten Morgen, Toni. Wie ist das Wetter? Sie sind der beste Kellner, der mich je bedient hat.«

Toni gestand mir: »Ich wäre fast in Ohnmacht gefallen. Da hatte ich einen Anschnauzer erwartet und stattdessen ein Kompliment geerntet. Er gab mir einen Fünfhundertdollarschein!« Dies war das Abschiedsgeschenk des schwierigen Gastes, der es außerdem einrichtete, dass Toni demnächst stellvertretender Geschäftsführer eines großen Hotels in Honolulu wird, an welchem der Millionär finanziell beteiligt ist.

... *und ein Wort zu seiner Zeit ist sehr lieblich* (Sprüche 15, 23). Ein Wort ist ein ausgedrückter Gedanke. Die Worte (Gedanken) dieses Kellners waren alle an die Seele (das Unterbewusstsein) des launischen, zänkischen Gastes gerichtet gewesen, sie hatten das Eis in seinem Herzen zum Schmelzen gebracht, und er hatte mit Freundlichkeit reagiert. Toni bewies, dass man, wenn man im anderen Menschen die Gegenwart Gottes sieht, in einer zwischenmenschlichen Beziehung auch reichen materiellen Lohn ernten kann.

Alles verstehen heißt, alles verzeihen

Dieses alte aphoristische Wort enthält eine tiefe Wahrheit. In einem der Hotels hier auf Maui unterhielt ich mich darüber mit einer jungen Dame, die Unterhaltungen und Ausflüge für die Gäste arrangiert. Sie erzählte mir, wenn sie sage: »Ein wunderbarer Tag heute«, erwidere der so angesprochene Gast manchmal: »Was nützt mir das schon? Ich verabscheue das Wetter hier, mir gefällt hier überhaupt nichts.« In einem solchen Fall wisse sie sofort, dass der Gast emotional gestört sei, dass ihn irrationale, vernunftwidrige Gefühle quälten.

Sie hatte in Honolulu Psychologie studiert und erinnerte sich noch genau an die Ausführungen eines bestimmten Professors. Dieser hatte erklärt, gegenüber einem Menschen mit sichtbarem körperlichen Gebrechen, beispielsweise einem Buckel, reagiere niemand ungehalten oder ärgerlich, und genauso dürfe man sich nicht reizen oder ärgern lassen, wenn Menschen seelische Gebrechen oder eine gestörte, verdrehte Denkweise hätten. Man solle vielmehr Mitleid mit ihnen haben. Sei man sich ihres chaotischen Gemütszustands bewusst, könne man diesen leicht übersehen und ihnen verzeihen.

Die junge Dame ist anmutig, charmant, freundlich und liebenswürdig; scheinbar vermag nichts sie aus der Ruhe zu bringen. Sie hat sich eine Art privilegierte Immunität geschaffen und weiß, dass einzig sie selbst sich wehtun kann. Das heißt, sie besitzt – wie jeder Mensch – die Freiheit, andere Menschen zu segnen oder sich über andere Menschen zu ärgern, und sie hat sich zu Ersterem entschlossen. Ihr ist klar, dass man sich nur durch die Richtung des eigenen Denkens verletzt und dass dieses Denken vollkommen der eigenen Kontrolle unterliegt.

Das Unterbewusstsein eines Musikers wirkte Wunder für ihn

Ein junger Musiker, der abends Bassgeige in einer Hotelband spielt, um sein Studium an der Hawaii-Universität zu finanzieren, gestand mir, dass er eine Auseinandersetzung mit einem Professor gehabt habe und dass ihn seither bei mündlichen sowie schriftlichen Prüfungen sein Gedächtnis im Stich lasse. Er war voller Groll und wirkte sehr verkrampft. Ich erklärte ihm, sein Unterbewusstsein habe ein perfektes Gedächtnis für alles, was er lese und höre, doch wenn sein Bewusstsein übermäßig angespannt sei, könne die Weisheit des Unterbewusstseins nicht an die Oberfläche steigen und nicht in sein Bewusstsein gelangen.

Auf meine Empfehlung betete er fortan jeden Morgen und Abend: »Die unendliche Weisheit, die meinem Unterbewusstsein innewohnt, enthüllt mir alles, was ich wissen muss, und ich werde in meinem Studium göttlich geführt. Ich strahle gegenüber meinen Professoren Liebe und Freundlichkeit aus und habe meinen Frieden mit ihnen gemacht. Ich bestehe alle Prüfungen in göttlicher Fügung.«

Nach drei Wochen bekam ich von ihm einen Brief, worin er schrieb, dass er sein wichtigstes Examen glänzend bestanden und jetzt ein ausgezeichnetes Verhältnis zu seinen Professoren habe.

Ihm war es gelungen, durch Wiederholung des Gebets, das ich ihm genannt hatte, die Vorstellung von einem perfekten Gedächtnis in sein Unterbewusstsein zu senken. Die Liebe und Freundlichkeit, die er nun ausstrahlte, war von seinen Professoren unterbewusst empfangen worden und hatte zu harmonischen Beziehungen geführt.

Ein Arzt heilte sich von krank machendem Ärger

Der mehr als dreitausend Meter hohe Haleakala ist der erkaltete, kegelförmige Überrest eines einst feuerspeienden, todbringenden Vulkans. Ich fuhr mit einer Gruppe Menschen dorthin, die aus so verschiedenen Gegenden wie Pittsburgh, Tokio, Stockholm und Australien kamen. Während der Fahrt saß ich neben einem australischen Arzt und seiner Frau. Der Arzt erzählte, in seinem Leben habe es Ausbrüche mit ähnlich verheerenden Folgen wie bei den Eruptionen des Berges hier gegeben, weil er die Gewohnheit gehabt habe, seine Mitmenschen zu hart zu beurteilen.

Er war oft vor Wut über das explodiert, was die Journalisten in den Zeitungen veröffentlichten. An Parlamentsabgeordnete, Gewerkschaftsbosse und andere bedeutende Männer hatte er immer wieder giftige, beleidigende Briefe geschrieben. Sein inneres Brodeln hatte zu drei körperlichen »Eruptionen« in Form zweier schwerer Herzattacken und eines leichten Schlaganfalls geführt. Er hatte sich jedes Mal wieder erholt und schließlich war ihm klar geworden, dass er die Anfälle selbst über sich gebracht hatte. Im Krankenhaus hatte ihm eine Schwester gesagt, er solle Psalm 91 lesen, dieser sei die wichtigste Medizin, die er brauche. Der Arzt hatte es tatsächlich getan, und der Sinn des Psalms war mit der Zeit in seine Seele (sein Unterbewusstsein) gesunken.

Inzwischen hat er, wie er sagte, längst gelernt, sich auf andere Menschen einzustellen. Er hat erkannt, dass unsere Welt eine Welt unterschiedlich konditionierter, unvollkommener Menschen ist, die göttliche Vollkommenheit nur anstreben können. Er hat gelernt, dem Göttlichen in seinem Inneren treu zu sein und das Göttliche in anderen Menschen zu achten. Er weiß nun: Alles verstehen heißt alles verzeihen.

Die Medizin für einen Mann, der Gott grollte

An einem schönen Morgen ging ich von meinem Hotel auf Maui mit einem Mann zum Meer, um zu schwimmen. Der Mann brummte: »Ich bin hier, um allem zu entrinnen.« Er kritisierte die Leute in seiner Firma, dann schimpfte er auf die Regierung. Sogar gegen Gott schien er Groll zu empfinden. Schließlich fragte er: »Was kann ich tun, um meine Beziehungen zu diesen bösartigen Leuten um mich herum zu verbessern und mit ihnen auszukommen?«

Ich antwortete, wie die Wissenschaft bewiesen habe, seien Schwierigkeiten in zwischenmenschlichen Beziehungen oft darauf zurückzuführen, dass der Mensch, der mit solchen Problemen kämpfte, sich strikt weigere, die Ursache bei sich selbst zu suchen. Der erste Schritt bestehe darin, mit dem eigenen schwierigen Ich fertig zu werden. Ich machte dem Mann klar, dass seine Probleme mit Kollegen und Angestellten in ihm selbst wurzelten und die anderen Menschen bestenfalls als zweitrangige Ursachen bezeichnet werden könnten.

Er gab zu, voller versteckter Wut und Feindseligkeit zu sein und in Hinblick auf seine ehrgeizigen Pläne für sein Leben tiefe Enttäuschung zu empfinden. Nach meinen Erklärungen sah er ein, dass seine unterdrückte Wut bei den Menschen seiner Umgebung latente Feindseligkeit gegen ihn erzeugen musste. Ihm wurde bewusst, dass sich in dem, was er als Feindseligkeit und Hass seiner Kollegen und Angestellten bezeichnete, im Grunde nur seine eigene Enttäuschung und Feindseligkeit spiegelte.

Ich schrieb ihm ein geistiges Rezept auf, das er regelmäßig und systematisch anwenden sollte:

»Es gibt ein Gesetz von Ursache und Wirkung, das weiß ich. Und die Stimmung, die ich erzeuge, die Einstellung, die ich habe, wird mir in den Reaktionen meiner Mitmenschen zurückgegeben. Mir ist klar, dass meine innere Aufgewühltheit und Wut bei Menschen und auch bei Tieren Zorn und Bösartigkeit auslösen. Ich weiß, dass alles, was ich erlebe, ein bewusstes oder unbewusstes geistiges Pendant haben muss. Wie ich denke und fühle, so bin ich, so drücke ich mich aus, so benehme ich mich, so sind meine Erfahrungen.

Ich verabreiche mir diese geistig-seelische Medizin viele Male jeden Tag. Ich denke, spreche und handle jetzt vom göttlichen Mittelpunkt in meinem Inneren aus. Für alle Menschen meiner Umgebung und anderswo empfinde ich Liebe und Freundlichkeit. Das Unendliche ruht lächelnd in mir. Friede ist die Kraft Gottes und Gottes Friedensstrom überflutet meinen Geist, mein Herz, mein ganzes Wesen. Ich bin eins mit dem unendlichen Frieden Gottes. Mein Geist ist Geist vom Geist Gottes.

Ich erkenne und weiß, dass kein Mensch, kein Umstand und keine Tatsache der Welt die Macht hat, mich ohne meine geistige Einwilligung zu reizen, zu ärgern oder zu beunruhigen. Mein Denken ist schöpferisch; ganz bewusst und wissentlich weise ich alle negativen Gedanken, alle negativen Suggestionen von mir. Ich bekräftige, dass Gott mich führt und über mich wacht. Ich weiß, dass Gott mein eigentlicher Arbeitgeber ist und ich für ihn arbeite.

Mein wahres Ich ist göttlich und dieses Ich kann nicht verletzt, behindert oder beeinträchtigt werden. Mir ist klar, dass ich mich selber durch meine Selbstverurteilung und Selbstverunglimpfung verletzt habe. Ich strahle gegenüber allen Menschen Liebe und Freude aus und ich weiß, dass Güte, Wahrheit und Schönheit mir während aller Tage meines Lebens auf dem Fuße folgen werden, denn ich lebe ewiglich im Hause des Herrn.«

Drei Wochen verstrichen, dann erhielt ich von dem Mann einen Brief. Er schrieb, dass er durch Anwendung dieser geistig-seelischen Medizin seinen chaotischen, »siedenden« Gemütszustand durch Heiterkeit, Ruhe und Gelassenheit ersetzt habe.

Eine segensreiche philosophische Haltung gegenüber anderen

Ein japanischer Geschäftsmann, dem ich auf Hawaii begegnete, hatte seine eigene Privatphilosophie. Er erläuterte sie mir: »Seit fünfzig Jahren stehe ich nun im Geschäftsleben und ich bin viel gereist. Ich habe die Erfahrung gemacht, dass die Menschen im Grunde anständig und ehrlich sind. Sie unterscheiden sich sehr voneinander, haben eine sehr unterschiedliche Ausbildung durchlaufen, wurden unterschiedlich konditioniert und sind das Produkt ihrer Erziehung, Schulung und ihrer Denkgewohnheiten. Außerdem haben sie unterschiedliche Bräuche und religiöse Überzeugungen. Ich nehme die Menschen, wie sie sind. Weil ich weiß, dass man Kunden nicht ändert, wenn man böse auf sie ist, lasse ich mich von ihnen nicht aus der Ruhe bringen. Ich lehne es strikt ab, mich von jemandem ärgern zu lassen. Ich wünsche allen Gutes und gehe meines Weges.«

Der Japaner zeigte mir eine Liste mit den Namen von zehn Kunden, die ihm hohe Geldbeträge schuldeten und auf seine mehrmalige Mahnung nicht reagiert hatten. Er sagte: »Ich bete morgens und abends für sie alle darum, dass Gott sie in jeder Weise vorankommen lässt und das Gute für sie multipliziert. Ich bete darum, dass jeder seine Rechnungen bereitwillig bezahlt, dass sie alle ehrlich, aufrichtig und in jeder Weise begünstigt sind. Vor zwei Monaten habe ich damit angefangen. Inzwischen haben acht bezahlt und sich wegen der Verzögerung entschuldigt. Nur zwei sind noch übrig, aber ich weiß, dass auch sie bezahlen werden.«

Dieser Geschäftsmann hatte herausgefunden, dass seine säumigen Kunden, wenn er seine Einstellung zu ihnen änderte, sich ebenfalls änderten.

Der Schlüssel zu guten zwischenmenschlichen Beziehungen

Behandeln Sie die Menschen mit Achtung. Ehren und grüßen Sie das Göttliche in ihnen. Strahlen Sie gegenüber allen Mitmenschen Liebe und Freundlichkeit aus. Machen Sie sich klar, dass niemand, der innerlich ausgeglichen ist, in einer feindseligen, gehässigen, zänkischen oder mürrischen Weise reagiert. Wer es tut, der leidet an irgendeinem geistigen oder seelischen Konflikt. Wie der Kahuna sagte: »Etwas frisst ihn innerlich auf.« Seelischer

Schmerz quält einen solchen Menschen, seien Sie sich dessen bewusst.

Ihr wahres Ich ist göttlicher Natur. Es kann in keiner Weise verletzt, behindert oder belästigt werden. Wenn Sie einen Mitmenschen als schwierig empfinden, geben Sie ihn Gott anheim, erklären Sie, dass Sie Freiheit in Gott besitzen und vertrauen Sie diesen Menschen Gottes Obhut an. Dann werden Sie auf einer grünen Aue und am frischen Wasser sein.

Zusammenfassung

1. Einer der Hauptgründe, warum Menschen es im täglichen Leben zu nichts bringen, liegt in ihrer Unfähigkeit, mit anderen auszukommen.
2. Machen Sie sich klar, dass jeder Mensch als Kind Gottes auf Erden wandelt. Wenn Sie das Göttliche in Ihnen ehren und achten, werden Sie automatisch auch die Gottesgegenwart im Mitmenschen ehren.
3. Ein Kellner, der einen launischen, ungehobelten und nie zufriedenen Gast bedienen musste, behandelte diesen voll Freundlichkeit, Höflichkeit und Achtung, weil er erkannt hatte, dass der Mann gemütskrank war. Wenn er dem Mann gegenübertrat, bekräftigte er stets: »Gott liebt ihn.« Die Haltung des Kellners schmolz das Eis im Herzen dieses Gastes und trug dem Kellner reichen ideellen und auch materiellen Lohn ein.
4. Alles verstehen heißt alles verzeihen. Wenn Sie die Ursache der inneren Zerrissenheit eines anderen Menschen verstehen, werden Sie mehr Mitleid und Verständnis für ihn aufbringen. Sie wissen, dass der andere so handelt, wie er handelt, weil er entsprechend erzogen und konditioniert worden ist.
5. Machen Sie sich klar, dass niemand Ihre Gefühle verletzen oder Sie reizen und ärgern kann, es sei denn über den Weg Ihres eigenen Denkens. Doch dieses unterliegt völlig Ihrer Kontrolle.
6. Reibungen, innerer Aufruhr und Zorn wirken sich nachteilig auf Ihre Studien und Ihr Gedächtnis aus, weil die Weisheit des tieferen Geistes nicht an die Oberfläche des Bewusstseins steigt, wenn Sie angespannt und feindselig sind. Gießen Sie Liebe und Freundlichkeit über andere aus, bis Sie, wenn Sie ihnen im Geiste begegnen, vollkommenen Frieden empfinden.
7. Große Verärgerung und Wut können Herzanfälle und andere schwerwiegende Leiden verursachen. Lesen Sie, um solche schädliche Gefühle zu neutralisieren, Psalm 91. Meditieren Sie über die darin enthaltenen Wahrheiten und lassen Sie diese in Ihr Unterbewusstsein sinken. Damit verbannen Sie jedwede Feindseligkeit und unterdrückte Wut. Bleiben Sie den Wahrheiten Gottes in Ihrem Inneren treu und Sie werden in Freude leben.
8. Der erste Schritt zur Herstellung guter Beziehungen mit anderen Menschen besteht darin, in sich zu gehen und sich zu fragen: Wäre es möglich, dass die Ablehnung und Feindschaft, mit der mir andere begegnen, weitgehend meine eigene Enttäuschung und Feindseligkeit widerspiegeln? Ändern Sie sich, dann ändern sich auch Ihre Beziehungen zu Ihren Mitmenschen.

9. Es gibt ein Gesetz von Ursache und Wirkung, das immer und überall funktioniert. Die Stimmung, die Sie erzeugen, die Einstellung, die Sie haben, erhalten Sie in den Reaktionen der Menschen zurück.
10. Lernen Sie, die Menschen so zu nehmen, wie sie sind, und versuchen Sie nicht, andere zu ändern. Die Menschen handeln entsprechend ihrer Erziehung, Konditionierung und ihrer Denkgewohnheiten. Segnen Sie die anderen und kümmern Sie sich um Ihre eigenen Angelegenheiten.
11. Wenn Ihnen andere Menschen Geld schulden, sollten Sie um das Wohlergehen, den Erfolg und das Glück dieser Menschen beten. Sagen Sie sich, dass jeder Einzelne von ihnen ehrlich und aufrichtig ist und seine Schulden in göttlicher Fügung bezahlen wird.
12. Der Schlüssel zu harmonischen Beziehungen mit anderen Menschen liegt in einer gesunden, aufrichtigen Achtung für das Göttliche in Ihnen selbst und in Ihren Mitmenschen.
13. Ist ein Mensch sehr wenig umgänglich, sollten Sie ihn vollkommen Gott anvertrauen und erklären, dass Sie frei sind in Gott. Das Unangenehme und Unerfreuliche wird dann aus Ihren Erfahrungen mit diesem Menschen verschwinden. *Was du wirst vornehmen, wird er dir lassen gelingen* (Hiob 22, 28).

Wie Sie mithilfe des Unterbewusstseins anderen und sich selbst vergeben

Wer den freien Fluss des Lebensstroms blockiert, verursacht Störungen in seinem Unterbewusstsein und setzt sich dem Unheil aus. Gott ist nicht schuld am Unglück dieser Welt. Das hat sich der Mensch durch sein destruktives Denken selbst zuzuschreiben. Deshalb ist es falsch, für Krankheiten oder Misserfolge Gott verantwortlich zu machen.

Aber es gibt viele Menschen, die für Krankheiten und Leiden, für ihre Schmerzen, Unglücksfälle und alle persönlichen Schicksalsschläge, die Verantwortung auf Gott abwälzen.

Ein negativer Gottesbegriff rächt sich durch eine entsprechend negative Reaktion des Unterbewusstseins. Die Betreffenden wissen nicht, dass sie sich selbst bestrafen. Ehe Sie ein gesundes, glückliches und zufriedenes Leben führen können, müssen Sie die Wahrheit erkennen, Selbstbefreiung finden und sich von jeder Verurteilung, von Bitterkeit und Zorn fernhalten. Sobald Denken und Fühlen von der Vorstellung eines Gottes der Liebe beherrscht werden, sobald Sie einen liebenden Gott erkennen, der für Sie sorgt, Sie leitet, erhält und stärkt, wird sich diese Gotteskonzeption dem Unterbewusstsein einprägen und die Quelle Ihres Glücks werden.

Das Leben verzeiht immer

Das Leben verzeiht Ihnen, wenn Sie sich in den Finger schneiden. Die vom Unterbewusstsein gesteuerte Heilung setzt ein; neue Zellen entstehen und schließen die Wunde. Isst jemand etwas Verdorbenes, gibt der Körper das Ungenießbare wieder von sich. Verbrennt man sich die Hand, so werden die zerstörten

Gewebe ersetzt und eine neue Haut gebildet. Das Leben ist nachsichtig und nicht nachtragend. Es ist immer bereit zu vergeben. Die Geschenke des Lebens sind Gesundheit, Vitalität, Ausgeglichenheit und Frieden – vorausgesetzt, der Mensch lebt in Einklang mit der Natur.

Befreiung vom Schuldgefühl

Ich kannte einen Mann, der täglich, genauer: jede Nacht bis in die frühen Morgenstunden hinein durcharbeitete. Seine Frau und seine zwei Jungen sah er kaum noch, da ihn sein Beruf zu sehr in Anspruch nahm. Als ich ihn kennenlernte, hatte er einen Blutdruck von über 200. Mir war klar, dass er von starken Schuldgefühlen beherrscht sein musste und sich unbewusst mit harter Arbeit und dem völligen Verzicht auf ein Familienleben bestrafte. Ein normaler Mann würde nie so handeln, sondern würde auch am Leben seiner Frau Anteil haben und sich für seine beiden Kinder und ihre Entwicklung interessieren.

Ich sagte zu ihm: »Irgendetwas nagt an Ihnen, sonst würden Sie sich nicht so quälen. Sie bestrafen sich und müssen lernen, sich selbst zu verzeihen.« Es stellte sich heraus, dass er in der Tat seinem Bruder gegenüber ein tiefes Schuldgefühl hegte.

Ich erklärte ihm, dass nicht Gott ihn bestrafe, sondern er selbst sich quäle. »Jeder Verstoß gegen die Gesetze des Lebens«, sagte ich ihm, »bringt eine entsprechende Strafe mit sich. Wer einen heißen Gegenstand berührt, verbrennt sich. Die Kräfte der Natur sind völlig neutral – allein der Gebrauch, den der Mensch von ihnen macht, bestimmt, ob sie positiv oder negativ wirken. Feuer ist weder gut noch schlecht: Man kann damit ein Haus entweder erwärmen oder abbrennen. Die einzige Sünde ist die Unkenntnis der Lebensgesetze und die Strafe besteht in der negativen Reaktion, die sich als Folge jeder Nichtbeachtung der Lebensgesetze zwangsläufig einstellt. Wer gegen die Grundsätze der Chemie verstößt, kann eine verheerende Explosion herbeiführen. Wer gegen einen Felsen anrennt, verletzt sich. Beide Auswirkungen stellen die Vergeltung für eine Missachtung gesetzmäßiger Zusammenhänge dar.«

Meine Erläuterungen öffneten dem Mann die Augen. Er sah ein, dass seine »Strafarbeit« und das damit verbundene Leid keineswegs gottgewollt waren, sondern nur die Reaktion seines Unterbewusstseins auf seine destruktive Denkweise darstellte. Und der Anlass dazu? Obwohl es schon lange her war, konnte er es sich nicht verzeihen, seinen mittlerweile verstorbenen Bruder einmal hintergangen zu haben.

Ich fragte ihn: »Würden Sie Ihren Bruder auch heute noch betrügen?«

»Nein.«

»Glaubten Sie damals für Ihre Verhaltensweise einen guten Grund zu haben?«

»Ja.«

»Würden Sie aber dasselbe heute noch einmal tun?«

Er schüttelte den Kopf und sagte: »Keineswegs. Heute möchte ich anderen helfen, mit dem Leben klarzukommen.«

»Sie verfügen jetzt über mehr Erfahrung und tiefere Einsicht. Um Verzeihung zu erlangen, muss man sich zuerst selbst verzeihen. Vergebung bedeutet, sich in die göttliche Harmonie einzufügen. ›Hölle‹ – die Hölle auf Erden – ist Selbstzerfleischung. Der ›Himmel‹ aber ist Harmonie, Frieden und Vergebung.«

Unter dem Eindruck dieser neuen Sicht gelang es dem Mann, sich von seinen Schuldgefühlen und Selbstvorwürfen zu befreien. Bei einer später erfolgten ärztlichen Untersuchung erwies sich sein Blutdruck wieder als völlig normal: Die Genesung der Seele hatte die Heilung des Körpers bewirkt.

Ein Mörder lernte, sich selbst zu verzeihen

Vor vielen Jahren besuchte mich ein Mann, der seinen Bruder ermordet hatte. Er lebte in dauernder entsetzlicher Angst vor der göttlichen Strafe. Wie er mir erklärte, hatte er seinen Bruder mit seiner Frau überrascht und ihn in blinder Empörung niedergeschossen. Jenen Affektmord hatte er vor etwa 15 Jahren in Europa begangen. Mittlerweile hatte er in Amerika wieder geheiratet und war Vater von drei Kindern. Er hatte sich von Grund auf verändert und nutzte seine einflussreiche Stellung, um möglichst vielen Menschen Gutes zu tun.

Ich erklärte ihm, dass der Mann, der seinen Bruder erschoss, weder physisch noch psychisch mit ihm identisch sei. Es ist wissenschaftlich erwiesen, dass im Laufe von einigen Jahren jede Zelle unseres Körpers abstirbt und durch eine neue ersetzt wird. Ganz abgesehen davon sei er aber auch geistig und seelisch ein neuer Mensch, wie dies seine Liebe und Hilfsbereitschaft gegenüber seinen Mitmenschen beweise. Derjenige, der vor mehr als 15 Jahren getötet habe, sei geistig und seelisch tot. Wenn er sich trotz seiner völligen Wandlung heute noch Vorwürfe mache, so beschuldige er damit einen völlig Unbeteiligten!

Diese Erklärung wirkte befreiend auf ihn. Ihm hatte sich die eigentliche Bedeutung der Bibelworte enthüllt: *›Kommt her wir wollen sehen, wer von uns Recht hat‹, spricht der Herr: ›Wenn eure Sünden blutrot sind, sollen sie doch weiß werden wie Schnee, und wenn sie rot sind wie Scharlach, sollen sie doch weiß werden wie Wolle‹* (Jesaja 1, 18).

Wenn Sie wollen, kann Kritik Ihnen nur nützen

Eine Rat suchende Lehrerin erzählte mir, eine Kollegin habe einen von ihr gehaltenen Vortrag kritisiert: Sie spreche so schnell, undeutlich, leise und eintönig, dass die Wirkung ihrer Worte völlig verloren gehe. Im Gespräch mit ihr bemerkte ich, wie sehr diese Vorwürfe sie getroffen hatten. Andererseits aber räumte sie auf meine Fragen hin bereitwillig ein, dass die Kritik im Grunde genommen berechtigt war. In diesem Licht besehen, fand sie ihre eigene Reaktion kindisch und die Kritik der Kollegin als einen wertvollen Ansporn zur Selbstverbesserung. Sie machte sich daran, ihre Sprachtechnik durch den Besuch eines Rhetorikkurses zu verbessern. Und sie bedankte sich bei ihrer Kollegin für ihr Interesse und ihre konstruktive Kritik, die ihr den Weg gewiesen habe, die störenden Fehler abzulegen. Sie hatte es als Hilfe angenommen.

Wie man Verständnis zeigt

Wäre die an dem Vortrag der Lehrerin geübte Kritik völlig unberechtigt gewesen, dann wäre nicht verborgen geblieben, dass der Anlass zur Kritik gar nicht die Art oder der Inhalt des Gesagten war. Bei Kritikern dieses Schlages handelt es sich meist um geistig und seelisch unausgeglichene Menschen, deren Voreingenommenheit sie zu unsachlicher Kritik verleitet, mit der sie sich eine Art Selbstbestätigung verschaffen wollen. Kein Grund also, sich deswegen verletzt zu fühlen.

In solchen Fällen heißt es Verständnis zu beweisen. Der nächste logische Schritt besteht darin, für den Seelenfrieden und die Verständnisfähigkeit des anderen zu beten. Wer selbst über sein Denken und Fühlen bestimmt, kann von keinem anderen verletzt werden. Ihre Gefühle entsprechen Ihren Gedanken. Denkend haben Sie daher die Macht, alles aus Ihrem Geist zu verbannen, was Ihr inneres Gleichgewicht stören könnte.

Am Altar verlassen

Vor einigen Jahren war ich zu einer Trauung eingeladen. Der Bräutigam ließ auf sich warten und nach zwei Stunden trocknete die enttäuschte Braut ihre Tränen und sagte zu mir: »Ich habe Gott gebeten, alles nach seinem Willen zu lenken. Sicher ist dies nun die Antwort auf mein Gebet. Gott verlässt uns nie.«

Das war ihre Reaktion – Hingabe und Vertrauen in Gottes Ratschluss. Ihre Worte bewiesen, dass sie nicht verbittert war: »Offensichtlich hätte dieser Schritt uns beiden nur Unglück gebracht, denn ich hatte Gott gebeten, uns den rechten Weg zu zeigen.«

In ähnlicher Lage hätte manche andere Frau, der es an einer derart tiefen Einsicht mangelt, einen Nervenzusammenbruch erlitten, Beruhigungsmittel oder sogar ärztliche Hilfe gebraucht.

Hören Sie auf die Stimme der Ihnen innewohnenden unendlichen Weisheit und schenken Sie ihrem Rat dasselbe Vertrauen wie ein Kind den Worten seiner Mutter. So werden Sie innerlich immer ausgeglichen und seelisch gesund sein.

Ohne Vergebung keine Genesung

Anderen zu verzeihen ist die unabdingbare Voraussetzung für die eigene geistige und körperliche Gesundheit. Wer glücklich und gesund sein will, muss zuerst jedem vergeben, der ihm je etwas Negatives zugefügt hat:

Und wenn ihr steht und betet, so vergebt, wenn ihr etwas gegen jemanden habt ... (Markus 11, 25).

Seien Sie auch Ihren eigenen Fehlern und Schwächen gegenüber nachsichtig und bringen Sie Ihr Denken in Einklang mit der göttlichen Ordnung. Man kann dem anderen nicht verzeihen, wenn man nicht zuerst sich selbst verziehen hat. Wer sich selbst nicht vergeben will, beweist damit nur seine Überheblichkeit oder Unwissenheit.

Der psychosomatische Zweig der modernen Medizin demonstriert immer wieder mit allem Nachdruck, dass eine ganze Reihe von Krankheiten – von Gicht bis zu verschiedenen Herzleiden – durch Selbstvorwürfe, Gewissensbisse und Feindseligkeit verursacht wird. Ärzte erklären, dass die betreffenden Patienten regelmäßig daran erkrankten, dass sie voller Bitterkeit und Hass an die dachten, die sie verletzt, misshandelt, betrogen oder anders geschädigt hatten. Dagegen gibt es nur ein einziges Mittel: Hass und Bitterkeit müssen durch aufrichtiges Verzeihen beseitigt werden.

Verzeihen ist tätige Liebe

Um verzeihen zu können, ist guter Wille notwendig. Wer ehrlich wünscht, dem anderen zu vergeben, ist schon halb am Ziel. Sicherlich brauche ich nicht zu betonen, dass Verzeihen nicht unbedingt Sympathie oder gar Freundschaft voraussetzt. Man kann niemand zwingen, einen anderen Menschen zu mögen – genauso wenig, wie man Liebe, Verständnisbereitschaft oder Toleranz gesetzlich erzwingen könnte. Andererseits können wir aber auch jenen Menschen Liebe entgegenbringen, die uns nicht sympathisch sind.

Die Bibel sagt: *Liebet einander.* Dessen ist jeder fähig, der es wirklich will. Lieben bedeutet nichts anderes als dem anderen Gesundheit, Glück, Freude und Zufriedenheit zu wünschen. Nur eines gehört unbedingt dazu: Aufrichtigkeit. Wer anderen vergibt, beweist eigentlich nicht seine Großmut, sondern handelt letztlich im eigenen Interesse, denn was man dem anderen wünscht, wünscht man sich selbst. Sie selbst sind es, der denkt und fühlt. Und so wie wir denken und fühlen, so sind wir auch. Was könnte einleuchtender sein?

Die Technik des Verzeihens

Wer die folgende einfache Technik anwendet, dessen Leben wird sich verändern. Lassen Sie Ihre Gedanken zur Ruhe kommen und entspannen Sie Körper und Geist. Denken Sie an Gott und seine Liebe zu allen Menschen. Sagen Sie aufrichtig: »Ich verzeihe (nennen Sie hier den Namen des Betreffenden) voll und ganz. Ich bin frei von Bitterkeit. Ich verzeihe ohne jede Einschränkung alles, was mir in jenem Zusammenhang geschehen ist. Ich bin befreit und er (oder sie) ist befreit. Es ist ein herrliches Gefühl! Heute ist der Tag einer ›Generalamnestie‹. Ich wünsche ihm (oder ihr) und allen Mitmenschen Gesundheit, Glück und alle Zufriedenheit. Ich tue dies aus eigenem, freiem Entschluss, voll Freude und Liebe, und sobald mir von nun an der Name eines Menschen in den Sinn kommt, der mich geschädigt hat, sage ich: ›Du bist frei von aller Schuld!‹ Ich bin frei und du bist frei. Mögen wir alle in Glück und Freude leben!«

Das große Geheimnis wahrer Vergebung liegt darin, dass ein einmaliger Akt des Verzeihens genügt. Sobald der Betreffende oder das von ihm verschuldete Unrecht wieder in der Erinnerung auftaucht, genügt es zu sagen: »Friede sei mit dir!« Tun Sie dies jedes Mal, wenn die Erinnerung Sie wieder überkommt. Nach einigen Tagen werden Sie feststellen, dass Ihre Gedanken immer seltener um Person oder Anlass kreisen, bis beide schließlich völlig vergessen sind.

Der Prüfstein wahrer Vergebung

Sie können die Aufrichtigkeit der Vergebung prüfen. Stellen Sie sich vor, ich erzählte Ihnen von einem außerordentlichen Glück, das ein Mensch erlebt hat, der Ihnen wehgetan oder einen Schaden zugefügt hat. Wenn diese Nachricht Sie zornig macht, dann zeigt das, dass der Hass nach wie vor in Ihrem Unterbewusstsein schwelt und Unheil stiftet. Nehmen wir andererseits an, Sie hätten vor einem Jahr eine schmerzhafte Entzündung gehabt und ich fragte Sie heute, ob Sie noch Schmerzen hätten, so würden Sie antworten: »Natürlich nicht. Ich erinnere mich zwar an die Entzündung, aber sie ist längst abgeheilt und tut nicht mehr weh.«

Das ist der Kernpunkt des Ganzen: Möglicherweise haben Sie sich die Erinnerung an das Ihnen zugefügte Leid bewahrt, es tut aber nicht mehr weh. Das ist Ihr Prüfstein – wenden Sie ihn ohne jede Selbsttäuschung an. Geist und Seele müssen in der beschriebenen entspannten und wohlwollenden Art reagieren, sonst haben Sie nicht wirklich vergeben.

Die große Kraft des Verzeihens

Wer das dynamisch-schöpferische Gesetz seines Geistes versteht, hört auf, anderen Menschen oder äußeren Umständen einen bestimmenden positiven oder negativen Einfluss auf sein Leben einzuräumen. Er weiß, dass ausschließlich seine eigenen Gedanken und Gefühle sein Schicksal bestimmen. Darüber hinaus ist ihm bewusst, dass Äußerliches niemals die eigentliche Ursache oder Triebkraft seines Lebens und seines Schicksals werden kann. Zu denken, dass andere das eigene Glück beeinträchtigen können, dass man der Spielball eines grausamen Geschicks ist, dass man gegen seine Mitmenschen kämpfen muss, um sich zu behaupten – all dies und andere ähnliche irrige Ansichten erweisen sich in dem Augenblick als unhaltbar, in dem man Gedanken als objektive, dingliche Gegebenheiten erfasst.

Zusammenfassung

1. Gott – oder das Leben – achtet nicht auf die Person. Das Leben kennt keine Günstlinge. Das Leben – oder Gott – fördert Ihre Pläne und Absichten dann, wenn Sie mit dem Prinzip der Harmonie, Eintracht, Gesundheit und Freude in Einklang stehen.
2. Gott – oder das Leben – bringt niemals Krankheit oder Leid über uns. Jedes Unglück haben wir uns selbst zuzuschreiben bzw. unserem negativen und destruktiven Denken.
3. Ihre Auffassung von Gott ist die entscheidendste Grundlage Ihres Lebens. Wenn Sie an einen Gott der Liebe glauben, wird Ihr Unterbewusstsein entsprechend reagieren und Sie zufrieden machen. Glauben Sie an einen Gott der Liebe!
4. Das Leben – oder Gott – ist nicht nachtragend. Das Leben verurteilt niemanden. Das Leben heilt schwere körperliche Verletzungen. Das Leben weiß zu verzeihen, wenn Sie sich die Hand verbrennen: Es schafft neue Zellen, neue Gewebe. Das Leben heilt alles.
5. Schuldkomplexe sind auf eine falsche Auffassung von Gott und vom Leben zurückzuführen. Gott – oder das Leben – verdammt und bestraft keinen Menschen. Schuldgefühle sind allein die Folge falscher Überzeugungen, das heißt vom negativen Denken, das zur Selbstzerfleischung führt.
6. Gott – oder das Leben – verdammt oder bestraft den Menschen nicht. Die Kräfte der Natur sind völlig neutral. Ihre Wirkung hängt ausschließlich davon ab, wie Sie sie einsetzen. Mit Feuer kann man ein Haus heizen oder niederbrennen. Mit Wasser kann man den Durst eines Kindes stillen oder es ertränken. Gutes und Böses sind unmittelbare Folge menschlicher Gedanken und Zielsetzungen.
7. Gott – oder das Leben – kennt keine Rache. Der Mensch bestraft sich selbst durch seine falschen Auffassungen von Gott, dem Leben und dem Universum. Denkend schafft der Mensch aufgrund der in seinem Geist wohnenden schöpferischen Kraft sein eigenes Glück oder Elend.
8. Übt jemand berechtigte Kritik an Ihnen, so danken Sie ihm für seine wertvollen Hinweise, die Ihnen Ihre Selbstvervollkommnung erleichtern.
9. Wer weiß, dass er über sein Denken und Fühlen bestimmt, kann durch ungerechtfertigte Kritik nicht getroffen werden. Am besten ist es, dem Kritiker alles Gute zu wünschen.

10. Wenn Sie sich und Ihr Leben in die Hand Gottes gegeben haben, so nehmen Sie hin, was kommt. Seien Sie überzeugt, dass es letzten Endes zu Ihrem Besten ist. Wer die Dinge so sieht, wird nie Gefahr laufen, unsachlich zu kritisieren, sich selbst zu bemitleiden und verbittert zu werden.
11. Nichts ist an und für sich gut oder schlecht – erst das Denken macht es dazu. Das sexuelle Verlangen ist an sich genauso wenig unmoralisch wie der Wunsch nach Nahrung, Reichtum oder wahrer Selbstverwirklichung. Es kommt immer darauf an, was der Einzelne aus diesen Bedürfnissen, Wünschen und Bestrebungen macht, die ihm zu großem Glück verhelfen können.
12. Eine große Zahl von Krankheiten wird durch Neid, Hass, Rachsucht und Abneigung verursacht. Verzeihen Sie sich selbst und allen anderen, indem Sie an diejenigen mit Liebe, Freude und gutem Willen denken, die Ihnen Schmerzen zugefügt haben. Wünschen Sie diesen Mitmenschen Frieden, sobald die Erinnerung an erlittenes Unrecht auftaucht, und die Bitterkeit wird bald verblassen.
13. Vergeben heißt, dem anderen Liebe, Frieden, Freude, Weisheit und Zufriedenheit zu wünschen, bis Ihre Erinnerung jeden Stachel verloren hat. Dies ist der Prüfstein wahren Verzeihens.
14. Angenommen, Sie hatten vor einem Jahr eine schmerzhafte Entzündung. Haben Sie noch Schmerzen? Nein. Prüfen Sie sich auf dieselbe Weise, ob Sie noch negativ über einen Menschen denken, der Ihnen einmal irgendein Unrecht zugefügt oder Sie verleumdet hat. Sind Sie noch immer wütend auf ihn? Wenn ja, so ist Ihr Hass im Unterbewusstsein noch nicht ausgemerzt und stiftet schweren Schaden. Dagegen gibt es nur ein Mittel; dem Betreffenden so lange alles Gute zu wünschen, bis dieser Wunsch völlig aufrichtig ist.

Frei von Ängsten, falschen Gedanken und Selbstzweifeln

Das wunderbare Gesetz der Sicherheit

Unsicherheit und mangelndes Selbstvertrauen hier, gesunde Selbstsicherheit und Zuversicht dort – dieser ins Auge fallende Unterschied ist maßgebend auf die grundsätzliche Lebensauffassung eines Menschen zurückzuführen. Ein hervorragender Arzt und Forscher, der an der University of California in Los Angeles tätig ist, erzählte mir einmal, er habe niemals einen Patienten mit einem stark ausgeprägten Selbstvertrauen angetroffen, der gleichzeitig unter Angstkomplexen, chronischer Aufregung oder geistigen Störungen welcher Art auch immer gelitten hätte. Als Wissenschaftler kannte er hierfür keine unmittelbar seinem Fachgebiet entstammende Erklärung; er führte die innere Sicherheit eines Menschen vielmehr auf das Kriterium des Glaubens zurück, eines Glaubens an Gott nämlich, der sich durch alle Wechselfälle des Lebens hindurch unerschütterlich treu bleibt.

Natürlich müssen Sie wissen, dass Sie keineswegs ohnmächtig sind. Sie verfügen über unendlich reiche innere Kraftquellen, Sie sind stark. Davon darf jeder Mensch überzeugt sein. Fehlt es Ihnen jedoch an dieser Einsicht, so neigen Sie dazu, alles Problematische oder Schwierige, dem Sie in Ihrem Leben begegnen, in seiner Bedeutung zu überschätzen; weil Sie Ihren Problemen fälschlicherweise jene Wichtigkeit beimessen, die Sie sich selbst absprechen beziehungsweise nicht einzuräumen wagen. So beruht mangelndes Sicherheitsgefühl hauptsächlich auf einem grundlegenden Irrtum: Sie verwechseln Ursache und Wirkung. Sie sehen die äußeren Lebensumstände irrigerweise als Ursachen an und verkennen, dass sie – im Gegenteil – nur Wirkungen sind.

Wie man zum Gefühl innerer Sicherheit findet

Zunächst müssen Sie erkennen, dass es eine wirkliche Sicherheit nicht gibt – außer in Ihrem Gefühl der Verbundenheit mit Gott, der Quelle aller Segnungen. Indem Sie jedoch die in diesem Buch beschriebenen Grundsätze anwenden, können Sie sich ein sich praktisch bewährendes, gesundes und beglückendes Gefühl innerer Sicherheit aneignen. Alle Menschen tragen das Bedürfnis nach Sicherheit in sich. Allen ist aber auch der Drang gegeben, der auf eine Vereinigung mit der unendlichen Macht hinausläuft. Verbinden Sie sich mit ihr – jetzt, heute! Sie werden sich sofort gestärkt fühlen.

Es ist ein endloses Bad im unabsehbaren Ozean des Lebens. Der unendliche Geist umgibt und durchdringt Sie. Sie agieren und leben darin, Ihr ganzes Sein ist darin aufgehoben. Gott oder diese unendliche Macht ist allmächtig. Und wenn Sie sich mit ihr bewusst vereinigen und auch gefühlsmäßig verbinden, werden Sie allen in Ihnen schlummernden oder Sie bedrängenden Befürchtungen überlegen werden.

In Ihnen breitet sich das Unendliche in heiterer Ruhe aus: Dies ist der wahre Zustand Ihres Geistes. Sie haben Anteil an der Macht und Weisheit des unendlichen Geistes und erfahren dies in Ihrem Leben, sobald Sie zur Kenntnis genommen haben, dass Gott und das Göttliche in Ihnen existieren und einander geistig verbunden sind. Wenn Sie diese geistige Verbindung eingehen, werden Sie ein beglückendes Gefühl innerer Sicherheit in sich verspüren und einen beseligenden Frieden entdecken, der menschliches Verstehen übersteigt.

Der Rechtsstreit ging um sein Vermögen

Hier möchte ich Ihnen einen Fall erzählen, der mir seinerzeit sehr naheging, weil er einen meiner Freunde betraf. Er war in einen äußerst unübersichtlichen, langwierigen Zivilprozess verwickelt, der ihn bereits eine Menge Geld an Gerichtskosten und Anwaltshonoraren gekostet hatte. Seine Aussichten standen schlecht.

Sein Rechtsanwalt hatte ihn wissen lassen, er habe kaum noch Chancen, den Prozess zu gewinnen. Ein ungünstiger Ausgang des Rechtsstreites jedoch bedeutete, dass der Mann von heute auf morgen mehr oder weniger mittellos werden würde. Er war verzweifelt. Er setzte mir den Fall eingehend auseinander und endete mit der hoffnungslosen Feststellung, er sehe, sollte er aller seiner zum Lebensunterhalt notwendigen Mittel beraubt werden, nur noch einen Ausweg, nämlich mit allem Schluss zu machen.

Ich versuchte ihm zu erklären, dass Überlegungen und Äußerungen solcher Hoffnungslosigkeit sich unweigerlich destruktiv auswirken mussten. Sicher würden sie ganz wesentlich dazu beitragen, den Prozess zu verschleppen, ja für ihn ungünstig zu beeinflussen; handelte es sich doch dabei um Negativsuggestionen schlimmster Art. Jedes Mal, wenn er diesen Gedankengang verfolgte und aussprach (wie dies wiederholt geschehen war), tat er eigentlich Folgendes: Er betete gegen seine Interessen – gegen anstatt für sich.

Ich stellte ihm eine einfache Frage: »Was würdest du sagen, wenn ich dir in diesem Augenblick versichern könnte, der Rechtsstreit sei zu deinen Gunsten rechtskräftig entschieden?«

»Ich wäre außer mir vor Freude«, erwiderte er spontan, »und ewig dankbar. Zu wissen, dass ich von diesem schrecklichen Albtraum befreit wäre – es wäre zu schön!«

Mein Freund fasste neue Hoffnung. Er begann, sein ganzes Denken in Gleichklang mit seinem sehnlichsten Wunsch zu bringen und auf die Erreichung seines Zieles – den erfolgreichen Ausgang des Prozesses – auszurichten. Ich schlug ihm den Wortlaut eines Gebetes vor: »Ich danke für die befriedigende Lösung meines Problems, die sich jetzt mit Gottes Weisheit und Hilfe anbahnt.«

Dieses Gebet sprach er täglich mehrmals für sich. Er betete regelmäßig und insbesondere auch immer dann, wenn ihn angesichts neuer Schwierigkeiten oder offenkundiger Rückschläge Zweifel und Angst befielen. Er erstickte trübsinnige Anwandlungen im Keim, indem er sich an sein Gebet hielt. Dank dieser Vorgangsweise waren weitere Negativsuggestionen ausgeschlossen: Er enthielt sich negativer Gedankengänge und ebensolcher Äußerungen. Er hatte sich nun in der Hand und erhärtete seine Überzeugung zur sicheren Gewissheit, dass die subjektive Wahrheit seines Denkens und Fühlens unweigerlich ihren objektiven Niederschlag finden müsse.

Es ist immer das, was man fühlt, das sich Geltung verschafft. Wie oft sagt man etwas und fühlt im Herzen anders; ungeachtet dieses Widerspruchs kommt im Leben doch immer nur das zum Ausdruck, was man fühlt. Das in der Innenwelt des Gefühls Erlebte drängt im Leben zum Durchbruch.

Dieser Mann lernte mit großer Disziplin die Technik anwenden, innerlich niemals etwas zu billigen, was er nicht zu erleben wünschte. Seine ganze Persönlichkeit – sein Denken, Fühlen und Sprechen – war auf den glücklichen Ausgang des Rechtsstreites eingestellt. Und es kam, wie es kommen musste. Aus völlig unerwarteter Quelle ergaben sich auf einmal neue Beweise, die den Prozessausgang zu seinen Gunsten entschieden. Der Rechtsfall wurde abgeschlossen, ohne dass er den geringsten finanziellen Verlust erlitten hätte.

Mein Freund hat an sich erfahren, dass seine Sicherheit von der inneren Ausrichtung auf Gott oder die unendliche Allgegenwart des Geistes abhängt, an der jeder Mensch Anteil hat. Sein Beispiel zeigt, was man in Übereinstimmung mit dieser unendlichen Macht, die die Welt bewegt, vermag.

Am Rande des Abgrundes

Diesen Titel entnehme ich dem Ausspruch eines noch sehr jungen Mannes: »Ich bin am Rande des Abgrundes«, sagte er. »Denn ich leide an einer Blutkrankheit, die unheilbar ist.«

Dies war seine feste Überzeugung. Angst und Zweifel zermürbten ihn und ließen ihn nicht mehr zur Ruhe kommen. Dazu kam der denkbar ungünstige Einfluss seiner nächsten Familienangehörigen, die ihn bei jeder Gelegenheit daran erinnerten, dass eine Heilung seiner Krankheit jedenfalls keine kurzfristige Angelegenheit und vielleicht sogar nie mehr möglich sei. Glücklicherweise erkannte der ihn behandelnde lebenserfahrene Arzt die Unhaltbarkeit der Lage dieses jungen Mannes im Kreis seiner Familie und ermutigte ihn, sich von seinen Verwandten zu trennen.

Zum ersten Mal in seinem Leben hörte er von mir etwas über das Unbewusste. Ich erklärte ihm, dass die ihm seitens seiner Verwandten eingeflößten lebensverneinenden Feststellungen und seine eigenen pessimistischen Überzeugungen seiner Genesung entgegenwirkten; er müsse sich darum von beidem frei machen. Im Übrigen fühle er sich nur deshalb so sehr gefährdet, weil er nicht wisse, dass die unendlich heilende Kraft, die ihn erschuf, ihn auch zu heilen vermöge. Freilich müsse er sein Unterbewusstsein in entsprechend positiver Weise ansprechen.

Der junge Mann lauschte sorgfältig, ja begierig meinen Worten: Er sah darin eine neue Chance. Ich brachte ihm das folgende Gebet nahe, das er langsam und ruhig, voller Gefühl und mit viel Liebe regelmäßig beten sollte: »Schöpferische Weisheit erschuf mich. Sie regeneriert jetzt mein Blut. Ihre Heilkraft versteht zu heilen. Sie wandelt jede Zelle, jedes Blutkörperchen nach dem gottgewollten vollkommenen Plan. Ich höre und sehe meinen Arzt zu mir sagen, ich sei geheilt. Dieses Bild präge ich mir ein. Ich sehe ihn ganz deutlich vor mir und ich höre seine mir vertraute Stimme. Er sagt: ›Hans, du bist genesen! Es ist ein Wunder!‹ Ich weiß: Dieses Bild meiner vitalen Fantasie sinkt tief hinunter auf den Grund meines Unterbewusstseins, wo es Wurzeln schlägt und Früchte bringen wird. Ich weiß, dass die unendliche Heilkraft mich jetzt heilt. Sie heilt mich ungeachtet aller logisch-schlüssigen Gegenbeweise. Ich fühle das, ich glaube das und ich bin im Begriff, mein Ziel, vollkommen gesund zu sein, zu erreichen.«

Der junge Mann wiederholte dieses Gebet vier- oder fünfmal täglich, insbesondere immer vor dem Einschlafen. Im Hinblick auf die Krankengeschichte und seine früheren Gewohnheiten erschien es natürlich fast unvermeidlich, dass er bisweilen wieder dem alten Takt verfiel, das hieß: sich seiner wiederholten Rückschläge sowie des Pessimismus seiner Verwandten zu erinnern und sich in Sorgen und Verzweiflung aufzureiben. Aber mit der Zeit lernte er, wenn ihn solche Gedanken bedrängten, sein Denken und Fühlen zu steuern. Derartigen Anwandlungen begegnete er mit einem entschiedenen »Halt!« und der nachfolgenden suggestiven Formel: »Ich bin der Herr und Meister meiner Gedanken, Vorstellungen und Gefühle, sie unterliegen meinem Gebot. Ich lenke alles in mir auf Gott und seine heilkräftige Macht. Und die Saat dieser Einstellung geht im Humus meines Unterbewusstseins auf. Ich fühle mich Gott innig verbunden und gehe auf im Denken und Fühlen: ›Mein Vater, ich danke dir!‹ Ich gedenke Gott und danke ihm täglich hundertmal, tausendmal.«

Innerhalb von drei Monaten erholte sich der junge Mann so, dass er geheilt erschien, und dabei ist es geblieben. Dank Meditation und Gebet hatte er sich positives Denken zur Gewohnheit gemacht und seinen Wunsch nach Genesung dem dynamisch-schöpferischen Unterbewusstsein eingepflanzt. Dieses Beispiel bezeugt die Wahrheit des Bibelwortes aus Matthäus 9, 22: *Dein Glaube hat dir geholfen*.

Wir ersehen daraus, dass Sicherheit nicht durch äußerliche Mittel befestigt werden kann; sie wird nicht von der Größe des Bankkontos, des Grund- und Aktienbesitzes oder anderer Vermögenswerte bestimmt. Wahre Sicherheit beruht auf dem inneren Sicherheitsgefühl, das Ihrem Glauben an Gott und dem tiefen Vertrauen entströmt, jederzeit und überall mit Gottes Liebe und Fürsorge rechnen zu können.

Sicherheit wird nicht von Gesetzes wegen gewährleistet

Kein Staat, keine Regierung, mag sie auch von den besten Absichten geleitet sein, kann Ihnen Frieden, Glück, Wohlergehen oder Sicherheit garantieren. Ebenso wenig können Sie selber alle Wechselfälle Ihres Lebens und die großen Ereignisse, in die Ihr Leben verflochten ist, vorhersehen oder bestimmen. Es ereignen sich Naturkatastrophen wie Erdbeben und Überschwemmungen, die über Nacht ganze Städte zerstören und Hab und Gut Tausender von Menschen vernichten. Kriege brechen aus, politische Unruhen und Streiks; und wer schon nicht unmittelbar davon in Mitleidenschaft gezogen wird, muss gleichwohl mit nachteiligen wirtschaftlichen Folgen, sei es am eigenen Vermögen, sei es an der eigenen Landeswährung, rechnen. Wirtschaftstragödien internationaler Tragweite können zu einem Börsenkrach führen und schon allein die Angst vor einem drohenden Krieg kann in aller Welt katastrophale wirtschaftliche Folgen nach sich ziehen.

Aller materieller Besitz ist tatsächlich vergänglich. Wir können heute reich und morgen arm sein. Ungeachtet des äußeren Anscheins bietet Ihnen weder Ihr Geld auf der Bank noch Ihr Wertpapierbesitz echte Sicherheit. Im Grunde genommen steht und fällt alles mit dem Vertrauen. Sogar der Wert einer Zwanzigernote hängt schließlich von der Integrität der Regierung und ihrer Fähigkeit ab, Währung und Wirtschaft gesund zu erhalten, ganz abgesehen von ihrer Abhängigkeit vom internationalen Wirtschaftsgeschehen. Noch deutlicher tritt dies beim Bankscheck oder etwa gar beim Privatscheck zutage, der unter Umständen wahrhaftig nur ein Stück wertloses Papier ist. Oder hängt etwa sein Wert nicht wesentlich von der Bonität und Ehrlichkeit des Ausstellers oder von Ihrem Vertrauen, das Sie Ihrer Bank geben, ab?

Es muss nicht unbedingt eine Ölquelle sein

Um den erwähnten Wechselfällen und unvorhersehbaren Katastrophen größeren oder kleineren Ausmaßes zu begegnen und immer gewachsen zu sein, bedarf es keiner unzumutbaren Anstrengungen. Widmen Sie täglich ein paar Minuten Ihrer Zeit und Aufmerksamkeit dem, was wir Meditation und wirksames Gebet nennen. Machen Sie sich beide zur Gewohnheit. Sie ändern dadurch Ihre geistige Einstellung. Sie schalten auf das unbedingt Positive um. Ausgehend von dieser Grundhaltung werden Sie nicht mehr leiden, was immer auch kommen mag.

Gehen Sie Ihren Weg im Bewusstsein, dass Gott immer für Sie sorgt. Sie müssen wissen und fühlen, dass Gottes schützende Allgegenwart über Ihnen waltet. Bei dieser Einstellung können Sie – das sollten Sie sich immer vor Augen halten – keine wirklichen Verluste erleiden. Trocknet Ihre Ölquelle aus, so werden Sie eine andere Einkommensquelle entdecken, die Ihnen nicht weniger einbringt.

Es gilt nur, Ihrer Mentalität das Bewusstsein der nie versiegenden Fürsorge Gottes als entscheidende Tatsache einzupflanzen. Gelingt Ihnen das, so können Sie nicht der Armut anheimfallen. Gleichgültig, welchen Wandel Ihr Vermögen oder Ihr Einkommen mitmachen mögen, werden Sie immer mehr als genug haben, um ein glückliches Leben zu führen.

Wie er aus Hoch und Tief zu einem ausgeglichenen Leben fand

Gerade vor ein paar Wochen sprach ich mit einem Mann, einem Börsenmakler, der sich über das unberechenbare Auf und Ab seines Lebens bitter beklagte. »Manchmal mache ich an der Aktienbörse ein kleines Vermögen«, versicherte er mir. »Aber bald darauf muss ich dann wieder große Verluste hinnehmen. In ähnlicher Weise erfreue ich mich zuzeiten einer ungebrochenen und zähen Gesundheit, aber anscheinend nur, um dann in regelmäßigen Intervallen ins Krankenhaus hinüberzuwechseln und dort die verschiedensten Beschwerden auszukurieren. Glück und Unglück geben einander die Hand, das scheint mein Los zu sein. Aber es ist schwer einzusehen. Kann man denn gar nichts dagegen tun?«

»Ganz bestimmt kann man etwas dagegen tun«, entgegnete ich ihm. Und ich bemühte mich, ihm die Augen zu öffnen. Es sei gar nicht so schwer, sagte ich ihm, ein ausgeglichenes Leben im Zeichen der Heiterkeit und Gelöstheit zu führen und sich auch wirtschaftlich an dessen Sonnenseite aufzuhalten. Zugegebenermaßen würden freilich die meisten Leute heute in einem wahren Taumel des Überschwangs und morgen, wenn nur das Geringste schiefgeht, am Tiefpunkt schwerster Gemütsdepressionen dahinleben: Sie hören nicht auf, nach dem »blauen Montag« in den »strahlenden Dienstag» und dann wieder in einen »schwarzen Mittwoch« hineinzuschlittern.

Und noch etwas: Wäre denn unser Leben nicht völlig belanglos und schal, monoton und langweilig, wenn es uns nicht auch zu

Wettbewerb und Anstrengung herausforderte? Wenn wir uns nicht auch unerwarteten Wechselfällen und ernsten Problemen gegenübersähen? Und müssen nicht nahezu alle Menschen in ihrem Leben einmal oder auch öfter mit außerordentlichen Zwangs- und Notlagen sowie persönlichen Tragödien fertig werden? Dessen ungeachtet aber ist es möglich, unser Gemütsleben so zu steuern, dass wir nicht Gefahr laufen, in unserer Hochstimmung zu übertreiben oder an den erlittenen Rückschlägen zu verzweifeln.

Dieser Mann musste zunächst sein Gefühls- und Geistesleben sinnvoll steuern lernen. Er sah sehr bald ein, dass er ungeachtet der äußeren Umstände dem Leben mit Fassung und Gleichmut ins Auge sehen müsse.

Mark Aurel, der römische Kaiser und philosophierende Schriftsteller, hatte die Ansicht vertreten: »Nichts geschieht einem Menschen, das er nicht von Natur aus zu ertragen vermöchte.« Und auf Hawaii wird den Touristen heute noch eine Hütte gezeigt, in der der große Schriftsteller Robert Louis Stevenson sein Meisterwerk, *Die Schatzinsel*, geschrieben hatte, obwohl er an akuter Tuberkulose litt.

Ich bat meinen Bekannten, sich den nachfolgenden Gedankengang zu eigen zu machen, der ihm innere Sicherheit und Stärke verleihen werde: »*Wer festen Herzens ist, dem bewahrst du Frieden; denn er verlässt sich auf dich. Darum verlasst euch auf den Herrn immerdar; denn Gott der Herr ist ein Fels ewiglich* (Jesaja 26, 3–4). Ich weiß: Meine Herzenswünsche sind mir von Gott, der in mir wohnt, eingegeben. Gott will, dass ich glücklich bin. Gottes Wille ist Leben, Liebe, Wahrheit und Schönheit. Dieses Gute nehme ich jetzt an. Ich bin mit dem Göttlichen in Verbindung. In mir drückt sich Gott aus. Ich bin auf allen meinen Wegen von Gott geleitet. Deshalb weiß ich mich auf dem richtigen Platz, wo immer ich auch bin; und was ich tue, tue ich gern. Die Meinungen der Menschen stelle ich zurück; denn ich habe am Göttlichen und an der göttlichen Weisheit geistigen Anteil. In meinem Geist kommt der vollkommene Plan Gottes zur Entfaltung. Ich befinde mich immer im Gleichgewicht ruhiger Heiterkeit, weil ich weiß, dass Gott für alles, was ich brauche, die richtige Lösung bereithält. Der Herr ist mein Hirte, nichts wird mir fehlen. Ich bin dynamisch, ich bin schöpferisch, göttliche Kraft ist in mir. Ich spüre in mir den Rhythmus Gottes. Ich höre seine Frohe Botschaft der Liebe.«

Mein Bekannter meditierte täglich mehrmals über diesen Wahrheiten und prägte sich diese betend tief ein. Dank seiner neuen Auffassung vom Menschen in seiner Verbundenheit mit Gott gestaltete sich sein Leben entsprechend: ausgeglichen und glücklich.

Wie sie ihren Verlust und ihre Angst vor Verlust überwand

Eine junge Frau klagte mir ihr Leid. Ihr Vater hatte sie um ihr Erbteil gebracht. »Kurz vor seinem Tode«, sagte sie mir, »änderte mein Vater sein Testament und hinterließ nahezu alles meinem Bruder. Dabei hätte ich zur Hälfte erben sollen. Nun habe ich bis auf den Pflichtteil alles verloren.«

Abgesehen von der gefühlsmäßigen Enttäuschung empfand die junge Frau den Verlust und litt darunter. Auch fürchtete sie sich vor der Zukunft. Ich erklärte ihr, dass der Glaube an Gott und das Vertrauen in das Gute für Angst keinen Raum mehr lassen. Dahin zu gelangen, sei eine Frage der geistigen Einstellung. Im Übrigen könne sie niemals etwas verlieren, solange sie den Verlust geistig nicht akzeptiere, weil schließlich alle Lebenserfahrungen geistig durchlebt werden müssten.

Nehmen wir einmal an, ich hätte meine Uhr verloren. Tatsächlich bedeutet dies, dass sie irgendwo sein muss, nur weiß ich nicht wo. Sie könnte mir auf der Straße vom Handgelenk gefallen sein, ich könnte sie auch in einer Telefonzelle liegen lassen haben, oder vielleicht hat sie mir auch ein Taschendieb entwendet. Was immer mit der Uhr geschah, die unendliche Weisheit Gottes weiß genau, wo sie sich befindet. Die Allgegenwart des unendlichen Geistes wohnt allen stofflichen Dingen im Universum inne, jedem Teil und jedem Teilchen. Letztlich ist die Uhr eine Idee dieses unendlichen Geistes. Sie kann nicht verloren gehen. Und sollte meine Uhr vernichtet worden sein, so ändert dies nichts an der Tatsache, dass der mit Geist gesegnete Mensch Millionen von Uhren schaffen kann. Mit anderen Worten: Gott kann nichts verlieren.

Meine Erklärung weckte ihr Interesse und sie fasste den festen Entschluss, alles zu tun, um ihr tief verwurzeltes Unsicherheitsgefühl und ihre Angst vor Verlust zu überwinden. Erstens musste sie verstehen lernen, dass ohne unsere geistige Zustimmung – indem wir nämlich einen Verlust befürchten oder an einen solchen glauben – uns nichts verloren gehen oder weggenommen werden kann. Zweitens musste sie in aller Entschiedenheit ihre geistige Wahl treffen und wissen, dass sich ihre Entscheidung für Gottes Reichtum und Fülle durch ständige bewusste Vergegenwärtigung ihrem Unterbewusstsein einprägen und vermöge der dynamisch-schöpferischen Kraft des Unbewussten in ihrem Leben verwirklichen würde. Drittens hieß es, der Auffassung, dass sie des Reichtums Gottes teilhaftig würde, immer treu zu bleiben und im Herzen zu spüren, dass ihr Glaube an Gott und an die Verheißungen Gottes Erfüllung finden würde.

Sie begann, sich auf Gott einzustellen. Diese neue Geisteshaltung zerstreute sehr bald ihr Gefühl, benachteiligt worden zu sein, und ihre Angst vor Verlust. Und das nachfolgende Gebet sollte sozusagen den vierten Schritt darstellen, durch den die junge Frau ihren seelisch-geistigen und emotionalen Konflikt überwand:

»*Durch Stillesein und Hoffen würdet ihr stark sein* … (Jesaja 30, 15). Ich weiß: Mein Gefühl der inneren Sicherheit beruht auf meinem Wissen, dass Gott für mich sorgt, und ich habe vollkommenes Vertrauen in seine Führung. Meine größte Sicherheit ist auf mein Wissen und Fühlen gegründet, dass Gott allgegenwärtig ist. Gott ist die Quelle allen Lebens und aller Segnungen des Lebens. Ich weiß und fühle das vom Grunde meines Herzens her. Gott ist in mir, er wacht über mich, er sorgt für mich, er hilft mir, Gott liebt mich. Was ich denke, wird sich erfüllen, denn alle gottgegebenen Wünsche gehen in Erfüllung. Er hat mein bewusstes Leben erneuert, er hat meine Seele erneuert. Gottes Güte und

Gottes Gnade begleiten mich bis an das Ende meiner Tage; denn ich habe mich ein für alle Mal entschieden, seelisch und geistig mit Gott vereint zu bleiben bis an das Ende meiner Tage.«

Einen Monat nach dem Tag, da die junge Frau zum ersten Mal das oben abgedruckte Gebet gesprochen hatte, wurde sie zu einem großen Empfang in Los Angeles eingeladen. Bei dieser Gelegenheit lernte sie einen prominenten Arzt kennen. Zwei Monate danach waren die beiden verheiratet. Der Arzt bewunderte an ihr – wie er wörtlich sagte – ihre in allem sichtbare hochgeistige Einstellung und zeigte sich von ihrer bei Frauen so seltenen ruhigen Ausgeglichenheit und ihrem unerschütterlichen Selbstvertrauen tief beeindruckt. Konnte ihr Gebet auf eine schönere und überzeugendere Art in Erfüllung gehen? Und war es etwas anderes als ihr Glaube, der sie zum Glück führte?

Folgerichtigkeit beherrscht das Leben. Insofern geht es im Leben überaus fair zu. Unsere leidvollen Erfahrungen – Krankheit, Gefühlsaufruhr, Streit und Unglück –, die uns auf dieser Welt nicht immer erspart bleiben, stellen die Folgen missbräuchlichen Denkens und fehlgerichteter oder falscher Überzeugungen dar.

Weg in die bessere Zukunft

Nehmen Sie sich vor, geistig zu arbeiten. Machen Sie sich auf, sich auf Gott abzustimmen. Sagen Sie sich: »Meine auf Gott eingestimmte Seele jubelt befreit.«

Gott der Allmächtige ist in Ihnen. Sie haben alles in sich, um ein erfülltes und glückliches Leben zu führen. Die ganze wunderbare Machtfülle Gottes steht Ihnen zur Verfügung. Sie sollten seine Weisheit, seine Kraft und Herrlichkeit in Ihrem Leben verwirklichen.

Gebrauchen Sie Ihre Muskeln nicht, so werden sie unweigerlich verkümmern. Dasselbe geschieht, wenn Sie Ihre seelisch-geistigen Kräfte brachliegen lassen. Ihre Grundeinstellung im Allgemeinen und ebenso Ihre Gedankengänge und Beweggründe im Besonderen müssen auf Gott zulaufen; andernfalls ist Ihre Verbindung mit Gott unterbrochen, Sie gleiten zwangsläufig von Ihrem Weg ab und treiben im Gefälle der Schwermut und Depression, der Angst und Zerrissenheit Ihrem eigenen Elend zu.

Gehen Sie in sich. Das Königreich Gottes ist in Ihnen: seine Macht, Weisheit und Stärke; mit seiner Hilfe sind Sie allen Schwierigkeiten und Bedrohungen des Lebens gewachsen. So steht denn auch in der Bibel geschrieben: *Aber die vom Volk, die ihren Gott kennen, werden sich ermannen und danach handeln* (Daniel 11, 32). *Siehe, ich, der Herr, bin der Gott allen Fleisches, sollte mir etwas unmöglich sein?* (Jeremia 32, 27).

Zusammenfassung

1. Ihre Sorgen und Beängstigungen sind auf den Umstand zurückzuführen, dass Sie versäumt haben, sich auf das Unendliche, das weder Angst noch Widerstand kennt, einzustellen.
2. Es gibt keine wirkliche Sicherheit außer aufgrund Ihres Gefühls der Verbundenheit mit Gott.
3. Ihr Denken und Fühlen muss mit Ihren Lebenszielen übereinstimmen, andernfalls bleiben Ihre Gebete Lippenbekenntnisse und können nicht erhört werden.
4. Wenn Sie innerlich in Abrede stellen, was Sie nach außen hin bekennen, so kann Ihnen nicht geholfen werden. Ein Kranker wird auf diese Art nie gesund.
5. Das wahre Gefühl der Sicherheit hängt nicht von Vermögenswerten oder überhaupt materiellen Reichtümern ab. Es beruht auf dem Glauben an Gott und echtem Gottvertrauen, denn von ihm kommt alles Gute.
6. Weder ein Staat noch eine Regierung können Ihnen Sicherheit, Glück und Frieden garantieren. Sie schaffen sich durch die Anwendung der Gesetze Ihres Geistes selber Ihre Sicherheit und Gesundheit, Ihr Wohlergehen und Glück.
7. Sie schützen sich in Ihren wirtschaftlichen Unternehmungen durch das Bewusstsein, dass Gott immer für Sie sorgt und Sie vor allem Unheil schützt.
8. Göttliches Gesetz beherrscht Ihr Leben. Sie sind mit dem Göttlichen in Verbindung. Gott leitet Sie auf allen Wegen. Wenn Sie sich dieses Gebet zur Gewohnheit machen, werden Sie leidvolles Auf und Ab in Ihrem Leben vermeiden und ausgeglichen und glücklich sein.
9. Angst kann durch das Vertrauen in Gott und seine nie versiegende Fürsorge ersetzt werden. Durch Stillesein und Hoffen würdet ihr stark sein ...
10. Sie können ein glückliches und erfülltes Leben führen, indem Sie sich mit Gott verbinden und im Bewusstsein leben, dass Gottes Macht, Weisheit und Stärke allen Schwierigkeiten überlegen sind. Beginnen Sie, beginnt Gott. Ich und mein Vater sind eins.

Sie sind Ausdruck des Lebens. Das Leben offenbart sich in Ihnen und Sie müssen erkennen, dass Sie aus dem Leben nicht wegzudenken sind, in dem Ihr Wohlergehen, Ihre Entwicklung und Entfaltung eine bedeutende Rolle spielen. Sie haben eine bestimmte Aufgabe. Mehr noch: Sie sind anders als jeder andere Mensch auf dieser Welt. Sie sehen anders aus, auch Ihre Gedanken, Gefühle und Überzeugungen unterscheiden sich von denen anderer Menschen. Sie haben eine ganz eigene, natürliche Begabung, besondere Fähigkeiten und bestimmte Ihnen angeborene Talente. Sie sind mit Gaben ausgestattet, die Ihnen erlauben, das Leben in einer Weise auszudrücken, wie es niemand sonst in der Welt kann.

Lernen Sie, das zu tun, was Sie können oder tun könnten, und Sie werden damit Ihr Schicksal erfüllen. Nehmen Sie Ihren Platz im Leben ein und Sie werden Ihre Wichtigkeit im großen Plan der Dinge erfahren. Sie sind mit den Gaben der Fantasie, der Gedanken, der Vernunft und der Kraft des Handelns und der Entscheidung ausgestattet. Das Leben will durch Sie seine Energie, seine Kraft, seine Freude, Liebe und Weisheit offenbaren.

Was ist Vertrauen?

Vertrauen bedeutet, sich auf jemanden oder etwas gläubig zu verlassen. Glaube ist das Wissen um die Gegenwart und die Kraft Gottes in uns selbst. Im demütigen Glauben an sich selbst als ein Kind Gottes können Sie ein alle Hindernisse überwindendes, ein erfülltes Leben führen. Es mögen sich Ihnen Schwierigkeiten in den Weg stellen, bedrohliche Hindernisse und gewaltige Widerstände, aber mit wirklichem Selbstvertrauen können Sie allen Problemen gelassen begegnen. Vereint mit Gott, getragen von einem tiefen, unerschütterlichen Selbstvertrauen, können Sie allen Wechselfällen des Lebens trotzen. Es gibt in der Bibel eine wunderbare Passage, die für alle, die sich Selbstvertrauen erwerben wollen, von entscheidender Bedeutung ist. Sie wird von vielen Menschen für eine der größten und bedeutungsvollsten Aussagen der Bibel gehalten. Sie steht im Brief des Apostels Paulus an die Römer: *Wenn Gott für uns ist, wer ist gegen uns?* (Römer 8, 31). Nehmen Sie die Bedeutung und die Weisheit dieser Aussage ganz in sich auf, sodass sie von Ihnen Besitz ergreift: Dann können Sie aus einem unerschütterlichen Vertrauen heraus leben. Modifizieren Sie den Satz und sagen Sie sich: »Wenn Gott für mich ist, wer ist gegen mich?«

Vertrauen Sie auf Gott

Auch diese Sätze stehen in der Bibel: *Ohne Glauben aber ist es unmöglich, Gott zu gefallen; denn wer vor Gott treten will, muss glauben, dass er ist und dass er denen, die ihn suchen, ein Vergelter wird* (Hebräer 11, 6). Der Mensch muss auf das Gesetz des Lebens vertrauen, das ihn niemals in die Irre führt.

Vor einigen Jahren hielt ich mich längere Zeit in Israel auf, wo ich einem sehr interessanten Mann begegnete, der mir schließlich einiges über sich erzählte.

»Vor einer Reihe von Jahren«, sagte er, »lebte ich noch in Deutschland, wo ich sehr vermögend war. Ich vertraute auf mein Kapital, meine Wertpapiere, meinen Grundbesitz und auf meine akademischen Grade. Dann kamen die NS-Herrschaft und der Krieg, ich verlor meine Familie und geriet in ein Konzentrationslager. Als der Krieg zu Ende war, wurde ich befreit und stand ohne einen Pfennig Geld da. Ich überdachte meine Lage und wusste nun: Alles ist vergänglich, nur Gott nicht. Gott allein ist verlässlich. Ich wandte mich Ihm zu und Er antwortete mir. Heute bin ich hier – glücklich, frei, erfolgreich und von jedermann geachtet.«

Ich fragte ihn: »Wie haben Sie gebetet?« Er berichtete mir, der Inhalt seiner Gebete sei etwa folgender gewesen: »Gott wird mir den Weg weisen. Er wird mir eine neue Tür öffnen. Er wird mir einen neuen Weg durch das Leben zeigen. Gott gibt mir Vertrauen, Frieden, Gesundheit und Wohlstand. Gott hat mich beschützt, er hat über mich gewacht und ich weiß, dass er auch jetzt und in aller Zukunft für mich sorgen wird.«

Dieser Mann hatte das Geheimnis des Selbstvertrauens entdeckt. Freunde waren ihm zu Hilfe gekommen, die ihm Geld liehen, und in seiner neuen Heimat boten sich ihm neue, vielseitige Chancen.

Produktiver Glaube

Viele Menschen haben zwar einen Glauben, der auf einer bestimmten theologischen Basis oder bestimmten kirchlichen Dogmen beruht, aber sie haben keinen produktiven Glauben, der ihnen hilft, ihr Leben sinnvoll zu gestalten. Folglich verläuft ihr Leben ziemlich chaotisch. Dagegen gibt es Menschen, die – ob sie nun bestimmten theologischen Grundvorstellungen anhängen oder nicht – einen produktiven Glauben haben, der sich in ihrer beruflichen Laufbahn, in der Nutzung ihrer Begabungen, in ihrem privaten Leben und in ihren Beziehungen zu anderen Menschen offenbart.

Sie müssen Ihren Glauben an Gott geistig und handelnd demonstrieren. Das daraus erwachsende Vertrauen in sich selbst verleiht Ihnen einen unbefangenen Blick für die Fragen des Lebens, eine neue starke Lebenshaltung, Gelassenheit, Energie und Lebensfreude. Das Selbstvertrauen eines Menschen spiegelt sich in seiner Haltung, in seinem Auftreten, in seinen Gesten, seiner Redeweise und dem Blick seiner Augen. Jede Faser seines Körpers beweist seine Selbstachtung und Selbsteinschätzung.

Der Herr ist meine Hirte

Im 23. Psalm, der gewiss eines der schönsten Gebete der Bibel ist, spricht David davon, dass der Herr ihn leite, für ihn sorge, dass er wie ein Hirte über ihn wache. Auch David sagt hier nichts anderes, als dass ein inneres, ein ihn lenkendes göttliches Gesetz ihn durch ein friedliches, glückliches und frohes Leben geleitet. Er glaubt fest an dieses Gesetz, das sich in seinem Leben ausprägt. Was ist der Herr? Der Herr ist die allumfassende, lenkende Schöpferkraft, die Sie geschaffen hat, die Sie und alle Dinge dieser Welt lenkt. Vertrauen in dieses innere, lenkende Lebensgesetz ist Vertrauen in uns selbst, in unsere Weisheit und unsere Kraft, es bedeutet Selbstsicherheit, das Gegenteil von Zweifel, Angst und Schüchternheit.

Angst vor dem Scheitern

Zum Kreis meiner Bekannten gehört ein sehr vermögender, einflussreicher Geschäftsmann. Zu meiner Überraschung sagte dieser Mann eines Tages zu mir: »Ich wache oft mitten in der Nacht mit einem Gefühl der Panik auf und fange eigentlich jeden Tag mit der beklemmenden Vorstellung an, es könne etwas geschehen.« Dieser Mann wurde von dem ständigen Gefühl der Unsicherheit gequält und schien von der Überzeugung durchdrungen zu sein, dass er eines Tages geschäftlich Schiffbruch erleiden müsse. Er besaß ein riesiges Vermögen und fürchtete trotzdem ein völliges Scheitern. Er fügte der Schilderung seiner seelischen Verfassung noch hinzu, dass er jeden Abend in der Bibel lese, seiner Furcht aber dennoch nicht Herr werden könne.

Ich verordnete diesem Mann so etwas wie eine »geistige Medizin«. Mein Rezept lautete folgendermaßen: »Ich weiß und glaube, dass meine Geschäfte auch Gottes Geschäfte sind; in all meinen geschäftlichen Angelegenheiten ist auch Gott mein Partner. Ich löse alle meine Probleme, da ich mein ganzes Vertrauen in die Kraft meines Geistes setze. Ich lebe nun in Sicherheit und Frieden. Für alle meine Schwierigkeiten gibt es eine richtige Lösung.

Ich weiß, dass alle meine Geschäftsfreunde dem Gesetz der göttlichen Harmonie unterliegen, und mit ihnen allen arbeite ich harmonisch zusammen – mit dem obersten Ziel des Glücks, des Wohlstandes und der Zufriedenheit. Die schöpferische Kraft in mir enthüllt mir bessere Wege, der Menschheit zu dienen, und ich bin voller Vertrauen in meinen Partner – in Gott.«

Ich hatte meinem Bekannten diese Meditation aufgeschrieben und er folgte meinem Rat, sie täglich zehnmal laut zu lesen und sie konzentriert in sich aufzunehmen. Zehn Tage lang vermittelte er seinem Geist diese Wahrheiten intensiv durch Augen und Ohren und es gelang ihm schließlich, durch dieses »Rezept« alle Angst in sich auszulöschen; sein Geist füllte sich mit Frieden und Vertrauen in die Zukunft.

Neue Selbsteinschätzung

Akzeptieren Sie Ihr Ich und hegen Sie eine hohe Meinung von sich selbst, denn Sie sind ein individueller Ausdruck der Kraft Gottes. Sie sind ein Kind oder eine Verkörperung des lebenden Gottes. Machen Sie sich diese Geisteshaltung zu eigen und Sie werden jedes Gefühl der Minderwertigkeit verlieren. Ich kenne Menschen, die einzig an das Geld zu glauben scheinen, das sie auf dem Aktienmarkt gewinnen können – aber der Wert der Aktien steigt und fällt. Ihre neue Selbsteinschätzung dagegen wird getragen vom tiefen Vertrauen in das Unwandelbare, nämlich die geistigen Werte des Lebens, die Gesetze des Geistes und die Gesetze des Lebens, die gestern, heute und immer dieselben bleiben. Religionen, Philosophien, Regierungen und Währungen kommen und gehen. Regierungen werden gestürzt, Kriege und Unruhen entwerten das Geld, Naturkatastrophen tilgen Städte und Dörfer aus. Alles in dieser Welt ist vergänglich und dem Wandel unterworfen.

Der Weg zum Selbstvertrauen

Um wirkliches Selbstvertrauen zu erwerben, müssen Sie aufrichtig an das Gesetz des Lebens in sich glauben. Sie müssen uneingeschränkt auf die Funktion Ihres Bewusstseins und Ihres Unterbewusstseins vertrauen. Das Unterbewusstsein reagiert auf Ihre Denkweise. So haben Sie die Möglichkeit, Ihre Gedanken und Vorstellungen sowie Ihre Reaktionen auf die Wechselfälle des Lebens selbst zu wählen und zu bestimmen. Sie können Ihre Gefühle in sinnvoller Weise beherrschen. Sie können ein Vertrauen in die Funktion Ihres Unterbewusstseins mit derselben Selbstverständlichkeit entwickeln, wie Sie den Naturwissenschaften – der Chemie, der Physik und der Mathematik – oder der Elektronik vertrauen, nach deren Gesetzen Radios und Fernsehapparate gebaut werden. Auch ein Arzt muss Vertrauen haben, wenn er mit einer Operation beginnt – er vertraut auf die grundlegenden Gesetze der Anatomie, der Chirurgie und der Physiologie.

»Ich bin zu kurz gekommen ...«

Viele sagen sich: »Ich bin schüchtern; ich bin ängstlich; ich tauge zu gar nichts; ich bin immer zu kurz gekommen; ich habe keine gute Erziehung gehabt; ich konnte nicht studieren ...« und so weiter. Zahllose Menschen hängen solchen negativen Gedanken nach, die schließlich zu Selbstmitleid führen. Nicht selten ziehen sich solche Menschen in sich selbst zurück und behaupten: »Ich will meine Ruhe haben.« Sie meiden jede Gesellschaft, werden egozentrisch und verschroben. Sie haben immer Angst, gekränkt zu werden, und halten sich darum ganz von anderen Menschen fern, damit niemand an ihre psychischen Wunden rühren kann.

Diese Geisteshaltung beruht auf einem grundsätzlichen Gefühl der Ablehnung – vor allem der Ablehnung des Vertrauens auf die göttlichen Kräfte in sich selbst. Viele dieser seelischen Schäden reichen bis in die Kindheit zurück und basieren auf Äußerungen der Eltern etwa dieser Art: »Du taugst überhaupt nichts«; »Du wirst es nie zu etwas bringen«; »Du wirst einmal ein Säufer wie dein Vater« und dergleichen mehr.

Der Weg, alle Gefühle der eigenen Minderwertigkeit zu überwinden, führt nur über die Erkenntnis, dass Sie Ihre Vorstellung von sich selbst ändern können. Denken Sie immer daran, dass äußere Bedingungen, Umstände und Ereignisse nicht Ursachen sind, sondern Wirkungen. Der Grund für alle Angst liegt in dem Glauben an den kausalen Charakter von Äußerlichkeiten. Die Ursache aber liegt immer in Ihrem eigenen Geist.

Überwindung von Minderwertigkeitsgefühlen

Sie können mit der göttlichen Kraft, die Sie erfüllt und stärkt, alles erreichen. Sie müssen erkennen, dass Sie eins sind mit Gott, wenn Sie Ihr Denken ganz auf die göttlichen Kräfte der Harmonie, der Gesundheit, des Friedens, der Freude und des Glücks ausrichten. Die schöpferische Kraft in Ihnen wird auf diese Denkweise reagieren und Ihre Wünsche verwirklichen: Sie werden das, was Sie sein wollen, unabhängig von den Meinungen und Äußerungen anderer Menschen. Sie können jedes Gefühl der Minderwertigkeit aus sich verbannen, wenn Sie die Wahrheit des folgenden Gebets ganz in sich aufnehmen: »Ich bin ein Instrument des göttlichen Lebens, der göttlichen Liebe, Wahrheit und Schönheit. Ich bin ein Ausdruck göttlichen Lebens. Gott ist mein Vater. Er liebt mich und Er sorgt für mich. Ich bin ein einmaliger Ausdruck des göttlichen Lebens und niemand auf der ganzen Welt ist so wie ich. Seine Kraft durchströmt mich und jeden Tag enthülle ich mehr von der mir innewohnenden Kraft. Ich bin eins mit meinem Vater und mein Vater ist Gott.«

Wiederholen Sie dieses Gebet oft und denken Sie daran, dass Ihr Unterbewusstsein diese belebenden Gedanken und Vorstellungen aufsaugen wird, während alles Vergangene ausgelöscht und getilgt wird. Ein Gebet kann das Unterbewusstsein ändern, denn es füllt Ihren Geist mit den Wahrheiten Gottes und verdrängt schließlich alles, was diesen Wahrheiten nicht entspricht.

Ein schüchterner Liebhaber

Ein junger Mann, der einige meiner Vorträge gehört hatte, schrieb mir in einem Brief, er könne einfach nicht den Mut aufbringen, seiner Freundin einen Heiratsantrag zu machen, er sei zu schüchtern und zu ängstlich. Jedes Mal, wenn er dazu ansetze, werde er sprachlos vor Verlegenheit und gerate in geradezu panische Angst. Ich lud diesen schüchternen Liebhaber zu einem Gespräch ein und schlug ihm vor, jeden Abend vor dem Einschlafen in seinen Vorstellungen so zu handeln, wie er es anfangen wolle, wenn er mit dem Mädchen zusammen sei.

In seiner Vorstellung verwandelte er sich nun in einen stürmischen Liebhaber und sagte sich: »So werde ich sie bitten, meine Frau zu werden.« Die entsprechende imaginäre Szene wiederholte er drei Wochen lang Abend für Abend, bis er davon überzeugt war, dass er gar nicht anders als so gelassen und ruhig auftreten könne, wie er es in seiner Fantasie tat. Eines Abends besuchte er dann das Mädchen, machte ihr einen Heiratsantrag – und hatte natürlich Erfolg.

Sie können siegen

Zu viele Menschen sind von einer kleinlichen, unsinnigen Ängstlichkeit erfüllt. Wenn Sie sich einer Schwierigkeit, einer verwickelten Situation, einer bestimmten Aufgabe nicht gewachsen fühlen, zählen Sie sich alle Gründe auf, die Ihnen helfen können, mit Ihrem Problem fertig zu werden. Sagen Sie sich: »Die Kraft Gottes wird mir zu einem Sieg verhelfen.«

Vielleicht ist Ihnen die Geschichte von Abraham Lincoln bekannt, der sich der Aufgabe, zur Erinnerung an die Schlacht von Gettysburg eine Rede zu halten, nicht gewachsen fühlte. Er betete um Belehrung, las weite Teile der Bibel und bat Gott um Rat und Kraft. Er wurde schließlich dem Thema seiner Rede mit Demut, Schlichtheit und tiefer Ehrfurcht vor dem Göttlichen gerecht. *… denn wer vor Gott treten will, muss glauben, dass er ist und dass er denen, die ihn suchen, ein Vergelter wird* (Hebräer 11, 6).

Lincoln glaubte fest daran, dass Gott jedes Gebet erhört. Seine Schlichtheit, seine Hingabe an die Wahrheit und seine Demut vor Gott ließen ihn eine der größten Reden der amerikanischen Geschichte halten.

Setzen Sie Ihre Kraft sinnvoll ein

Verschwenden Sie Ihre Kraft nicht. Überprüfen Sie alle Ihre Gedanken und fragen Sie sich, ob Sie die Kraft Ihrer Gedanken sinnvoll einsetzen. Denken Sie daran, dass das Gesetz der Sparsamkeit auch in Ihrem Geist dominieren sollte und dass Sie mit Ihren geistigen Voraussetzungen haushalten sollten. Sie müssen darauf bauen, dass Gott Ihnen antworten wird.

Der Glaube ist das Wesen der Dinge, die wir erhoffen … Glauben bedeutet, die Wirklichkeit einer Idee, eines Gedankens, einer Vorstellung geistig zu akzeptieren. Sie glauben, wenn Sie davon überzeugt sind, dass beispielsweise die Idee eines Buches, eines Schauspiels, einer Komposition oder einer Erfindung in Ihrem Geist ebenso wirklich ist wie Ihre Hand oder Ihr Herz. Das ist das Wesen der Dinge, die man erhofft; es ist auch der Beweis für die Existenz von Dingen, die man nicht sehen kann. Wenn Sie eine neue Erfindung im Kopf haben und ihr alle Aufmerksamkeit widmen, wird sich diese Erfindung nach dem Gesetz des Wachstums verwirklichen. Wie ein Samenkorn im Erdboden werden Sie alles Notwendige für die Entwicklung des Keims, der Idee, gleichsam magnetisch anziehen.

Es ist seltsam, dass manche Menschen erwarten, im Leben voranzukommen, glücklich und gesund zu sein, ohne ihre geistigen Fähigkeiten zu aktivieren, ja, ohne etwas über sie zu wissen. Aber würden Sie zum Beispiel ein Auto lenken, wenn Sie keine Erfahrung darin hätten? Würden Sie in einem chemischen Labor arbeiten, wenn Sie nichts von Chemie verstünden? Ich will sagen: Das Denken ist ein ebenso realer und eindeutiger Prozess wie die Herstellung von Natriumhydroxyd oder doppelt-kohlensaurem Natron.

Aktivieren Sie Ihr Denken, denken Sie mit Ihrem eigenen Geist und Sie sind in der Lage, geistige »Verbindungen« herzustellen, die Ihr ganzes Leben ändern können. Gedanken sind Dinge – und wie ein Mensch im Herzen denkt, so ist er.

Verbannte Sorgen

Wenn Sie sich Sorgen machen, lenken Sie Ihre Aufmerksamkeit bewusst von allen positiven Dingen ab und konzentrieren sich geistig auf die negativen Aspekte des Lebens. Während Sie verwirrt nach einem Ausweg aus dem Dilemma suchen, kreisen Ihre Gedanken unaufhörlich um den Gegenstand Ihrer Sorge. Kommen Sie von der Peripherie zum Zentrum zurück, denn dort finden Sie die Antwort! Wenn wir versuchen, zwingende geistige Bilder zu produzieren, müssen wir auch unsere Gefühle miteinbeziehen, die unsere Vorstellungskraft beleben sollen. Die imaginäre Szene ist immer eine geistige Umsetzung, eine Folge von geistigen Motiven, die wir als wahr empfinden. Die Mehrzahl der Menschen aber lebt aus einer falsch orientierten Vorstellungskraft heraus, die die Ursache für jede Art von Schwierigkeiten sein kann. Der Geist dieser Menschen ist entblößt, während er doch eingehüllt sein sollte in den Glauben an Gott und alles, was gut für sie ein kann.

Sie müssen an die Güte Gottes, an Seine lenkende Kraft und Seine ständige Gegenwart glauben. Wenn Sie zu einem Bankett geladen sind, werden Sie dort gewiss nicht in sportlicher Kleidung auftreten, ebenso wenig wie Sie in Abendkleidung an einem Swimmingpool erscheinen, um zu baden! Das leuchtet ein. Ist jedoch Ihre »geistige Kleidung« einer Vereinigung mit Gott gemäß? Oder ist sie etwa nur das Flickwerk aus Lumpen und Fetzen?

Sie müssen sich eine allen Gelegenheiten gemäße »geistige Kleidung« schaffen!

Leben nach einer Zauberformel

In der Bibel gibt es eine Stelle, in der die Kraft des vom Glauben eingehüllten Geistes geschildert wird: *Sie bezwangen durch ihren Glauben Königreiche, erwirkten Gerechtigkeit, erlangten Verheißun-*

gen, verschlossen der Löwen Rachen, löschten des Feuers Kraft, entgingen der Schärfe des Schwertes, wurden aus Schwachen zu Starken, Mächtige im Streite, brachten die Heere der Fremden zum Weichen (Hebräer 11, 33–34).

Zu derart wunderbaren Fähigkeiten verhilft das uneingeschränkte Vertrauen in Gott. Sie erfahren es an sich selbst, dass jedes Hindernis überwunden werden kann, wenn Sie sich der Gegenwart Gottes in Ihrem Geist bewusst werden. Es gibt Menschen, die Feuersbrünsten, Sturmfluten, Hurrikanen, Schiffskatastrophen auf hoher See und den Gefahren des Krieges entronnen sind. Keine dieser Gefahren konnte ihnen etwas anhaben – als ob sie ihnen mit einer »Zauberformel« entgegengetreten seien. Es war in der Tat der »Zauber« Gottes, der sie umgab und schützte, da sie die Gegenwart und die Kraft Gottes in sich entdeckt und akzeptiert hatten: die Kraft, die heilen, retten und schützen kann.

Das gute Leben

Der amerikanische Philosoph William James sagte einmal: »Glauben Sie an das gute Leben, glauben Sie daran, dass das Leben es wert ist, gelebt zu werden, und Ihr Glaube wird sich als Wahrheit bestätigen.«

Hören nun auch Sie damit auf, sich mit Unglück, Not und Beschränkung zu identifizieren, sondern identifizieren Sie sich stattdessen mit Ihren Zielen und Ihren Wünschen. Die Schüchternen sind meistens vollendete Egoisten, die ihren Egoismus hinter einem Wall geistiger Abgeschiedenheit verbergen. Die Schüchternen müssen die Dinge tun, die sie fürchten, und das Ende der Angst ist ihnen sicher. Im Spiel des Lebens müssen wir mit Freude gewinnen – und mit einem Lächeln verlieren.

Demosthenes stotterte fatal. Er entschloss sich dennoch, ein großer Redner zu werden, und diesem Ziel strebte er nach, bis er seine Schwäche besiegt hatte. Dieser Sieg war ihm sicher, da er auf die Kraft seines Geistes vertraute.

Lachen ist eine gute Medizin

Die alten Griechen sagten, das Lachen stamme von den Göttern. Lachen ist in der Tat eine gute Medizin gegen viele Schwierigkeiten.

Der Mensch ist das einzige Lebewesen, das lachen kann; Tiere können nicht lachen. Lachen rückt viele Dinge in die angemessene Distanz und es hilft Ihnen, klar und entschlossen zu denken. Nehmen Sie sich vor allem vor, über Ihre eigenen Ängste zu lachen. Lachen Sie darüber, wenn andere Menschen Sie ärgern, und lachen Sie auf jeden Fall über all die dummen und närrischen Fehler, die Ihnen unterlaufen, lachen Sie über Ihre Verdrießlichkeit und nehmen Sie nicht alles so furchtbar ernst. Je größer Ihr Problem ist, desto mehr Humor brauchen Sie. In einem Gemüt, in dem gleichsam das Lachen Gottes herrscht, ist weder für Selbstmitleid noch für Selbstverdammung Raum.

Ich habe vor einiger Zeit einen kleinen Jungen zu seiner Mutter sagen hören: »Ich habe gelacht, weil ich nicht weinen wollte.« Der Junge hatte auf der Straße einige Eier und eine Flasche Milch fallen lassen. Es ist in der Tat sinnlos, über verschüttete Milch zu weinen.

Sie sind die Mitte

Wenden Sie sich der Mitte Ihrer Persönlichkeit zu, in der Gott lebt. Dort finden Sie alles: Frieden, Freude, Ausgeglichenheit. Dort sind Sie allein mit Gott, Sie leben im Zentrum der ewigen göttlichen Liebe. Auf diesen Felsen können Sie bauen. Sie sind gegen alles gefeit und die Widrigkeiten der Welt können Ihnen nichts anhaben. Gott ist mit Ihnen – wer könnte da gegen Sie sein? Es gibt auf dieser Welt keine Macht, die Sie von Erfolg, Leistung und der Verwirklichung Ihrer Wünsche zurückhalten kann, denn Ihre Empfindung des Einsseins mit Gott gibt Ihnen das absolute Vertrauen in die Erfüllung aller Ihrer Träume.

Zusammenfassung

1. *Wenn Gott für uns ist, wer ist gegen uns?* Beziehen Sie diesen Satz auf sich und Sie werden jedes Gefühl eigener Minderwertigkeit überwinden.
2. Ihr Glaube an Gott muss sich in Ihrer Arbeit, in der Anwendung Ihrer Talente, in Ihrem Privatleben und in Ihren Beziehungen zu anderen Menschen offenbaren.
3. Vertrauen in die Wirksamkeit des lenkenden Lebensgesetzes in sich selbst bedeutet Selbstvertrauen.
4. Sie sind eine Manifestation des Lebens und das Leben intendiert Ihr Wohlergehen, Ihre Entwicklung und Ihre Entfaltung.
5. Akzeptieren Sie sich selbst und hegen Sie eine hohe Meinung von sich, denn Sie sind ein individueller Ausdruck Gottes.
6. Die grundlegende Ursache aller Angst ist der Glaube an den kausalen Charakter aller Äußerlichkeiten. Es gibt aber nur eine Ursache: die schöpferische Kraft Ihres Geistes. Ändern Sie Ihre Gedanken und Sie ändern Ihr Schicksal!
7. Wenn Sie sich einem Problem nicht gewachsen fühlen, sagen Sie sich: »Die Kraft Gottes wird mir zum Sieg verhelfen.«
8. Sie beweisen aufrichtiges Vertrauen in die Zukunft, wenn Sie glauben, dass die Idee eines literarischen Werkes, einer Komposition oder einer Erfindung, die Sie in sich tragen, bereits Wirklichkeit ist.
9. Wenn wir versuchen, zwingende geistige Bilder zu produzieren, müssen wir auch unsere Gefühle miteinbeziehen, die unsere Vorstellungskraft beleben sollen.
10. Wenn Sie sich der Gegenwart Gottes in Ihrem Geist bewusst werden, können Sie alle vermeintlich unüberwindlichen Hindernisse aus dem Weg räumen.
11. Glauben Sie an das gute Leben, glauben Sie, dass es das Leben wert ist, gelebt zu werden, und Ihr Glaube wird sich bestätigen.
12. Lachen rückt viele Dinge in die angemessene Distanz und es hilft Ihnen, klar und entschlossen zu denken.
13. Gott ist mit Ihnen – wer könnte da gegen Sie sein?

Wie das Unterbewusstsein geistige Barrieren beseitigt

Jedes Problem trägt seine Lösung in sich. Jede Frage enthält die Antwort. Wer keinen Ausweg aus einer schwierigen Situation sieht, sollte alles Weitere seinem Unterbewusstsein überlassen. Seien Sie überzeugt, dass es Ihnen den richtigen Weg zur Lösung zeigen kann und wird. Diese positive geistige Einstellung, dass die schöpferische Intelligenz des Unterbewusstseins Ihr Problem zu lösen weiß, wird Sie die richtige Antwort finden lassen und alle Ihre Unternehmungen sinnvoll gestalten.

Wie man eine Gewohnheit ablegt oder annimmt

Der Mensch ist ein »Gewohnheitstier«. Gewohnheitsmäßige Funktionen zu steuern, ist eine der Hauptaufgaben des Unterbewusstseins. Sie haben Schwimmen, Radfahren, Tanzen und Auto fahren gelernt, indem Sie diese Fertigkeiten so lange übten, bis sie sich dem Unterbewusstsein einprägten. Von da an übernahmen die infolge ständiger Übung herausgebildeten bedingten Reflexe alles Weitere. Bei dieser sogenannten zweiten Natur des Menschen handelt es sich im Grunde genommen um die gewohnheitsmäßige, unterbewusste Steuerung bestimmter Gedanken und Handlungen. Jedem Menschen steht es frei, sich gute oder schlechte Gewohnheiten zuzulegen. Wer negative Denk- oder Handlungsmuster längere Zeit hindurch regelrecht einübt, unterliegt schließlich dem Zwang dieser Gewohnheit. Das Gesetz des Unterbewusstseins wirkt sich in diesem Zwang aus.

Das Ablegen einer schlechte Gewohnheit

Mr. Jones sagte zu mir: »Mich befällt des Öfteren ein unwiderstehliches Bedürfnis zu trinken und dann werde ich zwei Wochen lang nicht mehr nüchtern. Ich bin einfach nicht imstande, mich zu beherrschen.«

Immer wieder hatte der Mann diese Erfahrung machen müssen. Die Alkoholexzesse waren ihm zur Gewohnheit geworden. Er hatte aus eigenem Antrieb zu trinken begonnen und musste nun einsehen, dass er eine Gewohnheit, die er sich selbst zugelegt hatte, auch selbst wieder ändern und ablegen musste. Seinen Schilderungen nach genügte zwar seine Willenskraft dazu, der Versuchung eine Weile zu widerstehen, jedoch wurde seine Lage durch das dauernde Bemühen, die wachsende Gier nach Alkohol zu unterdrücken, immer verzweifelter. Wiederholte Fehlschläge hatten ihn schließlich resignieren lassen, sodass er seinem Alkoholismus völlig hilflos gegenüberstand. Die ständige Vorstellung seiner Hoffnungslosigkeit und Ohnmacht übte eine starke suggestive Wirkung auf sein Unterbewusstsein aus und machte aus einem schwachen Menschen einen Süchtigen, der nur noch Misserfolge erlebte.

Ich zeigte ihm, wie er die Funktionen des Bewusstseins und des Unterbewusstseins in Einklang bringen konnte – als Voraussetzung, um Gedanken und Wünsche in die Tat umzusetzen. War er imstande gewesen, eine Gewohnheit anzunehmen, so besaß er auch die Fähigkeit, eine neue zu schaffen, die ihm den Weg zur Enthaltsamkeit, zur Freiheit und zur Ausgeglichenheit bahnen würde. Da seinem Alkoholismus eine negative Gewohnheit und dieser wiederum ursprünglich ein freier Entschluss zugrunde gelegen hatte, konnte er sich nun mit der gleichen Entscheidungsfreiheit auch eine positive Verhaltensweise zur festen Übung machen. Er begann, gegen den Gedanken, er sei seiner Sucht hilflos ausgeliefert, anzukämpfen. Mittlerweile war ihm völlig klar geworden, dass seiner Heilung kein anderes Hindernis entgegenstand als seine eigenen Denkmuster. Deshalb brauchte er sich nun auch nicht geistig zwingen.

Die Macht der Fantasie

Mein Patient übte, sich körperlich und geistig völlig zu entspannen und in einen tranceartigen Zustand zu versetzen. In seiner Fantasie stellte er sich vor, wie er seinen Wunsch erfüllt hatte, und überließ die Wahl der geeigneten Entwöhnungsmittel vertrauensvoll seinem Unterbewusstsein. Im Geiste sah er sich seiner Tochter gegenüber, die sich freute: »Wie schön, Vater, dass du wieder zu Hause bist!« Sein Alkoholismus hatte nämlich Frau und Tochter veranlasst, sich von ihm zu trennen. Aufgrund eines Gerichtsbeschlusses war es ihm sogar verboten, seine Familie zu besuchen, und seine Frau war nicht bereit, noch ein einziges Wort mit ihm zu wechseln.

Diese geistige Übung führte er systematisch und mit unbeirrbarer Regelmäßigkeit durch. Sobald seine Konzentration nachließ, rief er sich sofort die Erinnerung an die bewegte Stimme und das freudestrahlende Lächeln seiner Tochter ins Gedächtnis zurück. Ganz langsam, Schritt für Schritt, lenkte er so sein Denken in neue Bahnen. Unermüdlich widmete er sich dieser Aufgabe, fest überzeugt, dass sich über kurz oder lang seinem Unterbewusstsein ein neues Verhaltensmodell einprägen würde.

Ich sagte ihm, er möge sein Bewusstsein mit einer Kamera vergleichen, und sein Unterbewusstsein mit einem Film, der die belichteten Bilder festhält. Dieser Vergleich machte einen starken Eindruck auf ihn, er bemühte sich von nun an umso mehr um klare Vorstellungsbilder. Filme werden im Dunkeln entwickelt – ganz ähnlich nehmen auch die Bilder der Fantasie in der Dunkelheit des Unterbewusstseins Gestalt an.

Die Bedeutung der Konzentration

Da er die Funktion des Unterbewusstseins begriffen hatte, brauchte er keine geistige Gewaltanstrengung. Herr Jones ordnete in Ruhe seine Gedanken und konzentrierte seine Aufmerksamkeit auf die gewünschte Szene, bis sie in aller Lebendigkeit vor ihm stand und er sich mit ihr identifizieren konnte. Er zweifelte nicht mehr daran, dass er völlig geheilt werden würde. Sobald er die Versuchung fühlte, versetzte er sich in die glückliche Stimmung, die der Gedanke an die baldige Wiedervereinigung mit seiner Familie in ihm auslöste. Er hoffte fest, dass sich seine Vorstellungsbilder verwirklichen würden.

Der Erfolg stellte sich ein. Heute ist er Chef eines großen Unternehmens und einer der glücklichsten Menschen, die ich kenne.

Er nannte sich einen Pechvogel

Herr Block, ein ehemals tüchtiger Vertreter, erzählte mir, er habe früher einen beträchtlichen Jahresumsatz erzielt, seit drei Monaten aber sei es wie »verhext«. Es gelänge ihm zwar, das Interesse neuer Kunden zu gewinnen, doch in allerletzter Sekunde, ehe sie den Auftrag endgültig erteilten, überlegten sie es sich immer wieder anders. Er hielt sich bereits für einen ausgewachsenen Pechvogel.

Als ich der Sache auf den Grund ging, entdeckte ich, dass Herr Block vor etwa drei Monaten von einem Kunden arg enttäuscht worden war, einem Zahnarzt, der in letzter Minute von einem fertig vorliegenden Vertrag zurückgetreten war. Seitdem lebte er in der unbewussten Furcht, andere Geschäftspartner könnten sich genauso verhalten. Überall erwartete er plötzlich auftauchende Hindernisse und Absagen in letzter Minute. Seine bewussten und unbewussten negativen Vorstellungen drängten ihn in eine völlig pessimistische und ablehnende Haltung. »Was ich am meisten fürchte«, sagte er, »passiert mir ständig.«

Herr Block erkannte, dass die Ursache in seiner Denkweise begründet war, und er setzte seiner angeblichen Pechsträhne mit folgender regelmäßiger geistiger Betrachtung ein Ende: »Ich erkenne, dass ich identisch bin mit meinem Unterbewusstseins, das keine Hindernisse und keine Schwierigkeiten kennt. Ich vertraue auf das Gute. Mein Unterbewusstsein reagiert auf meine Gedanken. Ich weiß, dass nichts seiner Macht widerstehen kann. Sein Wissen führt alles zu einem erfolgreichen Ende. Mein Unterbewusstsein wirkt durch mich und führt alle meine Pläne und

Absichten zum Erfolg. Was immer ich beginne, schließe ich erfolgreich ab. Mein Lebensziel ist es, allen Menschen zu helfen und insbesondere zum Segen meiner Geschäftspartner zu wirken. Meine Arbeit ist erfolgreich.«

Das sagte er sich jeden Morgen, ehe er seine Kunden aufsuchte, und damit beschloss er jeden Tag. Nach kurzer Zeit reihte er Erfolg an Erfolg.

Wie sehr ersehnen Sie sich die Erfüllung Ihres Wunsches?

Ein Schüler fragte Sokrates, wie man weise werden könne. Der Philosoph sagte: »Komm mit!«, und führte den jungen Schüler zu einem Fluss, tauchte ihn unter Wasser und gab den verzweifelt nach Atem Ringenden nach langen Sekunden erst frei. Als der junge Mann wieder atmen konnte, fragte ihn Sokrates: »Wonach hast du dich am meisten gesehnt, als du unter Wasser warst?«

»Nach Luft«, antwortete der Junge.

Darauf erklärte ihm der berühmte Philosoph: »Sobald du Weisheit ebenso sehr ersehnst wie eben gerade die Luft zum Atmen, wirst du sie erlangen.«

Wer etwas eindeutig will, einen klaren Weg zu seinem Ziel sieht und diesen konsequent zu gehen bereit ist, wird mit absoluter Gewissheit seine Absichten verwirklichen.

Wenn Sie aufrichtig Ausgeglichenheit und innere Ruhe ersehnen, so werden Sie sie erleben. Selbst der ungerechteste Chef und der treuloseste Freund werden den nicht aus der Ruhe bringen können, der sich der vollen Macht seiner geistigen und seelischen Kräfte bewusst ist. Sie wissen, was Sie wollen, und werden deshalb zu verhindern wissen, dass negative Gedanken Ihnen Ihren Frieden, Ihre Ausgeglichenheit, Ihre Gesundheit und Ihr Glück beeinträchtigen. Sobald Sie Ihre Gedanken ausschließlich auf Ihr Lebensziel richten, verlieren widrige Menschen, Umstände und Ereignisse alles Gewicht und können Sie nicht mehr treffen oder aufregen. Ihr Hauptziel im Leben ist es, Gesundheit, Zufriedenheit, innere Ausgeglichenheit und Wohlstand zu erlangen. Wer daran festhält, wird jederzeit glücklich sein. Ihr Denken ist zwar unsichtbar, aber eine gewaltige Macht.

Warum der Alkohol nicht heilt

Ein verheirateter Mann mit vier Kindern nahm auf seine Geschäftsreisen heimlich seine Freundin mit. Er war krank, nervös, reizbar, streitsüchtig und konnte ohne Medikamente nicht mehr schlafen. Die vom Arzt verschriebenen Mittel blieben ohne jede Wirkung auf seinen hohen Blutdruck. An verschiedenen Organen traten Schmerzen und Störungen auf, deren Ursache die Ärzte weder erkennen noch beseitigen konnten. Überdies trank er zu viel Alkohol.

Die Ursache war ein tiefes, unterbewusstes Schuldgefühl, ausgelöst durch seine fortgesetzten Treuebrüche, die gegen seine im Unterbewusstsein verankerte moralische Überzeugung verstießen. Daher versuchte er, sein Gewissen im Alkohol zu ertränken.

Die Wendung zum Guten

Aufmerksam folgte er meiner Erklärung der Funktionsweise des menschlichen Geistes. Er sah, wie die Dinge wirklich lagen, zog die Konsequenzen und setzte seinem Doppelleben ein Ende. Er wusste, dass sein unmäßiger Alkoholgenuss nur ein unbewusster Versuch war, seinem Problem zu entfliehen. Zuerst musste die eigentliche Ursache beseitigt werden, dann erst war eine Veränderung möglich.

Er begann, sein Unterbewusstsein in der gewünschten Weise zu beeinflussen, indem er dreimal täglich wiederholte: »Mein Geist ist voller Friede, Ausgeglichenheit und Sicherheit. Ich fürchte nichts in Vergangenheit, Gegenwart und Zukunft. Mein Unterbewusstseins führt und leitet mich. Ich begegne von nun an jeder heiklen Lage mit Zuversicht, Ruhe, Unerschütterlichkeit und festem Vertrauen. Ich habe mich von meinem Alkoholproblem befreit. In mir herrschen Zufriedenheit, Freiheit und Freude. Ich verzeihe mir selbst – und auch mir wird verziehen. Selbstbeherrschung und Zuversicht bestimmen von nun an mein Denken.«

Diese Sätze wiederholte er in vollem Bewusstsein dessen, was er sagte und warum er es sagte. Die Klarheit seiner Zielsetzung verlieh ihm die nötige Zuversicht und ein unerschütterliches Selbstvertrauen. Er wusste, die langsame, emotionale und bewusste Wiederholung seiner Überzeugungen würde sich allmählich seinem Unterbewusstsein einprägen. Und da er seine Sätze laut von einem Zettel ablas, sah er sie, hörte er sie, und sie durchfluteten sein Unterbewusstsein und löschten alles Negative aus.

Der konstruktive Gedanke zerstört den negativen. Innerhalb eines Monats wurde er ein neuer Mensch.

Notwendigkeit der Selbsterkenntnis

Sind Sie dem Alkohol oder Drogen verfallen? Hinterfragen Sie sich ehrlich und blicken Sie der Wahrheit ins Gesicht! Viele Menschen werden nur deshalb nicht von ihrem Alkoholproblem geheilt, weil ihnen der Mut zur Selbsterkenntnis fehlt.

Die Sucht dieser Menschen ist eine von Furcht oder Unsicherheit ausgelöste Krankheit. Sie bringen es nicht fertig, ihr Leben zu gestalten und benutzen die Flasche als Mittel, sich ihrer Verantwortung zu entziehen. Jeder Alkoholiker ist willenlos, obwohl sich oft gerade er seiner Willenskraft rühmt. Sagt ein Gewohnheitstrinker: »Ich rühre keinen Tropfen mehr an«, so fehlt es ihm regelmäßig an Kraft, diesen Entschluss in die Tat umzusetzen. Wo sollte er diese Kraft hernehmen?

Er lebt im Gefängnis der von ihm selbst eingekerkerten Seele – ein Sklave seiner Gewohnheit, die ihn in Ketten legte und nun sein trauriges Leben beherrscht.

Wie man sich die Kraft zur Selbstbefreiung aneignet

Sollten Sie selbst Alkoholiker sein, so ist es für Sie lebenswichtig, mit dieser Gewohnheit zu brechen. Die Kraft dazu werden Sie von der Vorstellung der Freiheit und der Zufriedenheit erhalten. Diese

Vorstellung wird zu einer so festen Denkgewohnheit werden, dass sie sich dem Unterbewusstsein einprägen und Sie dank seiner eigengesetzlichen Dynamik von jedem Wunsch nach Alkohol befreien wird. Aus dem neuen Verständnis Ihrer geistigen Funktionen schöpfen Sie die Zuversicht und Kraft, sich von Ihrer Sucht zu befreien.

51 Prozent geheilt

Wenn Sie aufrichtig wünschen, sich von schädlichen und gefährlichen Gewohnheiten zu befreien, sind Sie bereits zu 51 Prozent geheilt. Sobald der Wunsch, eine schlechte Gewohnheit aufzugeben, stärker wird als der, sie beizubehalten, wird es Ihnen nicht mehr sehr schwerfallen, sich völlig davon frei zu machen.

Ihr Unterbewusstsein vergrößert die Wirkung jedes Gedankens, den Sie ihm einprägen. Wer seinen Geist mit der Vorstellung der Freiheit (Freiheit von der schädlichen Gewohnheit) und des inneren Friedens erfüllt und sich auf dieses neue Ziel konzentriert, versetzt sich allmählich in den freudigen und hoffnungsvollen Gefühlszustand, der für die Umsetzung der Absicht notwendig ist. Jede gefühlsbetonte Vorstellung wird vom Unterbewusstsein angenommen und verwirklicht.

Das Gesetz der Substitution

Denken Sie immer daran: Sie haben nicht umsonst gelitten, Sie werden geheilt. Trotzdem wäre es unklug, Beeinträchtigungen länger als unbedingt nötig auf sich zu nehmen.

Alkoholismus führt auf die Dauer unweigerlich zu geistigem und körperlichem Verfall. Fassen Sie Mut bei dem Gedanken, dass die ganze Macht Ihres Unterbewusstseins hinter Ihrem Entschluss steht, den Alkohol zu besiegen. Sofern Sie der Gedanke, Ihre Sucht aufgeben zu müssen, im Augenblick traurig oder ängstlich stimmt, so müssen Sie sich stattdessen sofort auf die Freude der Selbstbefreiung – die vor Ihnen liegt – konzentrieren. Dies ist das Gesetz der Substitution. Ihre Fantasie führte Sie zum Alkohol –

vertrauen Sie sich auf dem Weg zu Freiheit und Zufriedenheit der Führung der gleichen Kraft an. Die ersten Schritte werden Ihnen sicher schwerfallen, doch es lohnt sich. Im Gedanken an die bessere Zukunft werden Sie diese Krise gleich einer Mutter, die die Geburtswehen bald vergessen hat, überwinden und das Ergebnis Ihrer Anstrengungen genießen: Ihre neu entdeckte Freiheit.

Die Ursache des Alkoholismus

Die Ursache des Alkoholismus liegt im negativen und destruktiven Denken: *Denn wie einer in seinem Herzen denkt, so ist er.* Der Alkoholiker leidet an einem tief verwurzelten Gefühl der Minderwertigkeit, Hilflosigkeit und Hoffnungslosigkeit, das meist von starker Abneigung gegen alle Welt begleitet ist. Wie viele Entschuldigungen der Abhängige auch für seine Schwäche finden mag – im Grunde genommen ist sie auf eine einzige Ursache zurückzuführen, nämlich seine falsche Denkweise.

Die drei magischen Schritte

Der erste Schritt: Entspannen Sie sich geistig und körperlich. Versetzen Sie sich in einen tranceartigen Zustand, der Ihnen innere Ausgeglichenheit schenkt, Ihre Aufnahmefähigkeit erhöht und Sie für den zweiten Schritt vorbereitet.

Der zweite Schritt: Legen Sie sich einen kurzen, einprägsamen Leitsatz zurecht und wiederholen Sie ihn immer wieder. Geeignet dazu wäre zum Beispiel: »Ich bin nüchtern und ausgeglichen und ich danke dafür.« Die Einprägsamkeit kann noch gesteigert werden, indem Sie Ihren Satz laut sprechen oder mit den Lippen formen. Wiederholen Sie den Satz fünf Minuten lang oder länger, bis Sie sich freier und glücklicher fühlen.

Der dritte Schritt: Folgen Sie unmittelbar vor dem Einschlafen Goethes Beispiel: Stellen Sie sich vor, ein guter Freund sei bei Ihnen. Ihre Augen sind geschlossen, Sie sind körperlich und seelisch entspannt. Nun malen Sie sich möglichst lebendig aus, dass der Freund oder Verwandte Ihnen glücklich lächelnd die Hand drückt und sagt: »Ich gratuliere dir!« In Ihrer Fantasie sehen Sie sein Lächeln, hören Sie seine Stimme, fühlen Sie die Berührung der Hand – alles ist wirklich und lebendig. Der Glückwunsch »Ich gratuliere dir« gilt Ihrer völligen Befreiung vom Hang zum Alkohol. Lassen Sie diesen geistigen Film so lange immer wieder ablaufen, bis sich die gewünschte Reaktion des Unterbewusstseins einstellt.

Verlieren Sie niemals den Mut!

Wenn Sie Angst und Zweifel fühlen, richten Sie Ihre Augen voller Zuversicht auf Ihr Ziel, auf die Vision einer glücklichen, befreiten Zukunft.

Denken Sie an die ungeheure Macht Ihres Unterbewusstseins, die Sie durch Ihre Gedanken und Vorstellungen nutzen können – das wird Ihnen Mut, Kraft und Selbstvertrauen schenken. Geben Sie nicht auf, kämpfen Sie weiter, bis Sie am Ziel sind.

Zusammenfassung

1. Jedes Problem trägt seine Lösung in sich. Jede Frage enthält die Antwort. Die unendliche Weisheit kommt dem zu Hilfe, der sie in festem Vertrauen anruft.
2. Die Ausbildung von Gewohnheiten ist eine Hauptfunktion Ihres Unterbewusstseins. Es gibt keinen besseren Beweis für die Kraft Ihres Unterbewusstseins als die ungeheure Bedeutung der eigenen Gewohnheiten. Der Mensch ist ein Sklave der Gewohnheit.
3. Durch ständige Wiederholung dessen, was man denkt oder tut, werden dem Unterbewusstsein automatisch ablaufende Reaktions- und Verhaltensmodelle eingeprägt. Auf diese Weise lernten wir Gehen, Schwimmen, Tanzen, das Bedienen einer Tastatur, Autofahren usw.
4. Sie haben die Freiheit der Wahl. Sie können sich für eine gute oder für eine schlechte Gewohnheit entscheiden.
5. Jedes Vorstellungsbild, das Sie konsequent Ihrem Bewusstsein einprägen, wird vom Unterbewusstsein verwirklicht.
6. Das einzige Hindernis auf dem Weg zu Leistung und Erfolg sind Ihre eigenen negativen Gedanken oder Vorstellungen.
7. Sobald Ihre Konzentration nachlässt, müssen Sie sich zur Ordnung rufen und Ihr Denken wiederum ausschließlich auf das erstrebte Ziel richten. Machen Sie sich diese geistige Selbstdisziplin zur festen Gewohnheit.
8. Ihr Bewusstsein kann mit einer Kamera verglichen werden und Ihr Unterbewusstsein mit einem lichtempfindlichen Film, dem sich die Bilder dauerhaft einprägen.
9. Es gibt keine Pechsträhnen, sondern nur die negativen Auswirkungen Ihrer Ängste. Handeln Sie stattdessen in der festen Zuversicht, dass Sie alle Ihre Unternehmungen zum Erfolg führen werden. Stellen Sie sich im Geiste am Ziel vor und halten Sie vertrauensvoll an diesem Bild fest.
10. Wer mit einer alten Gewohnheit brechen will, muss in der festen Überzeugung handeln, die Selbstbefreiung werde ihn zu einem glücklicheren und gesünderen Menschen machen. Sobald der Wunsch, mit einem »geliebten« Laster zu brechen, größer ist als der, es beizubehalten, ist man schon mehr als zur Hälfte am Ziel.
11. Worte und Handlungen anderer können Sie nur dann treffen, wenn Ihr Denken und Fühlen ihnen diese Macht einräumen. Verlieren Sie nie Ihr Lebensziel aus den Augen: Liebe, Harmonie und Freude. Sie schaffen Ihre Welt.

12. Wer übermäßig trinkt, versucht der Wirklichkeit zu entfliehen. Die wahre Ursache des Alkoholismus ist negatives und destruktives Denken. Geheilt wird jeder, der sein Denken auf ein Leben in Freiheit, Nüchternheit und Vollkommenheit konzentriert und sich immer wieder neu in das die Selbstbefreiung begleitende Glücksgefühl versetzt.
13. Viele Menschen bleiben deshalb dem Alkohol verfallen, weil sie nicht den Mut haben, sich die Wahrheit einzugestehen.
14. Eben dasselbe Gesetz Ihres Unterbewusstseins, das Sie bis jetzt versklavt hat und Ihre Handlungsfreiheit einschränkte, wird Ihnen Glück und Freiheit schenken. Es hängt einzig und allein von Ihnen ab, davon, wie Sie dieses mächtige Prinzip einsetzen wollen.
15. Ihre Fantasie führte Sie zum Alkohol – stellen Sie sich von Ihrem Laster befreit vor und die Macht Ihrer Fantasie wird Sie wieder befreien.
16. Die eigentliche Ursache des Alkoholismus ist negatives und destruktives Denken. *Denn wie einer in seinem Herzen denkt, so ist er auch.*
17. Angst und Zweifel, die Ihre Seele bedrängen, werden durch Gottvertrauen und Zuversicht ins Leben schnell vertrieben.

Das glorreiche Gesetz inneren Friedens

Die Sorge geht um wie eine Seuche. Sie ist ein ernstes Problem. Zahlreiche Ärztetagungen in aller Welt sind diesem Problem gewidmet. Tatsächlich sind Millionen von Menschen auf dieser Erde nur deshalb krank – und zwar buchstäblich krank –, weil sie sich Sorgen machen.

Leute, die sich ständig Sorgen machen, rechnen immer mit einem Unheil, mit einem Misserfolg, mit dem üblen Ausgang einer schwebenden Sache. Sie sind in Besorgnis wegen so mancher Dinge, die nie geschehen, und brüten über Problemen, die illusorisch sind. Diese Unglücklichen werden Ihnen hundert Gründe aufzeigen, die dafür sprechen, dass etwas Schlimmes passieren wird; und es wird ihnen nicht ein einziges Argument einfallen, warum etwas einmal auch gut gehen könnte. Ein Leben in ständiger Sorge schwächt den gesamten Menschen in allen seinen Kräften. Körperliche und geistige Störungen sind die unvermeidlichen Folgeerscheinungen. Eine solche Lebenseinstellung ist in erster Linie auf mangelndes Gottvertrauen zurückzuführen.

Er machte sich grundlos Sorgen

Ein guter Bekannter zog mich eines Tages ins Vertrauen. »Es geht um meine Apotheke«, sagte er. »Ich werde noch krank vor lauter Sorgen. Vielleicht sollte ich die Apotheke aufgeben. Das Geschäft geht zwar gut, aber es kann ja nicht immer so weitergehen. Am Ende verliere ich sie noch. Entsetzlich zu denken, ich ginge eines Tages in Konkurs. Ich habe keine ruhige Minute mehr und kann nächtelang nicht mehr schlafen.«

Um ihm raten zu können, musste ich natürlich mit den Schwierigkeiten, denen er sich gegenübersah, vertraut sein; daher erkundigte ich mich eingehend danach.

»Nein, nein«, versicherte er mir, »bis jetzt geht ja alles gut. Noch ist nichts geschehen, aber ich spüre: Es wird etwas geschehen. Ich reibe mich in Sorgen auf und bringe zu allem Unglück auch noch meine Frau gegen mich auf. Wie werde ich diese Sorgen nur los?«

Der Mann war der Eigentümer einer gut gehenden Apotheke. Er verfügte über ein ansehnliches Bankkonto und konnte von seinem ganz normalen Geschäftserlös nicht nur recht und schlecht, sondern wirklich bestens leben. Auch gab es keinerlei Anzeichen für einen möglichen Geschäftsrückgang, im Gegenteil.

Es war einzig und allein sein ihm zur Gewohnheit gewordenes negatives Denken, das ihn zu einem chronischen Schwarzseher machte. Diese Einstellung beraubte ihn allerdings seiner Vitalität und jeglicher Energie. Schlimmer noch: Sie machte ihn, ginge das so weiter, tatsächlich schwächer und am Ende wirklich unfähig, Schwierigkeiten, die schließlich einmal auftreten könnten, zu begegnen.

Ich empfahl ihm dringend, von seinen grundlosen Besorgnissen abzurücken. Würde er darauf beharren, so zöge er sich auf die Dauer zweifellos jene Schädigungen zu, um die sein ganzes Denken tagtäglich kreiste. Schlecht stand es nur um sein Denken, das tatsächlich auf nichts anderes als auf Misserfolg und Geschäftsruin hinauslief. Ich fragte ihn, ob er denn völlig vergessen habe, dass sich das Denken und damit das Leben eines jeden Menschen steuern lassen, und empfahl ihm zu beten.

Das tat er. Er betete jeden Morgen, Nachmittag und Abend, jeweils etwa für eine Viertelstunde. Sein Gebet lautete wie folgt: »Ich baue in allem auf Gott. Er ist mein stiller Partner in allen meinen Geschäften und sorgt für einen guten Geschäftsgang. Ich bin überzeugt, dass alle meine Mitarbeiter zum Wohle des Geschäftes arbeiten und dadurch eine Art geistige Sicherheit für den Fortbestand und weiteren Aufschwung meiner Apotheke darstellen. Ich glaube das, ich weiß das und ich freue mich über ihren

Erfolg. Ich löse meine Probleme, indem ich der meinem Unterbewusstsein innewohnenden unendlichen Weisheit vertraue; sie wird immer eine Lösung für mich bereithalten. Ich fühle mich sicher, ich bin in Frieden. Liebe und Harmonie umgeben mich. Meine Beziehungen zu meinen Geschäftspartnern stehen unter dem Gesetz der Harmonie. Innere Führung zeigt mir, wie ich der Menschheit dienen kann. Ich begegne meinen Partnern und Kunden im Bewusstsein, dass Gott ihnen innewohnt, und ich arbeite mit ihnen und allen Mitarbeitern einvernehmlich auf das gemeinsame Ziel hin, dass Glück, Wohlstand und Frieden herrschen mögen. Sorgenvollen Anwandlungen begegne ich durch das Gebet: *Ich fürchte kein Unglück; denn du bist bei mir …* (Psalm 23, 4).«

Durch die Kraft des Gebetes fand mein Bekannter zu einer aufbauenden Denkungsart zurück. Wie wichtige Dienste ihm dabei die Wahrheit des oben zitierten Bibelwortes leistete, lässt sich an seiner Bemerkung mir gegenüber ermessen: »Es gab Tage, an denen ich mich meiner Sorgen nicht anders erwehren konnte, als dass ich mir wohl hundertmal sagte: ›Gott ist mit mir.‹«

Schon im Verlauf kurzer Zeit hat sich mein Bekannter von seiner Neurose – darum handelt es sich ja immer, wenn sich jemand grundlos Sorgen macht – befreit und zu einer neuen auf Gott beruhenden Freiheit und damit auch zu ungetrübter Lebensfreude gefunden.

Sie genas von ihrer Angstneurose

»Mein Mann sitzt den ganzen Tag herum, faulenzt und trinkt Bier. Er mag nicht arbeiten und jammert ständig über etwas anderes. Er macht mir schreckliche Sorgen. Mein Arzt sagte mir, ich leide an einer Angstneurose. Dazu kommt noch, dass ich unter Asthma und hohem Blutdruck leide. Auch bin ich immer von Hautkrankheiten geplagt. Mein Mann bringt mich noch ins Grab.«

Ich beeilte mich, der Frau, die mir diesen Brief geschrieben hatte, zu antworten. Ich wies darauf hin, dass heutzutage viele Ärzte und Psychologen bereits von der körperlichen Rückwirkung seelischer Einflüsse ausgehen und neben vielen anderen Krankheitssymptomen insbesondere manche Hautkrankheiten und Allergien, Asthma, Herzbeschwerden und Zuckerkrankheit auf chronischen Kummer zurückführen. Chronischer Kummer jedoch sei nur eine andere Bezeichnung ihrer vom Arzt als Angstneurose diagnostizierten Gemütskrankheit. Ich bat sie, ihre Einstellung gegenüber ihrem Mann durch tägliches Beten zu ändern und sich dabei der Hilfe des nachfolgenden Wortlautes zu bedienen:

»Gott ist mit meinem Mann und erweist ihn als aktiv und erfolgreich, glücklich, fröhlich und in Frieden mit sich selbst. Er hat jetzt seinen richtigen Platz gefunden und kann sich da entfalten. Er bezieht ein sehr schönes Einkommen. Er trinkt nicht mehr. Rechtschaffenheit und innerer Friede bestimmen sein Leben. Ich sehe ihn jeden Abend glücklich heimkommen und höre ihn begeistert von seinem neuen Arbeitsplatz erzählen. Die Verwirklichung meiner Vorstellung vertraue ich Gott an.«

Daneben sollte die Frau sich täglich sechs- oder siebenmal die nachfolgenden Worte zu Gemüte führen und ihrem Unterbewusstsein einpflanzen. Ferner sollte sie sich möglichst oft in Gedanken ausmalen, wie ihr Arzt ihr versichert, ihr fehle nichts mehr, sie sei gesund.

»Ich bin mit Gottesgaben gesegnet. Darum will ich jeden Augenblick dieses Tages Gott verherrlichen. Gottes Harmonie und Friede sind in mir. Gottes Liebe heilt mich. Ich fürchte nichts, denn Gott ist mit mir. Von seiner Liebe und seinem Schutz bin ich immer umgeben. Ich bin überzeugt und fühle die Wahrheit meiner Überzeugung, ich glaube ganz entschieden und weiß, dass Gott in seiner Liebe und unendlichen Fürsorge alle Lieben meiner Familie heilt, leitet und schützt.

Vergebend bin ich mit allen Menschen in Frieden und ich bin erfüllt von gutem Willen und Liebe gegenüber allen Mitmenschen. Im Innersten meines Wesens herrscht Friede – Gottesfriede. In dieser Seelenruhe fühle ich die Stärke, Führung und Liebe Gottes, der allgegenwärtig ist. Von ihm bin ich auf allen Wegen geleitet. Ich bin Gottes Werkzeug: seiner Liebe, Wahrheit und Herrlichkeit. Sein Friede erfüllt meine Seele. Ich weiß, dass alle meine Probleme und Nöte im Geist Gottes gelöst werden. Ich befinde mich auf dem Gottesweg. Was ich jetzt ausgesprochen habe, wird sich erfüllen. Für die Erhörung meiner Gebete danke ich voll Freude aus ganzem Herzen.«

Es dauerte nicht sehr lange, bis ich wiederum von ihr hörte. »Das Gebet hat geholfen«, schrieb sie. »Mein Mann hat eine gut bezahlte Arbeit gefunden. Er hat aufgehört zu trinken. Mein Blutdruck ist wieder normal. Auch sagte mir der Arzt, meine Asthma-Medizin sei nicht mehr vonnöten. Und sogar meine Haut ist wieder in Ordnung.«

Als Ursache ihres chronischen Kummers – oder ihrer Angstneurose – war für diese Frau nicht so sehr das Verhalten ihres Mannes, sondern viel eher ihr eigenes negatives Denken bestimmend gewesen. Die Umorientierung ihres ganzen Denkens und Vorstellens wendete alles zum Guten für sie und ihren Mann.

Er täuschte sich über die Ursache seines Kummers

Ein Wirtschaftsmanager, den man im Allgemeinen nur von der selbstsicheren Seite her kannte, kam eines Tages zu mir und sagte, er mache sich große Sorgen, dass er bei der demnächst stattfindenden Versammlung des Aufsichtsrates seiner Gesellschaft möglicherweise nicht zum Vorsitzenden des Vorstandes und zum Generaldirektor gewählt werde, obwohl er nach Erfahrung, Funktion und Rang der gegebene Anwärter für diesen Posten sei. Er lebe deshalb in ständiger Sorge und Angst und sei tatsächlich einem Nervenzusammenbruch nahe.

Im Verlauf unserer Unterhaltung stellte sich heraus, dass er sich sein ganzes Leben lang nicht wenig Sorgen gemacht hatte; und ich kam zum Ergebnis, dass er zwar der Meinung war, sich wegen seiner Karriere Sorgen zu machen, sich aber über die Ursache seines Kummers täuschte. Er wollte nur die wahre Ursache nicht sehen.

Ich empfahl ihm, er möge sich vorstellen, er sei bereits Generaldirektor und nehme die Glückwünsche seiner Mitarbeiter entgegen. Er wandte diese Technik an. Wie nicht anders zu erwarten war, wurde er bei der entscheidenden Versammlung des Aufsichtsrates zum Generaldirektor der Gesellschaft berufen.

Kaum einen Monat später jedoch fand er sich wieder bei mir ein. Er war jetzt Generaldirektor, aber seine Sorgen waren ihm geblieben. Diesmal ging es um seinen Blutdruck. Sein Arzt hatte ihm versichert, dass dieser gefährlich hoch sei.

Ich rief ihm in Erinnerung, dass er seinerzeit in Sorge war, ob er, wie es ihm zustand, tatsächlich Generaldirektor würde. Warum er denn jetzt, da er erreicht hatte, was er wollte, seiner Sorgen nicht ledig sei?

Er erklärte mir seine Lage. Was – wenn er die Erwartungen, die man in ihn setzte, nicht zu erfüllen verstand? Wenn aufgrund seiner Entscheidungen die Gesellschaft nicht weiterhin gewinnbringend arbeiten und er von seinem Posten abberufen würde? Und dergleichen mehr.

Vor lauter Sorgen um sein berufliches Fortkommen hatte der Mann kaum noch Zeit gefunden, an etwas anderes zu denken. Jetzt ging er in sich. Er gab sich Rechenschaft darüber, dass er nicht mehr täglich gebetet und die innere Beziehung zu Gott vernachlässigt hatte – Gott, der allein ihm hätte Zuversicht und Stärke verleihen können. Auf einmal erkannte er, dass darin die tiefere Ursache seiner nie endenden Sorgen verborgen lag. Und er dachte darum nicht länger, von Sorgen geschlagen zu sein; es kam ihm ganz klar zu Bewusstsein, dass er allein sie sich angezüchtet hatte. Er fasste den Entschluss, seinen Zwangsvorstellungen, in die er sich hineinmanövriert hatte, durch regelmäßiges Beten überlegen zu werden.

Das Gebet lautete wie folgt: »Ich weiß: Die Lösung meines Problems liegt in mir, nämlich in meinem Inneren, dem Gott innewohnt. Ich bin jetzt ruhig, entspannt, gelöst. Ich befinde mich im Frieden. Ich weiß, dass von Gott niemals Verwirrung kommt. Ich bin jetzt im Einklang mit dem Unendlichen. Ich glaube und weiß, dass die unendliche Weisheit mir die richtige Lösung offenbaren wird. Ich denke über meinen Konflikt nach. Ich denke über die Lösung nach. Aber jetzt lebe ich in der glücklichen Stimmung, als ob meine Probleme schon gelöst wären. Ich lebe wahrhaftig in diesem Vertrauen, das mich nicht mehr verlässt; dies ist der Geist Gottes in mir, der allmächtig ist und sich von selbst offenbart. Mein ganzes Sein erfreut sich der Lösung, ich bin glücklich. In diesem Gefühl lebe ich und ich danke dafür.

Gott weiß schon die Antwort. Mit Gott ist alles möglich. Gott, der allmächtig ist, ist der lebendige Geist in mir und die Quelle aller Weisheit und Erleuchtung. Das Zeichen der Gegenwart Gottes in mir ist mein Gefühl des Friedens und der Ausgeglichenheit. Anspannung und Anstrengung sind mir jetzt fern, ich vertraue auf Gottes Macht und Herrlichkeit. Ich weiß, dass mir die Kraft und Weisheit innewohnen, um ein glückliches Leben zu führen. Ich bin körperlich völlig entspannt und geistig gelöst, ich bin frei. Ich glaube an Gottes Weisheit und fühle meinen Geist von seinem Frieden erfüllt, bis auf den Grund meines Herzens und meines ganzen Wesens.

Ich weiß, dass beruhigten Geistes alle Probleme gelöst werden. Ich vertraue mein Anliegen Gott an, der die Antwort kennt. Ich bin im Frieden.«

Er sprach dieses Gebet jeden Morgen mehrere Male im Bewusstsein, dass sich sein Inhalt dem Unterbewusstsein einprägen und sich dann von selbst im Sinne einer Heilung verwirklichen werde. Das Gefühl seiner Verbundenheit mit Gott verlieh ihm Vertrauen und eine für ihn neue Zuversicht. Aufgrund seiner geänderten Einstellung gelang es ihm, seine Probleme zu lösen, ohne sich in Sorgen aufzureiben, und im Ganzen ein seelisch und geistig ausgeglichener Mensch zu werden.

Wie sie ihrem Jungen und sich selbst half

Jede Mutter macht sich bisweilen wegen ihres Kindes Sorgen. Was mir jedoch die Mutter eines bereits schulpflichtigen Jungen eröffnete, hatte mit mütterlicher Fürsorge nichts mehr zu tun. Sie machte sich Sorgen allein schon, weil der Junge in der Schule war. Er könnte die Masern kriegen, ins Schwimmbassin fallen oder auf dem Schulweg von einem Auto überfahren werden. Sie schwelgte geradezu in bösen Vorahnungen und suhlte sich in ihrem Kummer. »Da muss ich mir doch einfach Sorgen machen«, versicherte sie mir. »Niemals werde ich zur Ruhe kommen.«

Die Frau suggerierte ihrem Jungen nur Bedrohliches und Unheilvolles. Dabei wäre es doch fraglos produktiver und darüber hinaus auch faszinierender und schöner für sie selbst, ihr Kind täglich aufs Neue mit guten Wünschen zu bedenken und ihm den mütterlichen Segen auf den Weg mitzugeben. Das sagte ich der Frau und bat sie um eine aufgeschlossene, von Gottvertrauen getragene Haltung. Sie müsse erkennen, dass Gott ihr Kind liebt und beschützt, dass Gottes Liebe ihren Jungen umgibt, sicher leitet und glücklich bettet.

Sie nahm sich meinen Ratschlag zu Herzen: nicht nur zum Segen ihres Kindes, sondern auch zu ihrem eigenen Wohl. Indem sie sich zu beten angewöhnte – und Beten ist eine Gewohnheit –, wurde sie ihres Kummers und aller Sorgen ledig. Diese hatten sich ja in ihrem Geist nur einnisten können, weil sie sich – unaufgeklärt und darum geistig träge bis zur Gleichgültigkeit – Anwandlungen der Angst und all den Schreckensbildern ihrer Fantasie widerstandslos überlassen und dadurch ihr Geistes- und Gefühlsleben dem Negativen ausgeliefert hatte.

Wie diese Frau können auch Sie sich von quälendem Kummer und ständiger Besorgnis befreien, wenn Sie Ihre Zuversicht auf Gott stellen und regelmäßig beten, wie es in der Bibel geschrieben steht:

Ich hebe meine Augen auf zu den Bergen. Woher kommt mir Hilfe? Meine Hilfe kommt vom Herrn, der Himmel und Erde gemacht hat. (Psalm 121, 1–2).

Tun Sie nicht, was Sie nicht wollen

Wenn Sie sich Sorgen machen, richten Sie Ihre ganze Aufmerksamkeit auf ein Ziel, das schwerlich Ihr Ziel sein kann. Gerade dorthin, wo Sie sich in Ihrer Sorge schon halbwegs sehen, wollen Sie ja nicht hinkommen. Gleichwohl aber konzentrieren Sie sich geistig darauf und bereiten dadurch sich selbst und auch den Weg vor, sodass sich Ihre Sorge verwirklichen kann. Auf diese Art schaffen Sie selbst sich die Bedingungen für ein Leben in Kummer und Sorgen, die nie abreißen werden. Sich Sorgen machen bedeutet daher im Grunde genommen die geistigen Kräfte in negativer und denkbar destruktiver Art und Weise einzusetzen. Das wollen Sie nicht, also tun Sie es nicht.

Kummer greift die Drüsen und Organe Ihres Körpers an

Dr. Hans Selye vom Institut für experimentelle Medizin und Chirurgie der Universität Montreal befasste sich nachhaltig mit den das Abwehrsystem des Körpers herabsetzenden Auswirkungen von Angst und Kummer. Nachfolgend zitiere ich seine Ansicht aus Dr. med. Rolf Alexanders Werk *The Mind in Healing*, erschienen 1960 bei E. P. Dutton & Co., New York, mit freundlicher Genehmigung des Verlages.

»Wenn die geistige Spannung, die das allgemeine Abwehrsystem des Körpers in Bewegung setzt, nicht nur vorübergehender Natur ist, sondern Woche für Woche andauert, so versuchen sich die Nebennierendrüsen dieser Situation zunächst dadurch anzupassen, dass sie ihren Ausstoß an Hormonen erhöhen; dies aber wirkt sich verheerend für verschiedene andere Prozesse aus, die ihrerseits nicht der Abwehr dienen. Der Betroffene entwickelt vielleicht Arthritis oder Diabetes oder irgendeine andere der sogenannten psychosomatischen Krankheiten. Dauert der Stress über die Phase der ›allgemeinen Anpassung‹ hinaus an, so hat dies unweigerlich eine Erschöpfung der Nebennieren zur Folge. Sie wechseln ihre gelbe Farbe und werden braun. Es bilden sich Magengeschwüre. Der Widerstand gegenüber Kälte und Hitze sowie jeglicher Art von Krankheit oder Verletzung bricht zusammen. Und wenn der unglückliche Betroffene nicht irgendeiner Infektion zum Opfer fällt, so wird er wahrscheinlich einer Herz-, Kreislauf- oder Nierenkrankheit erliegen, die ja heutzutage zu den mörderischsten Krankheiten gehören, die uns bedrohen.«

Dr. Selye demonstrierte, dass das Abwehrsystem des Körpers Dauerbelastungen nicht standhält und mehr oder weniger nur an einer Front wirksam kämpfen kann. Wird dieses Abwehrsystem beispielsweise in Reaktion auf die Spannung, die mit den durch einen komplizierten Beinbruch verursachten Schmerzen verbunden ist, in Gang gesetzt, so mobilisiert es – neben seiner normalen Tätigkeit – zahlreiche spezifische Tätigkeiten zur Heilung des Bruchs. Wenn nun aber die »Reparaturarbeit« des Körpers zusätzlich noch durch einen weiteren Stress belastet wird – ausgelöst, sagen wir, von Angst –, erliegen wir entweder leicht unserer körperlichen Verletzung oder einem aus dem zusätzlichen Stress resultierenden Schock; sofern die Sache nicht einfach so endet, dass unser gebrochenes Bein nicht verheilt und amputiert werden muss. Handelt es sich nun nicht um Knochenbrüche, sondern andere, subtilere Krankheiten, so ist die Möglichkeit der Heilung unterdrückt und solche Krankheiten werden chronisch.

Ziehen Sie selbst Ihre Schlussfolgerung, sie ist ja ganz einfach. Sie heißt: Wird das allgemeine Abwehrsystem Ihres Körpers durch Spannungen nichtorganischen Ursprungs mobilisiert, so ist Ihre Widerstandskraft gegenüber zusätzlichen Spannungen, deren Ursache eine Erkältung, Grippe oder Lungenentzündung sein mag, stark herabgesetzt.

Sie können jeglichen Kummer überwinden

Verschwenden Sie Ihre Zeit nicht, indem Sie über Ihren Sorgen und Schwierigkeiten brüten. Vermeiden Sie negatives Denken. Unter dem Druck dauernder Anspannung ist ein harmonisches Zusammenspiel Ihrer seelisch-geistigen Funktionen nicht möglich. Wenn Sie nervös sind, weil Sie sich einem auf den ersten Blick unlösbaren oder nach langem Grübeln nicht leichter gewordenen Problem gegenübersehen, so können Sie nichts Besseres tun, als sich etwas Angenehmem und Erfreulichem zuzuwenden. Das entspannt Sie, das macht Sie locker und aufgeschlossen für die Lösung Ihres Problems. Sie sollen ja Ihr Problem nicht bekämpfen und unter Umständen an ihm scheitern, Sie wollen ihm vielmehr überlegen werden. Und genau das können Sie auch.

Wer sich dem Zugriff der Nervosität entziehen oder sich von seelischem Druck befreien will, macht am besten einen Spaziergang oder lenkt sich durch ein Kartenspiel ab. Oder es gibt Menschen, die in solchen Lagen Klavier spielen, im Garten arbeiten oder fischen gehen. Es gibt zahllose Möglichkeiten der Ablenkung und Entspannung, für jeden Geschmack.

Ich möchte Ihnen in diesem Zusammenhang dringend ans Herz legen, inneren Frieden und neue Zuversicht aus der Lektüre der Bibel zu schöpfen. Wählen Sie die Bibelstellen, die Sie am liebsten haben. Oder lesen Sie zum Beispiel das 11. Kapitel aus dem Brief an die Hebräer, das 13. Kapitel aus dem ersten Brief an die Korinther oder den 46. Psalm. Lesen Sie diese Bibelstellen ohne Hast, vielleicht sogar mehrmals. Sie werden die Erfahrung machen, dass sich Ihrer eine wunderbare innere Ruhe bemächtigt, die Ihnen das Gefühl der Ausgeglichenheit und tiefen Friedens schenkt.

Schritte zur Überwindung des Kummers

Erster Schritt: Wenden Sie sich, sobald Sie am Morgen erwachen, Gott im Gebet und im Bewusstsein zu, dass er Ihr liebender Vater ist. Entspannen Sie Ihren Körper. Halten Sie Zwiesprache mit Gott, der Ihr höheres Ich ist. Vertrauen Sie vorbehaltlos wie ein Kind Gott, der gegenwärtig ist, im Bewusstsein, dass Sie jetzt geheilt werden.

Zweiter Schritt: Sprechen Sie aus tiefstem Herzen die Worte: »Ich danke dir, Vater, für diesen wunderbaren Tag. Es ist ein Tag Gottes, der von Freude und Frieden, von Glück und Erfolg erfüllt ist. Ich sehe diesem Tag in freudiger Erwartung entgegen. Gottes Weisheit und Inspiration wird mich den ganzen Tag über leiten. Es ist ein Tag freudigen Vollbringens und glücklichen Vollendens. Ich glaube an Gottes Führung und seine Liebe erfüllt meine Seele.«

Dritter Schritt: Sagen Sie sich aus tiefer Überzeugung: »Ich vertraue der Güte Gottes. Ich weiß, dass er mich jederzeit beschützt. Ich bin ausgeglichen, ruhig, heiter. Alles, was ich tue, geschieht nach Gottes Willen und unter göttlichem Gesetz.«

Machen Sie sich diese drei Schritte zur Gewohnheit. Befallen Sie sorgenvolle Gedanken, so löschen Sie diese aus durch eine geistige Betrachtung in der Art der drei genannten Schritte. Ihr Gebet gibt Ihnen den Frieden zurück.

Zusammenfassung

1. Leute, die sich Sorgen machen, grübeln so manchem nach, was nie geschehen wird, und berauben sich dadurch ihrer Vitalität und aller Energie.
2. Wer Sorgen hat, fürchtet sich vor dem, was zwar noch nicht geschehen ist, aber geschehen könnte. Ändern Sie Ihr gegenwärtiges Denken, dann ändern Sie Ihre Zukunft. Ihre Zukunft ist der Niederschlag dessen, was Sie vorher gedacht haben.
3. Wenn Sie in Ihrer Gewohnheit, Kummer und Sorgen zu haben, verharren, so laufen Sie Gefahr, gerade das anzuziehen, wovor Sie sich fürchten.
4. Befallen Sie negative Gedanken, so zerstreuen Sie diese mit dem Machtwort des Glaubens: »Gott ist mit mir.«
5. Macht Ihnen Ihr Mann oder wer auch immer Sorgen, so stellen Sie sich ihn in Gedanken vor, wie Sie ihn gerne sehen möchten. Die wiederholte Innenschau dieses Bildes wird Wunder wirken.
6. Wer sich chronisch Sorgen macht, findet immer einen Grund für seinen Kummer. Die Ursache ist aber nicht diese oder jene Schwierigkeit, die Sorgen sind vielmehr auf ein tief verwurzeltes Unsicherheitsgefühl zurückzuführen – auf mangelndes Gottvertrauen.
7. Chronische Schwarzseher stehen ständig unter Druck. Die mit Kummer und Angst verbundenen Spannungen setzen die körperliche Widerstandskraft herab und erhöhen die Anfälligkeit gegenüber bestimmten Krankheiten.
8. Es besteht weder Anlass noch Grund, sich Sorgen zu machen, nur weil Ihr Kind sich außerhalb der Reichweite Ihrer unmittelbaren Obhut befindet. Sie sollten vielmehr davon ausgehen, dass Gott Ihr Kind liebt und beschützt.
9. Wenn Sie sich Sorgen machen, konzentrieren Sie sich ausgerechnet auf das, was Sie nicht wollen.
10. Verbinden Sie sich geistig mit der Allmacht und Herrlichkeit Gottes. Gottvertrauen sei die Grundlage Ihres Denkens und Vorstellens. Das Licht Gottes hebt das Dunkel aller Sorgen und Kümmernisse, aller Angst und Verzweiflung auf.

Für ein rundum glückliches Leben

Wie Sie in dieser so veränderlichen Welt Heiterkeit bewahren

Ralph Waldo Emerson sagte: »Nichts kann Ihnen Frieden bringen als der Sieg der Prinzipien.« Die Kenntnis der universellen Prinzipien des Geistes wird zu Ihrem Frieden, Ihrer Ausgeglichenheit und Sicherheit entscheidend beitragen.

Ein Ingenieur beispielsweise hält sich an die Axiome der Mathematik und der Physik, wenn er eine Brücke baut; er kennt die Spannungen, die Belastung und andere komplizierte wissenschaftliche Faktoren, die er aufgrund gültiger, wissenschaftlich erarbeiteter Gesetzmäßigkeiten berechnet. Ebenso muss jeder andere Wissenschaftler mit den Gesetzmäßigkeiten arbeiten, die jenen Kräften zugrunde liegen, mit denen er umgeht.

Und Sie müssen die Gesetze des Denkens im Einklang mit den universellen Prinzipien des Geistes kennenlernen. Diese Gesetze werden im größten aller schöpferisch-dynamischen Bücher, in der Bibel, immer wieder erwähnt, und sie finden ihre Quintessenz im Gesetz des Glaubens: *Dir geschehe, wie du geglaubt hast* (Matthäus 8, 13).

Glauben bedeutet, etwas für wahr zu halten. Und was Sie bewusst als wahr annehmen – sei es gut oder sei es schlecht –, das prägt Ihr Unterbewusstsein und wird von ihm früher oder später verwirklicht. Sie sind, was Sie geistig betrachten; Sie sind, was Sie denken und fühlen und somit zu sein glauben. Betrachten Sie morgens, mittags und abends folgende Wahrheit, dann werden Sie in dieser veränderlichen Welt gelassen und heiter sein: *Weiter, liebe Brüder, was wahrhaftig ist, was ehrbar, was gerecht, was keusch, was lieblich und was wohl lautet, ist etwa eine Tugend, ist etwa ein Lob, dem denket nach!* (Philipper 4, 8).

Ein Alkoholiker erlangte Seelenfrieden und Freiheit

Vor geraumer Zeit lernte ich einen Alkoholiker kennen, den seine Frau verlassen hatte und den seine beiden Töchter nicht mehr kennen wollten. Er befand sich in einem Zustand tiefster Depression. Ich erklärte ihm, dass sein aufrichtiger Wunsch, das Trinken zu lassen, der erste Schritt zur Heilung sei. Er war sofort und gern bereit, den Alkohol aufzugeben. Der nächste Schritt bestand in der Erkenntnis, dass er Anteil an jener kosmischen Kraft hatte, die sein Verlangen beseitigen konnte und ihn zwingen würde, sich von der verhängnisvollen Sucht zu befreien.

Ich empfahl ihm, mehrmals am Tag eine einfache Technik anzuwenden. Er solle, sagte ich ihm, sich vorstellen, dass ich ihm zu seinem Freisein gratuliere, und fest an dieses Vorstellungsbild glauben. Er wandte diese Technik der Autosuggestion etwa vier Wochen lang dreimal täglich je fünf Minuten an.

Das so vertiefte Bild seiner Vorstellung von sich selbst fand seinen sichtbaren Ausdruck in seiner Erfahrung. Nach und nach war das von ihm suggerierte Bild seiner gedachten und als wahr empfundenen Freiheit zur Wirklichkeit geworden. Er sagte zu mir: »Ich bin frei! Ich habe zu einer Heiterkeit gefunden, wie ich sie zuvor nie gekannt habe.«

In der Bibel heißt es: *So vertrage dich nun mit ihm, und habe Frieden ...* (Hiob 22, 21).

Sie lernte, ihre Bitterkeit zu vergessen und heiter zu sein

In einem Krankenhaus unserer Stadt besuchte ich vor einiger Zeit eine Frau, die an Bluthochdruck und akuter Kolitis litt. Sie schilderte mir geradezu beflissen frühere Fehler und Irrtümer und beklagte »ihre Dummheit«. Dann gestand sie, dass sie eine Kollegin hasse, die im Büro ihre Stellung untergrabe.

Ich blieb eine Weile ruhig neben ihr sitzen und erzählte ihr dann, was William James, der große Pionier der amerikanischen

Psychologie, einst gesagt hatte: »Das Kennzeichen des Genialischen ist es zu wissen, was man übersehen muss.« Dazu gehört nicht zuletzt, dass man sich von der Vergangenheit abwenden, also verzeihen und vergessen muss, wenn man sich der wünschenswerten Gesundheit erfreuen und seine Seelenruhe haben will.

Dann nannte ich der Frau eine Bibelstelle und wies sie auf die Tatsache hin, dass dies eines der noch heute wirksamsten aller verfügbaren therapeutischen Mittel sei, um körperliche und geistig-seelische Gesundheit zu erlangen: ... *Ich vergesse, was dahinten ist, und strecke mich zu dem, was da vorne ist, und jage nach dem vorgesteckten Ziel* ... (Philipper 3, 13–14).

Ich erklärte der Frau: »Das Ziel, das Sie anstreben, ist Seelenfrieden. Und wenn Sie Seelenfrieden haben, werden Sie sich auch der Ausgeglichenheit Ihres Körpers erfreuen. Frieden bedeutet Ausgeglichenheit, Gleichgewicht, Gleichmut, Heiterkeit, die aus einem Gefühl des Einsseins mit Gott, dem Unendlichen und dem Leben schlechthin erwachsen.«

Jesus sagte zu Kranken: ... *Dein Glaube hat dir geholfen. Gehe hin in Frieden!* (Lukas 8, 48). So sprach er mit Menschen, deren Gemüter zerrissen waren, die in Verwirrung, innerem Hader und Zorn lebten.

Der kranken Frau machte ich klar, dass sie einen Frieden finden könne, der über jedes Begreifen hinausgehe, und dass Seelenfrieden weder eine Flucht noch ein Rückzug aus dem Leben sei. Ganz im Gegenteil: Innerer Friede sei eine konstruktive Geisteshaltung, aus der heraus man Interesse am Wohlergehen der Mitmenschen habe und ein dynamisches Leben führe, das von schöpferischer Kreativität und wohlwollender Freundlichkeit gegenüber allen Menschen geprägt sei.

Zum Schluss schrieb ich der Frau ein Gebet auf, das sie möglichst oft am Tag sprechen sollte: »Ich verzeihe jedem gern und ganz, der mich je verletzt hat. Ich gebe alle diese Menschen frei, und zwar ein für allemal. Wann immer mir so jemand einfällt, segne ich ihn. Ich vergesse die Vergangenheit und wende meine Aufmerksamkeit meiner verheißungsvollen Zukunft zu, die von

Gesundheit, Harmonie und Frieden bestimmt ist. Mein Gemüt ist ruhig, ausgeglichen, heiter. In dieser Atmosphäre des Friedens und der Freundlichkeit, die mich umgibt, empfinde ich eine tiefe, beständige Stärke und die Freiheit von jeglicher Angst. Ich empfinde und fühle nun die kosmische Heilgegenwart von Liebe und Schönheit.

Mit jedem Tag werde ich mir der Liebe Gottes stärker bewusst; alles, was falsch ist, verschwindet und vergeht. Ich lasse jetzt den kosmischen Strom des Friedens und der Heilkraft Gottes durch meinen ganzen Körper fließen. Ich ruhe in diesem Bewusstsein des Friedens. Mein Frieden ist die tiefe, unveränderliche Ruhe kosmischen Friedens, des Friedens Gottes.«

Als ich die Frau nach etwa zwei Wochen wieder besuchte, war sie ganz glücklich, weil es ihr viel besser ging. Sie war gesundgeschrieben und sollte am nächsten Tag aus dem Krankenhaus entlassen werden. Zu mir sagte sie: »Ich weiß, dass meine ganzen Schwierigkeiten meinem aufgestauten Hass erwuchsen. Jetzt fühle ich mich innerlich rein. Es ist wahr: Frieden bedeutet Gesundheit und Glück.«

Ein Manager fand zu echter Heiterkeit

Anschließend an einen meiner Vorträge in Honolulu lud mich ein bekannter Manager zum Abendessen ein, weil er ein ernstes Problem hatte und meinte, ich könnte ihm helfen. Er war gewandt, wirkte ausgeglichen und gelassen. Doch während unseres vertraulichen Gesprächs gestand er mir, dass er innerlich nur so koche vor Feindseligkeit. Leidenschaftlich fragte er: »Wie soll ich Seelenfrieden finden? Heiterkeit? Wie? Ich möchte nachts schlafen, aber wie schaffe ich das?«

Ich versuchte ihm zu erläutern, wie er zu innerer Ruhe finden könne. Ich sagte ihm: »Aus innerer Ruhe erwächst immense Kraft. Mit ruhigem, heiterem Gemüt schafft man das Gute. Gott ist Frieden und er weilt in der Mitte Ihres Seins. In der Bibel heißt es: *Den Frieden lasse ich euch, meinen Frieden gebe ich euch. Nicht gebe ich euch, wie die Welt gibt. Euer Herz erschrecke nicht und fürchte sich nicht* (Johannes 14, 27). *Wer festen Herzens ist, dem bewahrst du Frieden* (Jesaja 26, 3).

Stellen Sie sich in Ihren geschäftlichen Schwierigkeiten und allen Konflikten des täglichen Lebens voll Glauben und Vertrauen auf Gott ein, dann werden Sie sehen, dass sein Friedensstrom Sie trägt: Ihren Geist und Ihre Seele. Geben Sie in Ihrer Arbeit Ihr Bestes; seien Sie schöpferisch und fördern Sie das Gute im Leben. Wünschen Sie allen Menschen, was Sie sich selbst wünschen. Tragen Sie mit Ihren Fähigkeiten zu einer in Ihrer Reichweite stehenden guten Sache bei. Sie sind zu sehr mit sich selbst beschäftigt. Meditieren Sie über jene Bibelstellen, die ich Ihnen genannt habe. Machen Sie jeden Morgen, wenn Sie in Ihrem Büro angekommen sind, die Tür zu und bekräftigen Sie diese Wahrheiten. Sie werden erleben, dass die darin enthaltenen therapeutischen Heileigenschaften durch Ihren Geist und jedes Atom Ihres Seins strömen.«

Er antwortete: »Ich fühle mich tatsächlich jetzt schon besser!« Und nach einer langen Pause sagte er nachdenklich: »Ich weiß, worin mein Problem liegt, und … ja: ich denke, ich kenne die Lösung. Ich schenke mir selbst Frieden, indem ich mir die Gegenwart Gottes vergegenwärtige – und nicht meinen Problemen nachgrüble.«

Als ich – im nächsten Sommer – wieder nach Hawaii kam, traf ich den Manager wieder. Er hat zu Heiterkeit gefunden. In seinem schönen Haus hat er die ergreifende spirituelle Kostbarkeit in schöner Schrift an der Wand hängen: *Wer festen Herzens ist, dem bewahrst du Frieden …*

Der Weg zu gelassener Heiterkeit in allen Situationen

Edwin Markham, der amerikanische Lyriker und Schriftsteller, sagte: »Im Herzen des Zyklons, der den Himmel zerreißt, ist eine Stätte der Stille.« Jeder Pilot weiß, dass er, wenn er in die Mitte eines heftigen Hurrikans oder Zyklons fliegt, in eine Zone der Ruhe und Stille gelangt.

Gott befindet sich in Ihrer Mitte. Er ist die unendliche Kraft kosmischer Dimension, die absoluter Friede, reine Seligkeit, grenzenlose Liebe, vollkommene Harmonie und unerschöpfliche Freude ist. Stimmen Sie sich geistig und seelisch auf diese Eigenschaften kosmischer Weisheit ein, dann werden Sie geistig-seelisch erfrischt und heiter sein.

Sie sind ständig, in jeder Stunde Ihres Lebens, der Propaganda, den Meinungen, Überzeugungen und Eindrücken, die aus der Außenwelt kommen, ausgesetzt. Einige davon sind gut, die meisten jedoch sind destruktiver Art. Wenn Sie geistig nicht auf das Kosmische eingestimmt sind, wenn Sie nicht bewusst und klug die Spreu vom Weizen trennen, dann werden die zerstörerischen Überzeugungen und Eindrücke in Ihnen Wurzeln schlagen und Schwierigkeiten jeder Art verursachen; so entstehen Krankheit, Verwirrung, Angst und Mangel da, wo Gesundheit, Freude und Fülle sein könnten.

Der Geist der Massen dieser Welt glaubt an gute und an böse Kräfte, sieht in Krankheit, Elend und Katastrophen unvermeidliche Wechselfälle menschlicher Erfahrung. Wenn Sie in solchen, einer durch und durch negativen Weltsicht verhafteten Überzeugungen verharren und es versäumen, sich auf das ewige Kosmische einzustimmen, werden Sie endlosen Prüfungen und Problemen ausgesetzt bleiben.

In der Bibel heißt es: ... *Seid getrost, ich habe die Welt überwunden* (Johannes 16, 33). Mit der »Welt« ist der Geist der Massen gemeint. Überwinden Sie im Bewusstsein der Kraft kosmischen Geistes Ihre Probleme. Beginnen Sie jetzt gleich damit. Wenden Sie sich Vorstellungen von Harmonie, Frieden, Freude, Liebe und rechtem Tun zu. Werden Sie sich der Ihnen innewohnenden, gottgegebenen Kräfte bewusst, die Sie befähigen, sich voll Aufmerksamkeit, Hingabe und Liebe jenen Ideen zuzuwenden, die Ihre Seele heilen, inspirieren, erheben, würdigen und mit Freude erfüllen.

Sie bewegen sich unweigerlich in der Richtung jener Gedanken, die in der Welt Ihres Geistes vorherrschen. Ihr bewusstes, vertrauensvolles Wissen um die unendliche Kraft kosmischer

Dimension und deren Heilgegenwart, an der Sie teilhaben, versetzt Sie in die Lage, sich über alle Hindernisse hinwegzuschwingen und in Ihrem eigenen Inneren eine Bastion des Friedens zu sichern, wo Sie in der Überzeugung verweilen können, dass mithilfe der kosmischen Kraft Gottes kein Ding unmöglich ist.

Die Beibehaltung einer solchen Einstellung angesichts von Schwierigkeiten wird Ihnen helfen, die Welt, das heißt falsche Überzeugungen und zersetzende Ängste zu überwinden. Sie werden sein wie jener, von dem der Psalm 1, 3 sagt: *Der ist wie ein Baum, gepflanzt an den Wasserbächen, der seine Frucht bringt zu seiner Zeit, und seine Blätter verwelken nicht; und was er macht, das gerät wohl.*

Das Gebet, das Ihnen zu Heiterkeit verhilft

»Friede beginnt in mir selbst. Die Heiterkeit und der Frieden der kosmischen Kraft Gottes erfüllen mein Gemüt; der Geist der Freundlichkeit geht von mir aus, gegenüber der ganzen Menschheit. Ich wohne an der geheimen Stätte des Allerhöchsten. Ich wünsche voll Aufrichtigkeit und Überzeugung, dass alle Mitglieder meiner Familie, meine Kollegen und Bekannten sowie alle Menschen auf Erden in göttlicher Weise zu echter Selbstverwirklichung geführt werden, an ihren Platz in dieser Welt, wo sie göttlich glücklich sind und in jeder Hinsicht gedeihen. Gottes kosmischer Friedensstrom fließt durch das Universum meines Geistes und meiner Seele, und ich strahle gegenüber allen Menschen Frieden und Freundlichkeit aus. Ich bewege mich in einem unendlichen Raum rechten Tuns und bin von göttlicher Liebe eingehüllt.

Ich bekräftige vertrauensvoll und gläubig, dass der Geist Gottes in seiner kosmischen Weisheit über mir waltet. Von ihm werde ich inspiriert. Ich sehe Harmonie, wo Zwietracht herrscht, Frieden, wo quälender Schmerz ist, Liebe, wo Hass, Freude, wo Trauer ist, und ich sehe Leben, wo der sogenannte Tod auftritt. Meine Lieben und Bekannten sind in mein Gebet eingeschlossen und der Schirm von Gottes Liebe dehnt sich über ihrer aller Wesen aus. Wenn ich mit einem anderen Menschen Schwierigkeiten hatte, so vergebe ich ihm jetzt gern und ganz. Ich löse mich aus jedweder Bitterkeit und Feindseligkeit. Ich sehe in jedem Menschen das Bild Gottes und wünsche allen Gesundheit, Glück, Frieden und die Segnungen der ewigen kosmischen Weisheit.

Ich gebe bereitwillig meine Liebe, meine Klugheit, mein Verständnis und meinen Reichtum weiter; ich verteile mit göttlicher Hilfe die Schätze des Unendlichen an meine Mitmenschen. Gottes Frieden, der jedes Verständnis übersteigt, erfüllt jetzt und immerdar meinen Geist und mein Herz.

Wechsel und Verfall seh' ich rundum allhier;
O du, der nie sich ändert, verweil bei mir.«

Zusammenfassung

1. Frieden kann Ihnen einzig der Einklang Ihres Denkens mit den kosmischen Prinzipien des Geistes bringen. Halten Sie sich an diese Prinzipien und Sie finden zu Frieden, Ausgeglichenheit und weiterer Sicherheit. Sie sind, was Sie geistig betrachten. Sie sind, was Sie zu sein glauben.
2. Stellen Sie sich vor, dass ein Freund oder ein lieber Angehöriger Ihnen dazu gratuliert, dass Ihr Gebet erhört wurde; wenn Sie den Film dieses Vorstellungsbildes häufig vor Ihrem inneren Auge ablaufen lassen und an die Tatsächlichkeit des Geschehens glauben, werden Sie diese Vorstellung Ihrem Unterbewusstsein einverleiben, und die geistig vollzogene Tatsache findet ihren Niederschlag in Ihrem Leben.
3. Die Ihnen innewohnende kosmische Kraft lernen Sie benutzen, indem Sie Ihr Denken und Ihren Glauben bewusst einsetzen. Sie können sich das Freisein von Alkoholismus oder von einer anderen schlechten Angewohnheit suggerieren und die so vertiefte neue Vorstellung Ihrer Persönlichkeit wird Wirklichkeit werden.
4. Das Kennzeichen des Genialischen ist es, zu wissen, was man übersehen muss. Übersehen beziehungsweise vergessen müssen Sie früher begangene Fehler und erlittene Verletzungen. Und alles, was da falsch oder schmerzhaft war, müssen Sie sich selbst und den anderen verzeihen. Nur so erlangen Sie Gesundheit, Glück und Seelenfrieden.
5. Seelenfrieden ist keine Flucht, kein Rückzug aus dem Leben. Im Gegenteil: Innere Ausgeglichenheit ermöglicht erst eine dynamische Lebensweise, aus der heraus man alle Hindernisse geradewegs angeht und im Einklang mit Gottes kosmischer Kraft und Weisheit überwindet. Wenn Sie sich schöpferisch betätigen und Ihre Arbeit lieben, wenn Sie zum Wohlergehen anderer Menschen beitragen und gegenüber allen Wohlwollen und Freundlichkeit zeigen, dann wird Ihnen das tiefe Gefühl des Friedens und der inneren Ruhe zuteil.
6. Echte Kraft erwächst aus innerer Ruhe. Mit einem ausgeglichenen, heiteren Gemüt schafft man das Gute. Gott ist absoluter Frieden und wohnt in der Mitte Ihres Seins. Stimmen Sie sich auf die Gottesgegenwart ein, lassen Sie seinen Friedensstrom durch das innere Universum Ihres Geistes und Ihrer Seele fließen.
7. Tragen Sie mit Ihren Fähigkeiten zu einer guten Sache bei und arbeiten Sie für alles, was konstruktiv ist und der Menschheit zum

Wohle gereicht. Richten Sie sich stets auf die unendliche Kraft kosmischer Dimension aus. Gedenken Sie des Bibelwortes: *Wer festen Herzens ist, dem bewahrst du Frieden …* (Jesaja 26, 3).

8. Im Zentrum jedes Zyklons, der den Himmel zerreißt, ist eine Zone der Stille. Wenn Sie voll Unruhe oder Angst sind, sollten Sie in sich gehen, Ihr Denken ruhigstellen und sich immer wieder sagen: »In mir herrscht Friede. Ich bin eine Bastion des Friedens.« Dann wird große Ruhe über Sie kommen.
9. Denken Sie daran: Frieden und Heiterkeit beginnen in Ihnen selbst. Sie bringen beides in Ihr Dasein, wenn Sie um Gottes Frieden und Liebe bitten. Ein Frieden, der jedes Verständnis übersteigt, wird Ihnen beschieden sein.

Wie Sie im Geiste für immer jung bleiben

Ihr Unterbewusstsein wird niemals alt. Es ist weder der Zeit und Alterserscheinungen noch anderen Begrenzungen unterworfen. Es ist ein Teil des universellen Prinzips, das ohne Anfang und Ende ist und weder Geburt noch Tod kennt.

Ermüdungs- und Alterserscheinungen können unmöglich geistige oder seelische Ursachen haben. Geduld, Güte, Wahrheitsliebe, Hilfsbereitschaft, Harmonie und Nächstenliebe sind Eigenschaften, die niemals alt werden. Wer diese Charakterzüge in sich lebendig erhält, wird im Geiste jung bleiben.

Vor einigen Jahren veröffentlichte eine Gruppe von Ärzten an der De-Courcy-Klinik in Cincinnati (Ohio) eine Studie, die beschrieb, dass Alters- und Abnutzungserscheinungen nicht durch das biologische Alter hervorgerufen werden. Dieselbe Studie stellte fest, dass nicht die Zeit, sondern die Angst vor ihrem Verstreichen sich schädlich auf den menschlichen Geist und Körper auswirke. Die eigentliche Ursache verfrühten Alterns müsse man in der neurotischen Angst vor den negativen Auswirkungen des zunehmenden Lebensalters sehen.

Während der vielen Jahre meines Lebens, die ich in der Öffentlichkeit tätig war, hatte ich Gelegenheit, die Lebensgeschichten berühmter Männer und Frauen zu studieren, die weit über die normale Lebensspanne hinaus ihren Aufgaben nachgingen. Manche von ihnen erreichten die Spitze ihrer Leistungskraft erst im hohen Alter. Außerdem lernte ich viele Menschen kennen, die in aller Stille lebten und deren bescheidenes Leben den Beweis lieferte, dass das Alter allein die produktiven Kräfte von Körper und Geist nicht zerstört.

Alt im Denken

Vor einigen Jahren besuchte ich einen alten Freund in London. Er war über 80, sehr krank und von der Last seiner Jahre regelrecht gebeugt. Jedes seiner Worte bewies seine körperliche Schwäche, ein Gefühl der Hoffnungslosigkeit und einen allgemeinen Verfall – fast als wäre er schon tot. Verzweifelt beklagte er sich, sein Leben sei inhaltslos geworden und kein Mensch brauche ihn mehr. Mit einem hoffnungslosen Kopfschütteln fasste er seine destruktive Philosophie zusammen: »Wir werden geboren, wachsen auf, altern, werden eine Last für uns und andere und das ist dann das Ende.«

Die feste Überzeugung, unbrauchbar geworden zu sein, war der Hauptgrund für seinen Kräfteverfall. Die Zukunft konnte ihm nur noch fortschreitende Vergreisung bieten, mit dem Tod war für ihn alles zu Ende. Sein Unterbewusstsein sorgte dafür, dass seine negativen Vorstellungen Realität wurden.

Das Alter – die Morgendämmerung der Weisheit

Leider denken viele Menschen genauso. Sie fürchten sich vor dem sogenannten Alter, vor dem Ende, dem Ausgelöschtwerden. Im Grunde genommen fürchten sie sich vor dem Tod, weil sie das Leben nicht kennen. Das Leben nämlich kennt kein Ende. Das hohe Alter ist nicht der Abend des Lebens, sondern die Morgendämmerung der Weisheit.

Weisheit bedeutet die Erkenntnis der ungeheuren Kräfte des Unterbewusstseins und wie sie für ein erfülltes, sinnvolles und glückliches Leben genutzt werden können. Schlagen Sie sich ein für alle Mal den Gedanken aus dem Kopf, ein Alter von 65, 75 oder 85 Jahren sei gleichbedeutend mit Ihrem Ende oder dem eines anderen Menschen. Jedes noch so hohe Alter kann der Beginn eines herrlichen, fruchtbaren, aktiven und äußerst schöpferischen Lebensabschnittes sein, der alle vorhergehenden weit in den Schatten stellt. Glauben Sie daran, stellen Sie sich darauf ein – und Sie werden es erleben.

Heißen Sie jede Veränderung willkommen

Altern ist kein tragischer Vorgang. Was wir den Alterungsprozess nennen, ist im Grunde genommen nur eine Veränderung. Jeder Wandel aber verdient es, freudig begrüßt zu werden, denn jede Phase des menschlichen Lebens ist nur ein weiterer Schritt vorwärts. Der Mensch verfügt über Kräfte, die seinen körperlichen Fähigkeiten weit überlegen sind. Er besitzt Sinne, deren Schärfe jene der ihm angeborenen fünf Sinne weit übertrifft.

Die heutige Wissenschaft, insbesondere die Parapsychologie, hat unwiderlegbare Beweise dafür gefunden, dass die mit Bewusstsein ausgestattete geistige Substanz den Körper eines lebendigen Menschen verlassen kann, sie kann Tausende von Kilometern zurücklegen und am Zielort sehen, hören, andere berühren und ansprechen, obwohl sich der Betreffende physisch nicht einen Millimeter von seinem Standort fortbewegt.

Das menschliche Leben ist geistiger Natur und ewig. Der Mensch braucht nicht alt zu werden, denn das Leben kann nicht altern. Das Leben erneuert sich selbst, ist unzerstörbar und stellt die größte, tiefste Wirklichkeit unserer Erfahrung dar.

Das Weiterleben nach dem Tode ist erwiesen

Nicht nur die Gesellschaften für psychische Forschung in Großbritannien und Amerika haben eine überwältigende Summe wissenschaftlicher Beweise für das Weiterleben nach dem Tode gesammelt. Jede öffentliche Bibliothek enthält eine ganze Reihe von Werken, in denen führende Wissenschaftler die Ergebnisse ihrer parapsychologischen Forschungen veröffentlicht haben. Eine Reihe kontrollierter Experimente hat bewiesen, dass der Tod nicht das Ende, sondern die Tür zu einer neuen Lebensform darstellt.

Das Leben »ist«

Eine Dame fragte einmal Thomas Alva Edison, den Entdecker der Elektrizität: »Mr. Edison, was ist Elektrizität?«

Er antwortete: »Gnädige Frau, Elektrizität ist, nutzen Sie sie.«

Elektrizität ist unsere Bezeichnung für eine unsichtbare Kraft, deren eigentliches Wesen wir bis jetzt noch nicht wirklich verstehen. Durch Forschung erweitern wir aber unsere Kenntnisse und finden immer neue Anwendungsmöglichkeiten. Der Wissenschaftler kann das Elektron nicht mit bloßem Auge sehen, doch nimmt er seine Existenz als wissenschaftlich erwiesen hin, da sie sich als logische Schlussfolgerung aus den Ergebnissen zahlloser Experimente ergibt. Auch das Leben können wir nicht sehen und doch wissen wir, dass wir am Leben sind. Das Leben ist – wir sind geboren, um all seiner Schönheit Ausdruck zu verleihen.

Geist und Seele altern nicht

Wer denkt oder glaubt, der Kreislauf von Geburt, Heranwachsen, Reife und Alter sei das ganze Leben, ist zu bemitleiden. Ein so denkender Mensch hat keinen Anker, keine Hoffnung, keinen Weitblick – das Leben ist für ihn ohne jeden Sinn. Eine solche Fehlüberzeugung kann nur Enttäuschung, Zynismus und Hoffnungslosigkeit nach sich ziehen, die meistens zu schweren seelischen, geistigen und körperlichen Krankheiten führen. Wenn Sie ein rasantes Tennismatch nicht mehr durchhalten oder nicht mehr so schnell schwimmen können wie Ihr Sohn, wenn Ihre physischen Reaktionen langsamer geworden sind, bedeutet das nur, sich ins Gedächtnis zu rufen, dass sich das Leben wandelt und stets in neuen Formen äußert. Was die Menschen Tod nennen, ist nur ein Aufbruch zu einer anderen Dimension des Lebens.

Die Männer und Frauen, die meine Vorträge besuchen, ermahne ich immer wieder, dem sogenannten Altern gegenüber Haltung zu bewahren. Das Alter hat seine eigenen Vorzüge, seine eigene Schönheit und Weisheit. Friede, Liebe, Freude, Schönheit, Glück, Weisheit, Hilfsbereitschaft und Verständnis sind

Eigenschaften, die niemals altern und sterben. Ihr Charakter, Ihre geistigen Qualitäten, Ihr Glaube und Ihre Überzeugungen altern nicht. Emerson sagte zu diesem Thema treffend: »Die Jahre eines Menschen beginnt man erst zu zählen, wenn in seinem Leben sonst nichts mehr zählt.«

Jeder Mensch ist so jung wie seine Denkweise

In der Caxton Hall, London, wo ich im Abstand von einigen Jahren öffentliche Vorträge hielt, kam einmal ein Chirurg zu mir und sagte: »Ich bin jetzt 84. Ich operiere jeden Morgen, mache nachmittags Visite und schreibe am Abend Artikel für medizinische und andere wissenschaftliche Fachzeitschriften. Jeder Mensch ist so jung und so nützlich, wie er denkt und sich fühlt.« Und er pflichtete der von mir geäußerten Ansicht lebhaft bei: »Wir sind so stark und so wertvoll, wie wir uns selbst einschätzen.«

Dieser Chirurg lässt sich von seinem hohen Alter nicht einschüchtern. Er weiß, dass er unsterblich ist. Seine Worte beim Abschied waren: »Wenn ich morgen sterben sollte, dann nur, um meine Operationen in der nächsten Dimension fortzusetzen – allerdings nicht mehr mit dem Skalpell, sondern auf der Ebene rein geistiger und seelischer Chirurgie.«

Ihre grauen Haare sind ein Gewinn

Ziehen Sie sich niemals von Ihrem Beruf zurück mit der Begründung: »Ich bin zu alt, mit mir ist Schluss.« Vergreisung und Tod würden wahrscheinlich nicht mehr lange auf sich warten lassen. Manche sind schon mit 30 alt, während andere mit 80 noch jung sind. Der Geist bestimmt den Zustand des Körpers, genau wie die Fantasie des Architekten, des Designers und des Bildhauers die Materie formt. George Bernard Shaw war mit 90 Jahren noch unermüdlich tätig, sein Genie war unverwüstlich.

Immer wieder hört man, dass Arbeitssuchende von manchen Arbeitgebern abgewiesen, ja geradezu vor die Tür gesetzt werden, sobald diese hören, dass sie älter als 40 sind. Diese Einstellung ist nicht nur gefühllos, verabscheuungswürdig und verständnislos; sie ist schlichtweg dumm. Eine solche, offensichtlich nur auf die Generation unter 35 setzende Denkweise erweist sich als äußerst oberflächlich. Würde ein solcher Arbeitgeber nur einen Augenblick nachdenken, so müsste er einsehen, dass ja die Bewerber nicht etwa ihr Alter oder ihr graues Haar anzubieten haben, sondern bereit sind, die Fertigkeiten, Erfahrungen und das Wissen zur Verfügung zu stellen, die sie durch viele Jahre hindurch gesammelt haben.

Alter ist ein Gewinn

Wenn Sie bereits zu den älteren Angestellten zählen, so ist gerade Ihr Alter ein wichtiger Gewinn für jedes Unternehmen. Graue Haare sollten besser als Symptom für Souveränität, Weisheit, Geschicklichkeit, Erfahrung und Verständnis gewertet werden. Emotionale und geistige Reife ist ein zusätzlicher Nutzen für jeden Arbeitgeber.

Niemand sollte in Pension gehen müssen, nur weil er 65 Jahre alt ist. Gerade in diesem Alter bietet man die idealen Voraussetzungen, um zum Beispiel als Personalchef zu wirken oder um Dispositionen und Entscheidungen zu treffen, kurz gesagt, um jüngeren Mitarbeitern die Erkenntnisse langjähriger Erfahrungen mitteilen zu können und sie in das konstruktive Denken einzuführen.

Seien Sie so alt, wie Sie wirklich sind

Ein in der Film- und Fernsehindustrie tätiger Schriftsteller in Hollywood erzählte mir, er müsse Drehbücher schreiben, die dem Denkvermögen eines Zwölfjährigen angepasst seien. Es ist wirklich tragisch, wenn gerade die Massenmedien von der geistigen und emotionalen Unreife des Publikums ausgehen und den Reifeprozess zusätzlich behindern. Wer Jugend so versteht und die jugendliche Unreife betont, der unterstreicht damit seinen Mangel an Erfahrung und Urteilsvermögen sowie die Neigung zu vorschnellem Urteilen.

»Ich halte noch mit den Besten Schritt.«

Unter meinen Bekannten ist ein 65-jähriger Mann, der verzweifelt versucht, jung zu erscheinen. Jeden Sonntag geht er zusammen mit jungen Männern schwimmen, unternimmt lange Fußwanderungen, spielt Tennis und beschwört seine Energie: »Schauen Sie mich an, ich halte noch mit den Besten Schritt!«

Ihm und Menschen, die ähnlich denken, ist besonders die große Wahrheit ans Herz zu legen: *Denn wie einer in seinem Herzen denkt, so ist er* (Sprüche 23, 7).

Keine Diät, kein Training und kein Sport werden diesen Mann jung erhalten. Er muss einsehen, dass Jugend und Alter relative Begriffe sind und nicht von der körperlichen Verfassung, sondern vom Denken abhängen. Wer stets an das Schöne und Positive denkt, wird immer jung bleiben, gleichgültig, wie viele Jahre er zählen mag.

Die Angst vor dem Alter

Viele Menschen haben Angst vor dem Alter und ihrem zukünftigen Schicksal, weil sie glauben, mit ihrem Altern müsse ein zunehmender körperlicher und geistiger Verfall einhergehen. Was sie aber ständig denken und fühlen, verwirklicht sich auch.

Man wird alt, sobald man das Interesse am Leben verliert und aufhört zu träumen und nach Neuem zu suchen. Wer offen ist für neue Ideen und neue Interessen, wird immer jung und vital bleiben.

Sie haben viel zu geben

Ob Sie nun 65 oder 95 Jahre alt sind – denken Sie immer daran, wie viel Sie noch zu geben haben. Sie können dazu beitragen, die jüngere Generation zu stützen, zu beraten und zu leiten. Sie können andere teilhaben lassen an Ihrem Wissen, Ihrer Erfahrung und Weisheit. Sie können Ihren Blick getrost nach vorne richten, denn das Leben des Menschen kennt kein Ende. Sie werden die

Erfahrung machen, dass es immer neue Schönheiten und Wunder des Lebens zu entdecken gibt. Versuchen Sie mit jedem neuen Tag, mit jedem Augenblick hinzuzulernen – und Ihr Geist wird sich ewig jung erhalten.

110 Jahre alt

Als ich vor einigen Jahren in Bombay Vorträge hielt, wurde ich einem Mann vorgestellt, der angab, 110 Jahre alt zu sein. Er hatte das schönste Gesicht, das ich je gesehen habe. Er schien von innen zu strahlen. In seinen Augen lebte eine beispiellose Schönheit, die mir bewies, dass er glücklich alt geworden war, ohne dass sein Geist an Schärfe und Kraft eingebüßt hätte.

Die Pension – ein neues Abenteuer

Lassen Sie niemals zu, dass sich Ihr Geist »in den Ruhestand begibt«. Bleiben Sie immer empfänglich für neue Ideen. Ich habe Männer mit 65 und 70 in Pension gehen sehen – es war, als würden sie von einer Krankheit zerstört, und die meisten von ihnen starben bereits nach wenigen Monaten oder Jahren. Offensichtlich waren sie überzeugt, dass ihr Leben vorbei sei.

Gerade das Rentenalter kann aber zu einem neuen Abenteuer, einer neuen Phase mit neuen Aufgaben werden, zu einer Gelegenheit, Träume endlich zu verwirklichen. Es gibt kaum etwas Deprimierenderes als die Worte: »Was soll ich als Rentner nur mit mir anfangen?« Ein solcher Satz bedeutet im Grunde genommen eine geistige Bankrotterklärung: »Ich bin geistig und physisch tot. Mein Geist ist zu keiner neuen Idee mehr fähig.«

Das sind jedoch völlig falsche Vorstellungen. In Wahrheit können Sie mit 90 mehr leisten als mit 60, weil Ihr Verständnisvermögen und Ihre Weisheit mit jedem Tag zunehmen und sich Ihnen der Sinn des Lebens durch neue Studien und Interessen immer mehr erschließt.

Eine weitere Stufe empor

Ein Nachbar, der eine leitende Stelle in einem Konzern ausgefüllt hatte, musste vor einigen Monaten in Pension gehen, weil er die Altersgrenze erreicht hatte. Er sagte mir: »Ich betrachte meine Pensionierung als Aufstieg zur nächsthöheren Stufe.«

In seiner philosophischen Sicht hatte sich sein ganzes Leben jeweils von der niedrigeren hinauf zur höheren Stufe »emporgespielt«: von der Schule zur Universität – ein Fortschritt in seiner Erziehung und Lebenserfahrung –, von der Universität in die Berufstätigkeit und vom Berufsleben in den Ruhestand. Die Pensionierung bot ihm jetzt Gelegenheit, alles das zu tun, was er sich immer gewünscht hatte. Deshalb betrachtete er sie als eine weitere Stufe auf der Leiter des Lebens und der Weisheit.

Er gelangte zu der klugen Einsicht, dass er es nun nicht mehr nötig habe, sich auf den Beruf zu konzentrieren und seinen Lebensunterhalt zu verdienen. Von nun an würde er sein Leben voll ausschöpfen. Er war ein begeisterter Amateurfotograf und hatte endlich die Zeit, sich auf dem Gebiet der Fotografie und des Filmens zu vervollkommnen. Er unternahm eine Weltreise und filmte dabei die schönsten und interessantesten Gegenden der Welt. Heute reicht seine Zeit fast nicht mehr aus, alle Einladungen der verschiedenen Clubs, Gesellschaften und Vereine anzunehmen und die erbetenen Filmvorträge zu halten. Dem geistig regen Menschen bieten sich unzählige Beschäftigungsmöglichkeiten und Interessengebiete. Begeistern Sie sich für neue, schöpferische Ideen, bemühen Sie sich, Geist und Verstand höher zu bilden, werden Sie nie müde, zu lernen und an Alter und Weisheit zuzunehmen. Auf diese Weise bleibt Ihr Herz immer jung und Ihr Körper ist der Spiegel Ihrer Denkweise.

Seien Sie kein Gefangener, sondern ein Gestalter der menschlichen Gesellschaft

In den Medien wurde in letzter Zeit oft berichtet, dass nicht nur die Gesamtbevölkerung im Durchschnitt immer älter wird, sondern dass die Zahl der Altwähler sprunghaft ansteigt. Dies bedeutet, dass sich die älteren Jahrgänge in wachsendem Maß bei den Regierenden Gehör verschaffen. Meiner Überzeugung nach wird darum ein neues Gesetz nicht mehr lange auf sich warten lassen, das Arbeitgebern verbieten wird, Arbeitnehmer nur aufgrund des fortgeschrittenen Alters zu benachteiligen.

Ein Mensch von 65 Jahren kann geistig, seelisch und physisch jünger sein als viele andere mit 30. Es ist ebenso dumm wie lächerlich, einen Arbeitssuchenden abzuweisen, nur weil er über 40 ist.

Was können Sie tun, wenn Sie 40 und darüber sind? Müssen Sie sich verbergen und Ihre Talente verstecken? Wer aus Altersgründen des Rechtes auf Arbeit beraubt wird, fällt der Gemeinde-, Landes- oder Bundeskasse zur Last. Dieselben Unternehmen, die sich weigern, ältere Stellungssuchende zu berücksichtigen, müssen diese in Form höherer Steuern dennoch aus eigener Tasche miternähren, ohne einen Nutzen aus dem Erfahrungsschatz der Abgewiesenen ziehen zu können. Das läuft auf einen finanziellen Selbstmord hinaus. Angesichts allgemein hoher Arbeitslosenquoten kann man nur ein baldiges Erwachen der Regierenden herbeibeten.

Der Mensch hat ein Recht darauf, die Ergebnisse seiner Arbeit zu genießen, und einen Anspruch darauf, nicht ein Gefangener, sondern ein Gestalter der menschlichen Gesellschaft zu sein, die ihn zur Untätigkeit verurteilen will.

Die körperlichen Funktionen und Reaktionen werden im Laufe der Jahre allmählich langsamer. Die geistigen Fähigkeiten aber können mithilfe des Unterbewusstseins immer mehr geschärft und gesteigert werden. Der menschliche Geist wird niemals alt.

Das Geheimnis der Jugend

Wenn Sie sich in Ihre Jugend zurückversetzen wollen, brauchen Sie nur zu fühlen, wie die erneuernde Kraft des Unterbewusstseins Ihr ganzes Leben durchfließt. Freuen Sie sich darauf, dass Sie geistig erleuchtet, verjüngt und von neuer Kraft erfüllt werden. Wie früher können Sie voller Begeisterung und Freude sein, weil Sie jederzeit fähig sind, sich geistig und gefühlsmäßig in jenen Zustand zurückzuversetzen. Ohne Rücksicht auf den äußeren Anschein ermöglicht Ihnen diese Kraft, die Wirklichkeit und Gegenwart des Positiven durchzusetzen. Mit Zuversicht vertrauen Sie sich der Führung Ihres Unterbewusstseins an, weil Sie wissen, dass es das Beste für Sie erreichen wird.

Bemühen Sie sich um ein neues Selbstverständnis

Anstatt zu sagen: »Ich bin alt«, sollten Sie sich freuen: »In mir wächst die Weisheit des göttlichen Lebens.« Lassen Sie sich nicht durch verständnislose Arbeitgeber, Zeitungsartikel oder Statistiken einreden, Altern sei gleichbedeutend mit geistigem und körperlichem Verfall, Gebrechlichkeit und Nutzlosigkeit. Weisen Sie eine solche Darstellung von sich, denn sie ist falsch. Lassen Sie sich nicht durch solche Lügen beirren. Konzentrieren Sie sich auf das Leben – nicht auf den Tod. Bemühen Sie sich um Selbsterkenntnis und ein neues Selbstverständnis, in dem Sie so erscheinen, wie Sie sind: glücklich, strahlend, erfolgreich, voller Kraft.

Ihr Geist altert nicht

Herbert Hoover, ein früherer Präsident der Vereinigten Staaten, bewältigte bis in das höchste Alter mit ungebrochener Energie ein unglaubliches Arbeitspensum. Vor Jahren interviewte ich ihn im Waldorf-Astoria-Hotel in New York. Ich begegnete einem gesunden, glücklichen, kraftvollen, lebendigen und begeisterungsfähigen Menschen. Mehrere Sekretärinnen waren damit beschäftigt, seine umfangreiche Korrespondenz zu erledigen, während er nebenbei noch die Zeit fand, politische und historische Bücher zu schreiben. Wie alle bedeutenden Männer, deren Bekanntschaft ich machen konnte, war auch er zugänglich, freundlich, liebenswürdig und äußerst verständnisvoll.

Die Schärfe seines Geistes und die Weisheit seines Urteils waren für mich ein unvergessliches Erlebnis, das mich ihn als tief religiösen Menschen und mit dem unerschütterlichen Glauben an das Gute im Leben kennenlernen ließ. Obgleich er in den Jahren der großen Wirtschaftskrise scharfer Kritik und üblen Verleumdungen ausgesetzt gewesen war, hatte er das ohne Hass, ohne Abneigung, Enttäuschung oder Bitterkeit überstanden und den Frieden seiner Seele gefunden.

Geistig rege mit 95 Jahren

Mein Vater begann mit 65 Jahren Französisch zu lernen und beherrschte mit 70 diese Sprache nahezu perfekt. Als er die 70 schon überschritten hatte, begann er Gälisch zu studieren und wurde ein anerkannter und berühmter Lehrer dieser Sprache. Er half meiner Schwester bei ihrem Studium und ihrer Lehrtätigkeit, bis er im Alter von 99 Jahren starb. Am Tage seines Todes war sein Geist noch so klar wie mit 20 Jahren. Mit fortschreitendem Alter waren seine Handschrift immer schöner und sein Geist stetig klarer geworden. An meinem Vater habe ich es selbst erlebt: Der Mensch ist so alt, wie er denkt und fühlt.

Wir brauchen unsere älteren Mitmenschen

Marcus Porcius Cato (der Ältere), der römische Staatsmann, lernte Griechisch mit 80. Ernestine Schumann-Heink, die berühmte deutsch-amerikanische Sängerin, erreichte den Höhepunkt ihrer künstlerischen Laufbahn, als sie bereits Großmutter war. Es ist eine wahre Freude, die Leistungen der »Alten« zu betrachten.

Sokrates lernte noch im Alter von 70 Jahren mehrere Musikinstrumente spielen und bis zur Meisterschaft beherrschen. Michelangelo schuf seine größten Gemälde im Alter von 80 Jahren. Im gleichen Alter wurde Simonides von Keos mit dem Lyrikerpreis ausgezeichnet, beendete Goethe seinen Faust und begann Ranke seine Weltgeschichte, die er mit 91 beendete.

Alfred Lord Tennyson schrieb mit 83 Jahren sein berühmtes, schönes Gedicht Crossing the Bar. Newton war noch mit 85 Jahren rastlos tätig. Mit 88 stand John Wesley an der Spitze der Methodisten. Auch in meinem Bekanntenkreis gibt es mehrere Männer von 95 Jahren, die mir übereinstimmend versichern, dass sie sich jetzt gesünder fühlen als im Alter von 20.

Diese Beispiele zeigen, welcher Platz den »Alten« zusteht. Sollten Sie selbst schon pensioniert sein, so ist immer noch Zeit, Ihr Interesse für die Gesetze des Lebens und für die Wunder des Unterbewusstseins zu wecken. Unternehmen Sie alles, was Sie schon immer tun wollten. Widmen Sie sich neuen Themen, machen Sie sich mit neuen Gedanken vertraut.

Die Früchte unseres hohen Alters

Im hohen Alter zu stehen bedeutet im Grunde genommen nichts anderes als die Wahrheiten des Lebens von einer hohen Stufe aus zu sehen. Denken Sie immer daran: Sie befinden sich auf einer niemals endenden Reise. Sie dringen immer weiter vor und vor Ihnen liegt der unendliche Ozean des Lebens. Hören Sie auf die Stimme des Psalmisten: *Noch im Alter blühen sie auf, bleiben üppig und frisch* (Psalm 92, 15).

Sie sind ein Geschöpf des unermesslichen Lebens und ein Kind der Ewigkeit!

Zusammenfassung

1. Geduld, Güte, Liebe, Hilfsbereitschaft, Freude, Glück, Weisheit und Verständnis sind Eigenschaften, die niemals alt werden. Wer sie immer höher ausbildet und in seinem Leben verwirklicht, wird körperlich und geistig jung bleiben.
2. Manche Forscher und Ärzte stellen fest, die neurotische Angst vor den negativen Auswirkungen der Zeit sei vermutlich die eigentliche Ursache vorzeitigen Alterns.
3. Das Alter ist nicht der Abend des Lebens, sondern die Morgendämmerung der Weisheit.
4. Die fruchtbarsten Jahre des Lebens können zwischen einem Alter von 65 und 95 liegen.
5. Begrüßen Sie Ihre Jahre. Sie lassen Sie immer höher steigen auf der unendlichen Bahn des Lebens.
6. Gott ist das Leben und Sie leben in Gott. Das Leben erneuert sich stets von selbst, ist ewig, unzerstörbar und die Wirklichkeit unserer Welt. Sie leben für immer und ewig, denn Ihr Leben hat Anteil am Leben Gottes.
7. Zahllose wissenschaftliche Beweise bestätigen, dass es ein Leben nach dem Tode gibt. Lesen Sie selbst, was anerkannte Wissenschaftler zu diesem Thema zu sagen haben.
8. Sie können Ihren Verstand nicht sehen und doch wissen Sie, dass Sie ihn haben. Sie können den Geist nicht sehen, aber Sie wissen, dass der Geist des Künstlers, des Musikers, des Redners, des Philosophen unbestreitbare Wirklichkeit ist. Der Geist der Güte, der Wahrheit und Schönheit in Ihnen besitzt die gleiche unwiderlegbare Wirklichkeit. Sie können das Leben nicht sehen, doch Sie wissen, dass Sie lebendig sind.
9. Hohes Alter kann man definieren als die Fähigkeit, die Wahrheiten des Lebens von einer höheren Warte aus zu betrachten. Die Freuden des Alters sind größer als die der Jugend. Auch im geistigen Sport kann man sich bewähren, auch in geistigen Disziplinen gibt es Wettbewerbe und Sieger. Die Natur lässt das Körperliche zurücktreten zugunsten des Geistes: er besitzt die Freiheit, sich mit dem Göttlichen auseinanderzusetzen.
10. Wir zählen die Jahre eines Menschen so lange nicht, wie in seinem Leben noch andere Dinge zählen. Glaube und Überzeugungen sind keinem Verfall ausgesetzt.
11. Sie sind so jung, wie Sie denken und sich fühlen. Sie sind so stark, wie Sie sich selbst einschätzen. Sie sind ebenso nützlich, wie Sie

von Ihrer Nützlichkeit überzeugt sind. Sie sind so jung wie Ihre Denkweise.

12. Ihre grauen Haare sind ein Gewinn. Denn sie zeigen Ihre Fähigkeiten, die Erfahrungen und die Weisheit, die Sie im Laufe der Jahre gesammelt haben.
13. Diät und Sport halten niemanden für immer jung. *Denn wie einer in seinem Herzen denkt, so ist er.*
14. Die Angst vor dem Altern kann zu körperlichem und geistigem Verfall führen.
15. Sie werden alt, sobald Sie zu träumen aufhören und das Interesse am Leben verlieren. Sie werden alt, sobald Sie reizbar, eigenbrötlerisch und streitsüchtig werden. Bleiben Sie offen für die Wahrheiten des Lebens, und Sie strahlen von innen – das ist wahre Jugend.
16. Richten Sie Ihren Blick immer nach vorn, immer in die Zukunft, denn das Leben ist unendlich.
17. Pensionierung ist der Beginn eines neuen Abenteuers. Wenden Sie sich neuen Interessen zu, erweitern Sie Ihren Horizont. Nun haben Sie Gelegenheit, alles zu tun, wonach Sie sich sehnten, solange Ihnen der Beruf keine Zeit ließ. Richten Sie Ihre ganze Aufmerksamkeit darauf, Ihr Leben voll auszuschöpfen.
18. Seien Sie kein Gefangener, sondern werden Sie ein Gestalter der Gesellschaft. Verstecken Sie Ihre Talente und Fähigkeiten nicht.
19. Das Geheimnis der Jugend ist Liebe, Freude, innerer Friede und frohes Lachen.
20. Sie werden gebraucht. Manche Philosophen, Dichter, Künstler, Wissenschaftler oder andere Persönlichkeiten vollbrachten ihre größten Leistungen erst im Alter von über 80.
21. Die Früchte des Alters sind Liebe, Freude, Frieden, Geduld, Sanftmut, Güte, Glaube, Milde und Ausgeglichenheit.
22. Sie sind ein Geschöpf des unermesslichen Lebens, das kein Ende kennt. Sie sind ein Kind der Ewigkeit. Sie selbst sind ein Wunder der Schöpfung.

Wie Sie heute Ihr Leben in Fülle beginnen können

Ich begegne immer wieder Menschen, die auf – wie sie sagen – »bessere Zeiten« warten. Manche meinen schon, dass sie »irgendwann später einmal« glücklich, erfolgreich und wohlhabend sein werden. Manche wollen zuerst ihre Kinder erwachsen und verheiratet sehen und dann an ihr Wohlergehen denken. Ich habe sogar schon junge Menschen getroffen, die abwarten wollen, bis die Eltern sterben, »um dann weiterzusehen«.

Jetzt ist der richtige Zeitpunkt

Die meisten Menschen warten darauf, dass irgendwann irgendetwas geschieht. Diese Haltung ist falsch. Wenn auch Sie diese Fehleinstellung haben, sollten Sie sich bewusst machen, dass Gott nicht nur das zeitlos Unendliche, sondern auch das ewige Jetzt ist. Das Gute steht Ihnen jetzt, in diesem Augenblick, zur Verfügung.

Stärke und Kraft können Sie jetzt haben. Rufen Sie die unendliche Heilkraft Gottes an und Sie werden gesund, ja Ihr ganzes Wesen wird sich erneuern. Liebe ist jetzt vorhanden. Bekräftigen Sie, dass Gottes Liebe Sie erfüllt, und göttliche Liebe wird in Ihrem Leben zum Ausdruck kommen. Führung ist jetzt erhältlich. Vergegenwärtigen Sie sich Ihren Herzenswunsch und sagen Sie sich: »Gott führt mich«, und das Gute wird Ihnen zuteilwerden.

Ein Mann sagte mir, er werde eines schönen Tages reich sein und dann eine Weltreise machen. Seine Frau sagte, sie hoffe, eines Tages von ihrem Hautausschlag geheilt zu werden. Ich erläuterte der Frau, dass die ihr innewohnende unendliche Heilkraft Gottes sie jetzt heilen könne, und dem Mann, dass er aufgrund der ihm innewohnenden unendlichen Weisheit Gottes die

Mittel für seine Traumreise jetzt sofort haben könne. Ich empfahl dem Ehepaar, um die Erfüllung ihrer beider Wünsche in der Weise zu beten, die Sie – liebe Leserin, lieber Leser – aus dem Inhalt dieses Buches bereits kennen.

Im Laufe einer Woche lieferte die Frau sich selbst den Beweis, dass die unendliche Heilgegenwart ihr zur Verfügung stand, denn ihr Ausschlag heilte vollkommen ab; und zum Ende des Monats erhielt der Mann völlig unerwartet von seinem Arbeitgeber eine Erfolgsprämie, das Ehepaar brach zwei Monate später auf die erträumte Weltreise auf.

... Gott, der uns dargibt reichlich, allerlei zu genießen (1. Timotheus 6, 17). *Ich bin gekommen, dass sie das Leben und volle Genüge haben sollen* (Johannes 10, 11).

Erstreben Sie bewusst Wohlergehen

Im Laufe meines langen Lebens und als Ergebnis zahlloser intensiver Gespräche, die ich mit Rat suchenden Menschen geführt habe, musste ich immer wieder die bedauerliche Erfahrung machen, dass viele Menschen das Wesen Gottes falsch sehen. Sie sehen Gott als richtende und strafende Vaterfigur. Wie sollen sie sich an diese Autoritätsperson vertrauensvoll und in Liebe wenden? Und wer will von einem strafenden Richter Liebe erwarten?

Eine Folge dieser irrigen Gottesvorstellung ist dann die Tatsache, dass selbst Menschen, die sich zu Recht als gläubig bezeichnen und möglicherweise ein frommes Leben führen, nicht richtig zu beten verstehen.

Zum Beispiel finden es manche durchaus richtig, sich in Gebeten um die eigene Gesundheit oder um die Gesundung eines erkrankten Angehörigen an Gott zu wenden, doch sie halten es für ein Unrecht, ja für ein Sakrileg, um Reichtum und Erfolg zu beten. Eine solche Einstellung beruht auf Unwissenheit und einem bedauerlichen Mangel an Gottvertrauen. Nichts kann weiter von der Wahrheit entfernt sein. Diese Menschen verkennen Gottes Allmacht und Überfülle und die ewig gültigen Gesetze des Denkens und Glaubens.

Es gibt, wie ich immer wieder erklären muss, nur eine einzige Macht, Ursache und nur ein Wesen aller Dinge, und dies ist Gott, der allumfassende, unendliche Geist kosmischer Dimension. Gäbe es zwei beherrschende Mächte, würde eine die andere auslöschen und wir hätten ein Chaos, wo wir den grandiosen Kosmos bewundern. Wissenschaftlich – nach mathematischer Logik – und geistig gesehen, kann es nur eine einzige Macht geben. Es kann keine zwei Unendlichen geben. Das Unendliche lässt sich nicht teilen oder multiplizieren.

Wer also zögert, Lebenserfolg und alle guten Dinge des Lebens zu beanspruchen, beraubt sich dieser für jedermann erreichbaren Wohltaten. Wir sind hier, um ein erfülltes Leben zu führen. Und zweifellos kann jeder Mensch Wohlergehen, oder was immer sein Herzenswunsch ist, bewusst erstreben, indem er betet und so seinen Glauben an das Gute ausdrückt.

Wenn du könntest glauben! Alle Dinge sind möglich dem, der da glaubt (Markus 9, 23). … *Alles, was ihr bittet in eurem Gebet, glaubet nur, dass ihr's empfangen werdet, so wird's euch werden* (Markus 11, 24).

Die segensreiche Vergegenwärtigung des Guten

Die Vergegenwärtigung der Attribute Gottes als des Inbegriffs des Geistes, der Liebe und der Kraft im Gebet oder, wenn Sie so wollen, in der Meditation zieht unfehlbar Folgen nach sich. Denn die universellen Gesetze des Denkens und Glaubens sind unbeugsam, unveränderlich: Sie erzeugen, was Sie denken und glauben; Sie ziehen an, was Sie fühlen; Sie werden genau so, wie Sie sich vorstellen.

Was Sie tagtäglich in Ihrem »innersten Herzen« denken, wird unweigerlich Ihrem Unterbewusstsein eingeprägt, und dieses wird alles daran setzen, früher oder später zum Ausdruck zu bringen, was ihm eingeprägt wurde.

Wenn Sie Gutes denken, wird Gutes die Folge sein. Wenn Sie Schlechtes denken, wird Schlechtes die Folge sein. Da sich aber Ihrem Unterbewusstsein alle wie auch immer gearteten Erfahrungen, die Sie machen, einprägen, müssen Sie dafür sorgen, dass ihm durch bewusstes positives Denken im Einklang mit den kosmischen Prinzipien der Glaube an Gott und das Gute eingepflanzt wird. Dann bringen Sie in naturgesetzlicher Zwangsläufigkeit das Gute in Ihr Leben.

In der Bibel heißt es: *Er ruft mich an, so will ich ihn erhören …* (Psalm 91, 15). Und es heißt ferner: *Der Herr wird dir seinen guten Schatz auftun, den Himmel, dass er deinem Land Regen gebe zu seiner Zeit und dass er segne alle Werke deiner Hände.* (5. Mose 28, 12).

So können Sie sich jederzeit ermutigen

Versetzen Sie sich, sooft Sie können, in den Zustand körperlicher Ruhe und seelisch-geistiger Heiterkeit und gedenken Sie dann jener großen ewig gültigen Wahrheiten, die im Herzen aller Menschen lebendig sind. Sprechen Sie aus tiefer Überzeugung das nachstehende Gebet. Es sollte Ihnen zur bleibenden Gewohnheit und zur Freude werden. Wenn Ihnen dies gelingt, werden Sie sich verjüngt und neu gestärkt fühlen und Sie werden von frischem Lebensmut, neuer Lebenskraft und einer nie gekannten Fülle geistiger Energie durchdrungen sein.

Wer unter dem Schirm des Höchsten sitzt und unter dem Schatten des Allmächtigen bleibt, der spricht zu dem Herrn: Meine Zuversicht, meine Burg, mein Gott, auf den ich hoffe (Psalm 91, 1–2).

»Ich sitze unter dem Schirm des Höchsten. Ich bleibe unter seinem Schutz. Der geheime Ort des Schutzes liegt in der Tiefe meines eigenen Geistes, meiner Seele. Alle meine Gedanken gehen von meinem guten Willen aus und sind auf geistige Harmonie und inneren Frieden abgestimmt. Mein Geist, meine Seele sind ein Hort des Glücks, der Freude und Zuversicht. Dort finde ich immer Zuflucht, dort bin ich sicher und geborgen. Was ich auch immer denke, es soll zu meiner Freude, meinem Frieden und Wohlergehen beitragen. Mein Tun und Leben, mein ganzes Sein finden ihren Sinn im Geiste menschlicher Güte und brüderlicher Verbundenheit mit allen Menschen.

Alle Menschen, an die ich denke, sind Kinder Gottes. Ich lebe mit den Meinen und der ganzen Menschheit in Frieden. Was ich mir selbst an Gutem wünsche, soll auch meinen Mitmenschen beschieden sein. Ich lebe unter dem Schutz und dem Schirm Gottes, jetzt und für immer, und da herrscht Frieden, da waltet das Glück.«

So vollziehen Sie die innere Wandlung

Ärger und Kummer, Eifersucht, Neid und Feindseligkeit sind Gift. Sie vergiften Sie geistig und seelisch. Wenn Sie sich derart destruktiven Gefühlen überlassen, geraten Sie unfehlbar in den Sog depressiven Trübsinns. Materielle Not sowie körperliche Krankheit werden die Folge Ihres in jeder Hinsicht vergifteten Geistes- und Gefühlslebens sein. Einer solchen Entwicklung müssen Sie in Ihrem Alltagsleben vorbeugen. Lassen Sie niemals zu, dass sich Ihr tagtägliches Leben in destruktiven Gefühlsreaktionen verkettet.

Eine vollständige innere Wandlung ist aber nur möglich, wenn Sie jegliche destruktive Anwandlung von sich abweisen. Dabei hilft Ihnen Ihr Glaube an Gottes Liebe und Ihr Gebet um ein Leben in Liebe. Das Gebet vermag aus Ihnen einen neuen, besseren Menschen zu machen – in geistiger, moralischer und körperlicher Hinsicht.

Beten ist ein wunderwirkendes Allheilmittel für jeden Kummer, für jede Not, für jedes Problem. Vergegenwärtigen Sie sich darum Folgendes: *Gott ist … eine Hilfe in den großen Nöten, die uns getroffen haben* (Psalm 46, 2). *Der Herr ist mein Licht und mein Heil; vor wem sollte ich mich fürchten! Der Herr ist meines Lebens Kraft; vor wem sollte mir grauen!* (Psalm 27, 1).

»Ich bin immer ausgeglichen, ruhig und heiter, Gottes Frieden durchströmt meinen Geist und meine Seele, mein ganzes Wesen. Ich bin guten Willens und wünsche aufrichtig allen Menschen den Frieden.

Ich weiß, dass die Liebe zum Guten meine Seele erfüllt und alle Furcht zerstreut. Ich lebe jetzt in der freudigen Erwartung des

Guten. Ich bin frei von Zweifeln oder Sorgen, frei von Eifersucht oder Neid. Da diese Worte mir aus der Seele kommen, löschen sie jeden negativen Gedanken und jedes negative Gefühl in mir aus. Ich hege in meinem Herzen keinen Groll, gegen niemanden. Ich öffne mein Herz Gott, der allgegenwärtig ist. Mein ganzes Sein ist von innen heraus erleuchtet.

Die Verdrießlichkeiten des Lebens berühren mich fortan nicht mehr. Treten Zweifel, Angst und Sorge an mich heran, so verwehrt ihnen mein Glaube den Zutritt – mein tiefer, unbeirrbarer Glaube an das Wahre, Gute und Schöne, mein Glaube an Gott.«

Ihr tägliches Gebet

Zum Abschluss dieses Buches möchte ich Ihnen auf Ihrem Weg zu innerem und äußerem Reichtum den Text eines Gebetes mitgeben, den ich schon in meinem Werk *Die Gesetze des Denkens und Glaubens* empfohlen habe. Es kann in Ihrem Leben »Wunder« wirken.

Wer festen Herzens ist, dem bewahrst du Frieden; denn er verlässt sich auf dich. Darum verlasst euch auf den Herrn immerdar; denn Gott der Herr ist ein Fels ewiglich (Jesaja 26, 3–4).

»Ich weiß: Meine Herzenswünsche sind mir von Gott, der in mir wohnt, eingegeben. Gott will, dass ich glücklich bin. Gottes Wille ist Leben, Liebe, Wahrheit und Schönheit. Dieses Gute nehme ich jetzt an.

Was immer gestern noch Verneinung oder Versagung war, heute wird sich mein Gebet als Bestätigung der Wahrheit frohlockend darüber erheben – ich weiß es.

Heute ist ein Tag Gottes, ein herrlicher Tag für mich. In mir sind Friede, Freude, Harmonie. Ich glaube an Gottes Güte, an Gottes Führung, an Gottes Liebe. Ich bin überzeugt, dass sich diese meine Gedanken in Geist und Seele einprägen. Ich ziehe alles Gute, das mein Herz sich wünscht, unwiderstehlich an und erfahre es in meinem Leben. Ich setze jetzt all mein gläubiges Vertrauen, meine ganze Zuversicht in die Macht und die Weisheit Gottes, der in mir ist. In mir ist Friede.

Gott ist in mir. Und ich höre in mir die Einladung: ›Kommet her zu mir alle, die ihr mühselig und beladen seid; ich will euch erquicken‹ (Matthäus 11, 28).

Ich erquicke mich, ich ruhe in Gott. Alles ist gut. Gott, ich danke dir.«

Zusammenfassung

1. Sie sind hier auf Erden, um ein erfülltes Leben zu führen, ein Leben der Fülle voll Liebe und Freude. Das Gute steht Ihnen jetzt zur Verfügung. Beginnen Sie jetzt damit, die Reichtümer Ihrer inneren Schatzkammer des Geistes freizusetzen.
2. Gott ist nicht nur das zeitlos Unendliche, sondern auch das ewige Jetzt. Das Jetzt ist Teil seiner unendlichen Allgegenwart.
3. Wenn Sie krank sind, denken Sie daran, dass Ihnen Gottes unendliche Heilkraft, an der Sie kraft Ihres Geistes teilhaben, jetzt zur Verfügung steht. *Um solcher Ursache willen erinnere ich dich, dass du erweckest die Gabe Gottes, die in dir ist ...* (2. Timotheus 1, 6).
4. Verschieben Sie nichts in die Zukunft. Vergegenwärtigen Sie sich jetzt Gesundheit, Erfolg und Wohlergehen. Bekräftigen Sie, dass Ihnen Gottes Führung, Liebe und Fülle jetzt zuteil werden. So erstreben Sie bewusst Wohlergehen.
5. Vertrauen Sie uneingeschränkt Gott als des Inbegriffs des unendlichen Geistes und der Gotteskraft in Ihnen. Sie können in Ihren Gebeten um alles bitten, was Sie sich wünschen. *Und alles, was ihr bittet im Gebet, so ihr glaubet, werdet ihr's empfangen* (Matthäus 21,22).
6. Die universellen Gesetze des Denkens und Glaubens sind unbeugsam. Sie erzeugen, was Sie denken und glauben; Sie ziehen an, was Sie fühlen; Sie werden genau so, wie Sie sich vorstellen.
7. Wenn Sie Gutes denken, wird Gutes die Folge sein. Wenn Sie Schlechtes denken, wird Schlechtes die Folge sein. Vergegenwärtigen Sie sich darum die Attribute Gottes als des Inbegriffs der Liebe und Harmonie, der Kraft und Fülle. So pflanzen Sie Ihrem Unterbewusstsein das Gute ein.
8. Begeben Sie sich unter den Schirm des Höchsten und machen Sie Gott zu Ihrer Zuversicht, Ihrer Burg. Machen Sie die unter dem Motto des 91. Psalms angegebene Meditationsübung im Zustand körperlicher Entspannung und seelisch-geistiger Ruhe. Dieses Gebet innerer Ermutigung stärkt Sie jederzeit.
9. Ärger und Kummer, Eifersucht, Neid und Hass sind Gifte. Weisen Sie jede Anwandlung destruktiver Gedanken und Gefühle ab. Sie können die vollständige innere Wandlung vollziehen, wenn Sie in Gott »eine Hilfe in den großen Nöten« und Ihres »Lebens Kraft« sehen. Das angegebene Gebet wird Ihnen dabei helfen.
10. Auch wenn Sie glauben, wenig Zeit zum Beten zu haben, sollten Sie das angegebene Preislied Gottes, des Lebens und des Göttli-

chen im Menschen zu Ihrem täglichen Gebet machen. So wird auf Ihrem Weg zu innerem und äußerem Reichtum jeder Morgen zum verheißungsvollen Anbruch eines neuen, herrlichen Tages.

Quellennachweis

Die in diesem Buch zusammengestellten Texte wurden folgenden Büchern von Dr. Joseph Murphy, alle erschienen bei Ariston im Heinrich Hugendubel Verlag, entnommen:

Aus: »Denken Sie sich reich»; übersetzt von Helga Künzel, Kreuzlingen/München 1983/2007, stammen:
- Wie Sie wirksam um die unendlichen Reichtümer beten (Seite 83–92)
- Wie Sie sich seelisch-geistig auf den Wohlstand einstimmen (Seite 93-104)
- Wie Sie heute Ihr Leben in Fülle beginnen können (Seite 199–206)

Aus: »Die Gesetze des Denkens und Glaubens»; übersetzt von Aurelia Bundschuh, Kreuzlingen/München 1968/2007, stammen:
- Das geheimnisvolle Gesetz der geistigen Nahrung (Seite 128–137)
- Das wunderbare Gesetz des Heilens (Seite 41–63)
- Das beglückende Gesetz des Wohlergehens (Seite 203–213)
- Das begeisternde Gesetz der ehelichen Harmonie (Seite 170–188)
- Das wunderbare Gesetz der Sicherheit (Seite 114–127)
- Das glorreiche Gesetz inneren Friedens (Seite 189–202)

Aus: »Die kosmische Dimension Ihrer Kraft»; übersetzt von Helga Künzel, Genf 1995, stammen:

Ihr mächtigster »Freund» ist Ihr Unterbewusstsein (Seite 119–130)
Wie Sie in dieser so veränderlichen Welt Heiterkeit bewahren (Seite 185–194)

Aus: »Die Macht Ihres Unterbewusstseins»; übersetzt von Wolfgang Maier, Kreuzlingen/München 1965/2006, stammen:

Die Schatzkammer in Ihrem Inneren (Seite 25–37)
Die Macht Ihres Unterbewusstseins (Seite 59–71)
Wie Sie Ihre Ziele verwirklichen (Seite 127–133)
Die heilende Kraft des Unterbewusstseins in der Geschichte (Seite 73–85)
Das Unterbewusstsein und Ihre Mitmenschen (Seite 219–230)
Wie Sie mithilfe des Unterbewusstseins anderen und sich selbst vergeben (Seite 231–241)
Wie das Unterbewusstsein geistige Barrieren beseitigt (Seite 243–255)
Wie Sie im Geiste für immer jung bleiben (Seite 271–286)

Aus: »Die unendliche Quelle Ihrer Kraft»; übersetzt von Helga Künzel, Kreuzlingen/München 1981/2007, stammen:

Hilfe aus dem Reich der Träume (dort: Hilfe durch Traumimpressionen angesichts von Problemen und Gefahren (Seite 87–98)
Heilung durch die unendliche Kraft (Seite 179–187)
Erfolgsmuster für ein reicheres Leben (Seite 23–38)
Unendliche Kraft für die Harmonisierung Ihrer Beziehungen zu Mitmenschen (Seite 211–220)

Aus: »Das Wunder Ihres Geistes«; übersetzt von Ingrid Lebe, Genf 1993, stammen:

Gottes Wille und Ihr Wille (Seite 149–159)
Wirksames Beten (Seite 69–79)
Vom Wert des Selbstvertrauens (Seite 137–148)

Weitere Bücher, CDs und Kartensets
von Dr. Joseph Murphy

Erfolgreiche Hörbücher

Dr. Joseph Murphy
Die Macht Ihres Unterbewusstseins
Das Original
4 CDs, ISBN 978-3-424-20129-1

Dr. Joseph Murphy
Die Macht Ihres Unterbewusstseins
Das Affirmationsprogramm
1 CD, ISBN 978-3-424-20130-7

Dr. Joseph Murphy
Die Macht Ihres Unterbewusstseins
Das Suggestionsprogamm
Pappband und 2 CDs, ISBN 978-3-424-20125-3

ARISTON